직업과 자기계발

Vocation and Personal Development

권성민 김대곤 김은영
김이영 김주철 신민정 공저

양성원

머리말

현대사회는 산업화, 정보통신의 가속화 등으로 인해 급속하게 변화하고 있다. 특히 이러한 상황은 직업에도 많은 변화를 가져왔다. 대표적인 예로 우리나라의 직업 수 변화 추이를 살펴보면 1980년대 8,900여개에서 2014년에는 14,800여개로 약 5,000여개가 증가했다. 이를 단순한 증가로 보기에는 무리가 따른다. 사회변화의 영향으로 사라진 직업들의 수를 포함한다면 그 수는 5,000여개 이상일 것이다. 얼마 전 인기리에 종영된 '응답하라' 시리즈에서 나타난 전화번호부만 해도 그러하다. 과거에 전화교환원은 촉망받던 인기직업이었지만 지금은 거의 사라졌다. 과학기술의 발달로 전화교환원이 하던 일을 전자기기가 대신하고 있기 때문이다. 즉, 현대사회에서 직업의 가치는 수요와 공급의 원리에 절대적으로 영향을 받는다. 어떤 분야에 사람들의 수요가 몰리면 그 관련 직업의 가치는 오르게 된다.

또한 현대사회 직업의 특징 중 하나는 '이직'과 '전직'이다. '이직'은 현재의 자신이 맡고 있는 직종을 전환하지 않고 작업현장을 다른 곳으로 이동하는 것을 말한다. 예를 들어 A회사 생산직에서 B회사 생산직으로 옮겨가는 것을 말한다. 과거에는 한 번 직장을 선택하면 그 직장은 평생직장으로 생각하는 것이 당연시 여겨졌다. 하지만 현대인들은 현재 자신이 근무하고 있는 직장보다 더 좋은 근무환경이 있다면 '이직'을 생각하게 된다. 근무환경은 근로자의 생산력에도 상당한 영향력을 미친다. 만약 같은 직종에서 보수, 근무시간, 쾌적한 근무환경, 복지 등이 현재 자신의 직장보다 좋은 곳이 있다면 어떻게 하겠는가? 이에 대해 많은 사람들은 현재의 직장을 그만두고 더 나은 조건의 직장으로 옮기고 싶어 할 것이다.

다음으로 '전직'을 살펴보면 '전직'이란 여러 가지 이유로 현재 자신의 직업을 그만두고 새로운 직업을 갖는 것이다. 예를 들어 정년이 보장되는 '공무원'을 그만두고 '쇼호스트'라는 직업을 새롭게 시작하는 것이다. 어떤 사람들은 공무원이라는 직업을 버리고 경쟁이 심한 쇼호스트라는 직업을 선택하는 것에 대해 의아하게 생각할 수도 있다. 하지만 우리가 인생을 살아가면서 가장 중요한 것은 '행복'이고, 행복의 기준은 지극히 주관적인 것이다. 이 사례에 등장하는 사람은 공무원보다는 쇼호스트로서 자신의 역량을 마음껏 발휘하는 것이 더 행복하다고 생각할 수 있는 것이다.

이와 같은 사례들에서 알 수 있듯이 사회에서 촉망받는 직업이 중요한 것이 아니라 자신의 능력, 관심 분야 등과 가장 적합한 직업을 선택할 때 자신이 가장 행복하다는 것이다. 따라서 대학생활을 시작하는 새내기 신입생들이 자신의 진로를 결정하는 데 있어 조금이나마 보탬이 되고자 이 책을 집필하게 되었다. 이 책의 구성은 총 11장이며 각 장별 내용은 다음과 같다. 먼저 1장에서 4장까지는 직업 선택에 앞서 자기에 대한 적성, 이해, 분석을 통한 자기관리 방법을 설명하였으며, 이를 통해 자신의 미래를 어떻게 설계할 것인가에 대한 내용으로 구성하였다. 5장과 6장은 취업 후 직장에서의 원만한 대인관계를 위한 효율적 의사소통과 직장 구성원과의 갈등 상황 시 해결방법 등에 대한 내용으로 구성하였다. 7장과 8장에서는 현대사회의 직업환경의 변화에 대해 알아보고 직업인으로서 가져야 할 직업윤리를 중심으로 기술하였으며, 9장은 복잡 다단한 직업을 표준화하고자 한 국가직무능력표준(NCS)에 대한 내용을 중심으로 상세히 기술하였다. 마지막으로 10장과 11장은 취업 실무에 대한 내용으로 이력서, 자기소개서, 면접준비, NCS 기반 채용에 따른 입사지원서, 자기소개서, 이미지메이킹 등으로 구성하였다.

끝으로 이 책이 세상에 빛을 볼 수 있게 많은 도움을 주신 양성원의 강철원 대표님 이하 관계자 여러분께 진심으로 감사드린다.

2016년 2월

저자 일동

차례

/ CHAPTER 05 / 효율적인 의사소통

/ CHAPTER 06 / 직장인의 갈등이해와 해결

/ CHAPTER 07 / 현대사회의 노동과 직업환경의 변화

/ CHAPTER 08 / 현대 직업인이 갖추어야 할 소양

/ CHAPTER 09 / 직업능력개발

/ CHAPTER 10 / 취업준비 실무 1

/ CHAPTER 11 / 취업준비 실무 2

01 CHAPTER

자기계발과 자기관리

배울내용

1. 자기계발
2. 자아실현과 자기계발
3. 행복과 자기계발
4. 성공을 위한 자기관리

학습목표

1. 자기계발의 필요성을 설명할 수 있다.
2. 행복해지기 위한 5가지 기본요소에 대해 설명할 수 있다.
3. 성공을 위한 자기관리(시간관리, 일의 우선순위) 계획을 수립할 수 있다.

개요

대학생활의 시작은 지난 학창시절의 보상이 아니라 장래의 직업 선택을 위한 첫걸음이라 할 수 있다. 그렇다고 해서 대학시절을 낭만이나 추억 하나 없이 자신의 직업선택에 매진하라는 것은 아니다. 따라서 본 장에서는 자신의 적성에 맞는 직업 선택을 위한 자기계발과 자기관리를 중심으로 살펴보고자 한다. 자기계발은 자신의 잠재되어 있는 능력을 개발시키는 것으로 이를 지속적으로 개발하기 위한 방법들을 다루어보고, 다음으로 자기계발의 효율성을 극대화하기 위한 방법으로 자기관리를 살펴보고자 한다.

1. 자기계발

1) 자기계발 VS 자기개발

인류는 세상을 살아가면서 끊임없이 변화해 간다. 특히 현대사회에서는 구성원에 대한 변화가 끊임없이 요구되고 있다 해도 과언이 아니다. 이러한 현대사회를 살아가기 위해서는 자기에 대한 계발이 필요하다. '자기계발'이란 잠재되어 있는 자신의 슬기나 재능, 사상 따위를 일깨움으로 정의할 수 있다. 즉, 자기계발이란 자신에게 잠재되어 있는 능력을 조화롭게 발달시키는 것을 의미한다. 한편 '자기계발'과 함께 혼용되어 사용되는 용어로 '자기개발'이 있다. '자기개발'에서 '개발(開發)'이란 토지나 천연자원 따위를 유용하게 만듦이라는 뜻으로 유전 개발이나 수자원 개발과 같이 지식이나 재능 따위를 발달하게 함을 뜻한다. 즉, '자기계발'과 '자기개발'의 차이점은 전자는 교육적 측면에서 슬기나 재능을 일깨워준다는 의미를 지니며, 후자는 지식이나 재능을 발달하게 한다는 의미를 지닌다. 따라서 본 교재에서는 개인의 잠재된 능력을 일깨우고 무언가를 새롭게 만들어내는 것을 의미하는 '자기계발'을 중심으로 교재의 내용을 전개하고자 한다.

2) 자기계발의 필요성

인간의 욕구는 생이 끝나는 순간까지 멈추지 않는다. 어쩌면 인간의 욕구란 폭주기관차와도 같다. 인간의 욕구를 단계적으로 설명한 마슬로우(Maslow)는 인간의 욕구는 식욕, 수면, 성욕 등과 같은 원초적인 욕구들에서 시작되어 이것이 충족되고 나면 더 높은 수준의 욕구로 넘어가는 욕구를 단계별로 구분지어 설명하고 있다. 마슬로우의 욕구 위계는 생리적 욕구, 안전의 욕구, 애정과 소속감의 욕구, 존경의 욕구, 자아실현의 욕구로 나누어진다. 이러한 욕구단계는 하위단계의 욕구가 충족되어야만 다음단계로 넘어 갈 수 있다는 것이다. 예를 들어 춥고 배고픈 사람에게는 체온을 올려 줄 수 있는 용품이나 옷, 굶주림을 채울 수 있는 따뜻한 밥 한끼가 무엇보다 절실할 것이다. 하지만 이러한 원초적인 것들이 충족되고 나면 몸을 보호할 수 있는 안전한 장소인 주택이 필요할 것이고, 이것이 해결되고 나면 주변의 사람들과 함께 할 수 있는 가족, 친구 등이 필요할 것이고, 이와 같은 사람들과 함께 있다는 소속감이 필요할 것이다. 다음으로 타인으로부터 존중받고 싶은 욕구가 필요할 것이고, 최종적으로 나를 지속적으로 발전시키기 위한 욕구가 필요할 것이다. 즉, 자기계발은 마슬로우의 최종적 욕구인 자아실현의 욕구라 할 수 있다.

또한 사람들은 자기가 조금씩 성장하는 것을 느낄 때 희열을 느낀다. 중독성이 강한 게임을 예로 들어보자. 게임회사에 다니는 이가 말하기를, 게임을 설계할 때 가장 중요한 요소는 레벨이든, 계급이든, 아이템이든, 어딘가에 게이머가 '성장'하는 설정을 부여하는 것이라고 한다. 그래야 게이머들이 더 깊이 게임에 빠져들 수 있다고 한다. 대표적인 예로 동화나 에니메이션에서도 성장의 요소가 나타나는데, '포켓몬스터'가 아이들의 폭발적인 사랑을 받은 것도 '진화'라는 개념을 선보였기 때문이다(김난도, 2012). 이와 같은 내용에서 인간은 제자리에 머물러 있기보다 '성장'하려는 욕구를 지닌 존재이다. 따라서 직업을 가지고 있으면서 자신의 위치에 머물러 있기보다 보다 높은 위치로 이동하거나 자신의 역량을 지속적으로 개발하려는 욕구가 바로 자기계발인 것이다.

한편 우리는 현대사회를 지식정보화 사회라고 한다. 예를 들면 기원전 지구상에 존재하는 지식이 그 두 배가 되는데 1,500년이 걸렸다. 그러나 지식의 양이 두 배가 되는데 걸리는 시간은 점점 짧아져 2020년이면 72일이면 충분하다고 한다. 굳이 이와 같은 수치에 의존하지 않더라도 우리는 세상이 얼마나 빠르게 변화하고 있는지를 피부로 느끼고 있다. 처음 나왔을 때는 눈이 휘둥그레지는 최신 스마트폰도 6개월만 지나면 촌스러워진다(박태현, 2015). 뿐만 아니라 네트워크의 발전으로 지식이 전문화되어지고 세분화되어짐에 따라 사회에서 요구되는 지식은 홍수처럼 늘어나고 있다. 즉, 자기계발은 변화하는 세상의 흐름에 민감하게 반응하고 지속적으로 이루어져야 하기 때문에 직업을 준비하는 학생들에게 있어 매우 중요한 요소라 할 수 있다.

또한 자기계발에 관한 중요성은 여러 곳에서 나타나고 있다. 먼저 자기계발의 중요성을 역설한 피터드러커는 "기업가 사회에서는 평생학습이 꼭 필요하다. 기업가 사회에서는 성인이 된 뒤에도 새로운 것을 계속 공부하는 것이 상식이다. 스물한 살 때까지 배운 것은 5~10년 후에는 진부해지기 시작한다. 따라서 새로운 이론, 새로운 기술, 새로운 지식으로 대체하거나, 적어도 자신의 지식을 보충해야 한다. 그러기 위해서 각자 평생학습, 자기계발, 커리어 향상에 스스로 책임을 져야 한다. 내일을 위해 오늘 할 일을 결정하며 장기적 목표를 세워야 한다"(사토히토시, 2013)고 주장하고 있다. 또 다른 신문 기사(아시아통신뉴스, 2015.11.30.)에서는 "직장인 10명 중 6명 입사 후 다시 스펙 쌓아"라는 기사에서도 직장인 860명을 대상으로 '입사 후 새롭게 쌓는 스펙이 있는지 여부를 조사한 결과 55.9%가 있다'고 답했으며, 스펙을 쌓는 이유로는 '자기계발을 위해서'가 59.7%로 가장 높게 나타났으며, 그 외 '이직(52.4%), 업무상 필요(35.8%), 승진(13.9%)'의 순으로 나타났다. 이는 치열한 경쟁 속에서 살아남기 위해서는 무엇보다 자신의 역량을 강화하기 위한 지속적인 자기계발은 필수적이라는 것을 알 수 있다.

현대사회는 하루에도 수많은 새로운 정보들이 쏟아지고 있고 이러한 정보를 다 받아들이기란 현실적으로 불가능한 일이다. 하지만 각 사회구성원들은 자신이 관심있어하는 분야에 있어서는 보다 집중하게 되는데 이를 선택적 주의집중(selective attention)라 한다. 즉, 이는 환경에서 들어오는 다양한 정보 중 특정한 정보에 주의를 집중하는 것으로 현재 자신에게 필요한 정보를 선택하는 것을 말한다. 다시 말해 자신이 속해있는 직업군과 관련된 정보들에 대해서는 선택적으로 주의를 집중한다는 것이다. 그 이유는 자신의 직무와 관련된 정보는 자신의 일에 효율성을 높일 뿐만 아니라 자신이 속한 조직의 성과에도 직접적인 영향을 미치기 때문이다. 이러한 점들을 고려해 볼 때 자기계발은 현대사회를 살아가는 데 있어 필수불가결한 요소이며, 보다 나은 삶을 살기 위해 반드시 필요한 요소라 할 수 있다.

2. 자아실현과 자기계발

자기계발은 인간의 욕구 중 한 부분이다. 인간은 자신의 현재 위치에 머물러 있지 않고 변화하기를 원한다. 따라서 인간의 욕구에 있어 가장 상위부분을 차지하는 자아실현 욕구를 살펴보고자 한다. 인간은 성장과 발달을 통해 자신의 가능성을 찾아 개발하고 이를 수행함으로써 가능성을 극대화하고 자신의 욕구를 충족시켜 나간다. 이러한 하나의 가능성으로 잠재되어 있던 자아의 본질을 찾아 이를 완전하게 실현하는 일을 자아실현(self-realization)이라고 한다. 이러한 의미에서 자기계발을 위해 자아실현에 대해 살펴볼 필요성이 있다. 자아실현을 위해 정석용, 이규은(2010)은 다음과 같은 내용을 제시하고 있다.

1) 자아실현에 필요한 개인적 조건

자아실현은 개체의 목적과 본질을 중시하는 사상에서 시작된 개념이다. 궁극적으로 자아실현을 통해 인간의 본질적 측면을 외향적으로 표출하고 실현하고자 했던 것이다. 그렇다면 이러한 자아실현을 표출해 내는 데 있어서 갖추어야 할 조건은 무엇이며, 이러한 조건을 갖추어 나감으로써 우리가 추구하는 욕구를 충족시키고 다양한 개체의 가능성을 표출해 낼 수 있는 방법은 무엇인지에 대해 생각해 볼 필요가 있다. 자아실현에 필요한 조건으로는 개인적 측면과 사회적인 측면으로 구분하여 생각할 수 있다. 개인의 노력이나 인내를 통해 자아를 실현할 수 있다고 보는 요인이 개인적 측면의 조건이며, 그 구체적인 내용은 다음과 같다.

(1) 심신의 건강

건강은 육체적, 정신적 활동의 기본 조건이다. 건강한 신체에서 건강한 정신이 나온다는 말처럼 규칙적인 생활과 적당한 운동으로 건강을 유지하는 일은 자아실현에서 가장 기본적이면서도 중요한 조건이다.

(2) 절제하는 생활

절제란 인간에게 주어진 본능과 욕망을 좀 더 큰 목적을 위해 인내하면서 합리적으로 조절해 나가는 것을 의미한다. 인간의 욕망은 무한하며 끝이 없다. "사람이 아니면 참지 않고, 참지 않으면 사람이 아니다(非人不忍, 不忍非人)."라는 말처럼 인간의 감정을 억제하고 인내하지 않으면 자아실현은 불가능한 일이다.

(3) 창의적인 사고와 일의 생활화

창의적인 사고와 창의적인 방식을 찾는 일을 생활화하여야 한다. 자아실현이란 제한적이고 부분적으로 주어진 가능성만 실현하는 것이 아니라, 새로운 가능성을 찾아 다양하게 실현하는 것이다. 따라서 어떠한 문제나 사태를 접한다 하더라도 창의적인 사고로 다양한 해결방식을 찾아 이를 실현할 수 있는 창의적인 사고를 구현하는 일이 필요하다.

2) 자아실현에 필요한 사회적 조건

자아실현에 필요한 사회적인 관계나 집단 속에서의 상황적 변인의 해결을 통해 자아를 실현할 수 있다고 보는 요인이 사회적 측면의 조건이다. 자아실현에 필요한 사회적 측면의 조건은 다음과 같다.

(1) 조화로운 인간관계의 형성

세상의 모든 일은 사람에 의해 이루어진다. 삶의 진정한 의미와 보람은 기계적인 역할관계를 초월하여 정다운 인간관계를 통하여 이루어지는 법이다. 사회적 관계 속에서 다른 사람들과의 조화로운 인간관계를 유지할 수 있어야 자아실현이 가능하다.

(2) 평화롭고 안정적인 사회질서 유지

무질서와 통제가 범람하는 사회 속에서 자아실현이란 불가능하다. 사회가 질서 있고 평화로워야 사람들이 자신의 능력을 최대한 발휘하여 이상을 실현할 수 있고, 이러한 환경적 조건 속에서만이 자아실현이 가능하다.

(3) 정의로운 사회의 구현

불법과 탈법이 난무하는 사회에서 자신의 역량을 발휘하기란 쉽지 않다. 자율과 정의가 보장된 사회환경에서 창작과 발현이 가능한 것이다. 따라서 정의로운 사회가 구성되어 사회적 불의가 개인을 구속하는 일이 없을 때 자아실현은 이루어지는 것이다.

3) 자아실현의 행동 특성

누구에게나 자아실현을 이루고자 하는 욕망은 있다. 다만 그 욕망을 충족하기 위해 갖추어야 할 여건이나 과정을 인내하지 못함으로써 실현의 꿈을 성취하지 못할 뿐이다. 자아실현을 이룬 사람들은 자신의 욕망을 충족하면서 자신의 삶의 방식대로 삶에 만족하면서 꿈을 실현한다. 자아를 실현하고자 하는 일에 성공한 사람들은 인내와 인고의 과정을 통해 성취한 결과에 대해 만족해하면서 일반적으로 다음과 같은 행동 특성을 보인다.

첫째, 현실을 효율적으로 지각하고 불확실성을 인내한다. 자아실현의 과정에서 경험한 다양한 체험을 바탕으로 현실을 바라봄으로써 현실을 비교적 정확하게 인식하고 미래에 대한 불확실한 결과를 현실화하기 위해 참아 내는 일을 성실히 수행한다.

둘째, 자신과 타인을 있는 그대로 수용한다. 자신이나 다른 사람들과 관련된 정보를 받아들이는 데 있어서 오해하거나 왜곡하는 일이 없이 그대로를 긍정적으로 받아들이는 경향이 있다.

셋째, 사고와 행동이 자발적이다. 일상생활 속에서 발생하는 여러 가지 문제에 대해 타율적이고 소극적이기보다는 자발적이고 적극적으로 참여하고 행동한다.

넷째, 자기중심적이 아니라 문제중심적이다. 일상생활을 접하는 데 있어서 이기적이고 자기중심적인 사고로 접근하는 것이 아니라 객관적이고 문제해결 중심으로 접근함으로써 객관적인 시각에서 사태를 보게 된다.

다섯째, 창의적이며 유머감각이 있다. 매사에 다양한 측면에서 사태를 바라보고 창의적인 사고로 문제를 해결하려 한다. 또한, 일상생활 속에서 매사에 긍정적인 태도로 접근하면서 밝은 모습에 유머를 더해 주변 사람들의 호감을 사는 행동을 한다.

여섯째, 문화에 의해 길들여지는 것에 저항적이다. 생활의 모습이 고의적이거나 비습관적인 것은 아니지만, 어떤 형식이나 체면에 의해 행동하는 것을 싫어하고 그 사회의 문화에 길들여져 행동하는 것을 싫어한다.

일곱째, 인류의 복지에 관심이 많고 객관적인 관점에서 인생을 바라본다. 인류사회의 복지 구현이라고 하는 넓은 측면에서 사회를 바라보고 자신만을 생각하는 이기적인 생각보다는 사회집단 전체의 복지를 중요시하는 행동으로 기부나 봉사에 실천적이고 적극적이다.

여덟째, 삶에서 접하는 기본적 경험에 깊이 감사할 줄 안다. 삶에 대한 인식 자체가 부정적이기보다는 긍정적인 인식으로 접근하기 때문에 모든 사소한 일에 대해서도 감사하는 마음으로 대한다.

아홉째, 소수의 몇 사람들과 깊고 만족스러운 인간관계를 형성한다. 사회관계를 비교적 좁게 형성하나 사회관계를 형성한 사람들과는 깊은 인간관계를 맺는 특성이 있다.

이상에서 살펴본 바와 같이 자아실현에 성공한 사람들은 그들 나름대로의 생활 방식이나 사고의 특성에서 서로 다른 차이를 보인다. 하지만 이들이 서로 다른 행동 특성이 있다고 하더라도 그 특성이 불변의 진리이거나 불변의 행동으로 존재하는 것은 아니다. 자아실현과 삶의 목적에 대한 관점도 시대의 변화에 따라 변화하는 경향을 보이고 있다. 과거에는 물질적 풍요나 생활의 안정이 자아실현의 궁극적인 목표라고 한다면, 오늘날은 삶의 질을 중시하고 지적으로나 심미적으로 만족을 느끼면서 사랑과 존경의 욕구를 충족시켰을 때 자아실현이 이루어졌다고 한다. 이와 같은 변화 경향은 과거의 자아실현이 객관적 지표에 초점을 둔 것이라고 한다면, 오늘날의 자아실현은 주관적 지표에 중점을 둔 관점으로 나타난 결과라 할 수 있다.

3. 행복과 자기계발

사람들에게 자신의 삶에서 가장 중요한 것이 무엇이냐 질문하면 대부분의 많은 사람들은 행복이 가장 중요하다고 말한다. 하지만, 현대사회를 살아가는 사람들에게 겉으로는 '행복'이라고 말하지만 행복을 누리기 위해서는 많은 '재화(財貨)'가 우선되어야 한다고 생각할 것이다. '재화'란 돈이나 값나가는 물건으로, 대가를 주고 얻을 수 있는 물질을 말한다. 재화는 돈과 같이 눈으로 확인할 수 있는 물질적인것뿐만 아니라 의사, 법관 또는 공무원처럼 사회적으로 보장된 지위나 교육 수준 등과 같이 상징을 통하여 권력으로 나타날 수 있는 비물질적인 것도 있다. 이와 같이 물질적 · 비물질적 재화는 현대사회를 살아감에 있어 반드시 필요하다. 현대사회를 살아가기 위해서는 기본적인 생계유지를 위한 최소한의 재화가 필요하다. 이를 '절대빈곤(absolute poverty)'이라 하는데, 절대필수품인 재화의 결핍에 이해 유체적, 정신적 생활이 소진(burnout)된 상태를 말한다(고영복, 2000). 이러한 절대빈곤을 설명하는 척도로 '지니계수(Gini's cofficient)'를 들 수 있다. 지니계수는 인구분포와 소득분포와의 관계를 나타내는 수치로서, '0'은 완전평등, '1'은 완전불평등한 상태이며 수치가 클수록 불평등이 심화되는 것으로 본다(이철수 외, 2009). 최근 한국보건사회연구원에서 발표한 '2015년 빈곤통계연보' 보고서에서 불평등 정도를 나타내는 지니계수가 지난해 정체되거나 약화됐다고 밝혔다. 소비지출 기준으로 본 지니계수는 2013년 0.254에서 지난해 0.262로 높아져 불평등이 악화된 것으로 나타났으며, 소득기준으로 볼 때 2013년부터 2015년까지 0.294로 나타나 더 이상 개선이 없는 것으로 나타났다(경향신문, 2015.12.08.). 이와 같은 결과로 볼 때 한국사회는 소득, 자산의 분포 상태가 고르지 못하다는 것을 의미한다. 즉, 한국의 지니계수가 높다는 것은 불평등이 더욱더 심화되고 있다는 것을 의미한다. 이러한 불평등한 분배는 '행복지수(happiness quotient)'와도 관련성이 있다. 행복지수란 국내총생산(GDP) 등의 경제적 가치뿐 아니라 삶의 만족도, 미래에 대한 기대, 실업률, 자부심, 희망, 사랑 등 인간의 행복과 삶의 질을 포괄적으로 고려해 산출된 지표이다(기획재정부, 2010). 보건사회연구원에서 발표한 2012년 한국 행복지수는 조사에 참여한 OECD 34개국 중 32위로 최하위권에 머무르는 것으로 나타났으며, 행복지수가 가장 높은 국가는 덴마크로 나타났다(뉴스웨이브, 2012.07.10.). 그렇다면 앞서 살펴본 지니계수와 행복지수의 관계를 살펴볼 필요성이 있다. 지니계수에서 1위를 기록한 덴마크의 행복지수는 역시 상위권으로 나타났다. 이러한 결과들을 종합적으로 볼 때 재화의 평등한 분배가 사람들의 행복을 유지하는 데 중요한 요소라 할 수 있다. 하지만 한국사회가 낮은 행복지수임에도 불구하고 경제적으로는 세계 10위 잘사는 나라이다. 우리는 이러한 관점에서 행복하기 위해 무엇을 해야 하는가에 대해 고민해 볼 필요가 있다.

행복과학 분야의 권위자인 미국 일리노이대학교 에드 디너 교수에 따르면 '한국은 지나치게 물질중심적이고, 이것은 한국의 낮은 행복도로 나타난다'라고 하면서 한국의 행복도가 낮은 이유를 물질적인 것에 지나치게 치중한 나머지 사회적 관계나 개인의 심리적 안정 등의 다른 가치를 희생하고 있기 때문이라고 주장한다. 즉, 돈에 너무 많은 가치를 두어서 인간관계나 취미 등에서 얻을 수 있는 행복을 등한시한다는 말이다. 또한 그는 '행복하려면 어떻게 해야 하는가?'에 그치지 않고, '행복하면 어떤 결과를 얻을 수 있는가?'를 연구하면서 '행복해야 하는 이유'를 강조한다. 에드 디너 교수의 말을 정리하면, 성공(돈, 물질 등의 재화)=행복이 아니라는 것이다. 즉, 성공한 사람이 행복한 것이 아니라 행복한 사람이 성공적인 삶을 살아간다는 것이다(문용린, 2011).

사람들마다 행복의 가치 기준은 다르게 나타난다. 예를 들어 특정 브랜드의 점퍼나 트레이닝복이 학생들 사이에서 선호되고 있는 현실을 보면, 어른들뿐 아니라 학생들 사이에서도 이러한 재화가 소비의 대상이 되고 있음을 알 수 있다. 이는 학생들의 배움에서도 나타나는데, 배움 그 자체가 아니라 누가 무엇을 배우기 때문에, 누가 무엇을 하기 때문에 최소한 '누구만큼' 혹은 '누구보다 더 많이' 배우지 않으면 안 된다고 생각하는 경향이 있다. 자신이 진정으로 원하는 배움이라기보다는 남들과 비교하여 수행되는 배움의 과정에서 만족감을 느끼는 것이다. 많은 학생들의 장래 직업 선호도를 보아도 다른 사람들보다 돈을 더 많이 벌거나 다른 사람들보다 더 인정받을 수 있는 인정 욕구에 고정되어 있음을 알 수 있다. 이러한 상황에서 학생들은 진정 하고 싶은 것이 무엇인지 생각하지 않고, 진정으로 하고 싶은 장래 직업에 대한 생각이 없다. 막연하게 남들과 비교해서 어떤 위치에 있기를 바라는 마음만 있는 것이다. 이러한 상황에서 필요한건 어떻게 하면 사물과 사람에 대한 진정한 가치를 생각하며 살아갈까 하는 것이 중요하다. 즉, 남과 비교하는 삶이 아니라, 그 자체로 자신에게 좋은 삶이 어떻게 가능할 수 있을지 생각하는 것이 중요하다(서동은, 2013). 그렇다면 다음에 나오는 한 동화를 통해 우리가 생각하는 행복의 가치와 특징, 진정한 행복 등을 알아보기로 하자.

어부와 진주 이야기

옛날에 한 어부가 살았다. 그 어부는 어느 날 바닷가에서 고기를 잡다가 거북이를 잡게 된다. 그런데 그 거북이가 말을 하며 살려 달라고 했다. 자신을 살려 주면, 진주를 주겠다고 했다. 거북이는 어부에게 내일 아침에 바닷가로 가면 지팡이를 든 노인이 있을 텐데 그 노인에게 가면 진주를 받을 수 있을 것이라고 했다. 다음날 어부는 정말 바닷가에서 거북이가 말한 그 노인을 만나 진주를 얻게 된다. 진주를 받아 든 순간, 이 어부는 얼른 그것을 감추어야 된다고 생각했다. 그래서 그는 집에 오자마자 뒷마당을 파고 그것을 묻어 두었다. 하루가 지나자 그것도 불안해서 마당 주위에 담을 쌓았다. 담을 쌓아 두었어도 마음이 놓이지 않았다. 이번에는 진주를 들고 산속 깊은 동굴 속으로 들어갔다. 그는 물고기의 그림을 그리기도 하면서 홀로 그곳에서 있었다. 그러다 우연히 동굴에서 개미들이 열심히 일하는 모습을 보게 된다. 개미들은 서로 도와 가며 열심히 일하고 있었고 갑자기 어부는 친구들이 생각났다. 그는 곧바로 바닷가로 가서 그 진주를 던져 버렸다. 그러자 거북이가 고개를 내밀고 어부가 이제야 진정한 부자가 되었다고 말한다. 어부는 이후 친구들과 어울려 예전처럼 물고기를 잡으며 재미있게 살았다.

위 글을 읽고 느낀 자신의 생각을 아래 표 1-1에 작성해 보자.

[표 1-1] 어부와 진주이야기 질문지

	질문	자신의 생각
1	어부가 그물을 통해서 잡은 것은 무엇이었나요?	
2	거북은 자신을 살려 주는 대신 어부에게 무엇을 약속했나요?	
3	어부에게 진주를 준 사람은 누구인가요?	
4	어부는 진주를 받은 다음 제일 먼저 무엇을 했나요?	
5	어부는 진주를 다시 어디에 감추어 두려고 했나요?	
6	어부가 동굴에서 배가 고플 때 그렸던 그림은 무엇인가요?	
7	그림을 그리다가 어부가 동굴에서 본 곤충은 무엇인가요?	
8	어부는 개미를 보고 무엇을 깨달았나요?	
9	나중에 어부는 진주를 어떻게 했나요?	
10	어부가 진주를 버렸을 때 파도 사이로 거북이가 나와서 뭐라고 했나요?	
11	진주를 버리고 난 후 어부의 마음은 어떠했나요?	
12	어부는 왜 진주를 버렸을까요?	
13	이 이야기가 주는 교훈을 무엇일까요?	
14	여러분에게는 혼자 간직하고 있는 귀한 보물이 있나요? 있다면 무엇인가요? 자신에게 가장 소중하다고 생각하는 물건을 한 가지씩 이야기해 보세요.	
15	거북이 말하는 진짜 부자는 어떤 사람일까요?	
16	개미들에게서 배울 수 있는 교훈이 있다면 무엇이 있을까요?	

출처: 서동은(2013), 다양한 삶의 가치, 사람은 무엇으로 행복한가? 우리교육, pp.142-143.

위 글을 통해 우리가 알 수 있는 것은 어떤 물건을 가져서 좋은 점도 있지만, 그것 때문에 오히려 불편하고, 심지어 자신이 불행해진 적은 없는지를 알고, 그러한 경험들을 나누고자 함이었다. 또한 물건의 소유함으로써 나타나는 두 가지 측면(불행과 행복)을 생각하도록 하고자 함이다.

위 글에서 알 수 있듯이 '행복'이란 결코 '재화를 많이 가짐'이 아니라 '사람들과 함께 더불어 살아감'이라는 것이다. 다시 말해 행복이란 누군가에 의해 만들어지는 것이 아니라 내가 선택하는 것이라 할 수 있다. 또한 행복은 자신이 원하고 좋아하는 것을 미래의 목표로 세우고 긍정적인 요소를 키워 삶의 질을 높이는 것이다. 즉, 행복해지려면 먼저 자기 자신이 준비가 되어야 한다. 여기서 준비란 학력, 재력, 권력 등과 같은 행복의 조건이 아니라 행복한 삶을 살 수 있는 기본요소를 말한다. 행복의 조건 중에서 어느 하나가 부족해도 행복할 수 있지만 행복의 기본요소가 부족하면 행복한 삶을 영위하기 어렵다. 따라서 행복의 기본요소에 대해 살펴보고자 한다. 행복의 기본요소에 대해 문용린(2011)은 긍정적 마인드, 몰입, 만족지연능력, 자기결정력, 도덕지능의 5가지로 제시하고 있다.[1)]

1) 행복의 제1요소, 긍정적 마인드

버클리대학교의 심리학자 리 앤 하커와 다처 켈트너는 1958년부터 1960년까지의 졸업 앨범에 실린 여학생 114명의 사진을 분석한 결과 3명을 제외한 모든 여학생이 웃고 있었고, 웃는 표정은 모두 달랐다. 연구자들은 졸업 앨범을 찍은 후 수십 년이 지난 후 이 여성들의 결혼 여부와 결혼 만족도를 조사한 결과 졸업 앨범 속에서 보다 적극적으로 행복감과 같은 긍정적인 정서를 표현했던 여학생들은 중년 여성이 된 조사 시점에서 더 나은 결혼생활을 하고 있었다. 또한 이들은 사진 속 여성들의 신체적 매력도 정도를 점수에 반영했지만 예쁜 사람이 반드시 행복하다는 결과가 나온 것은 아니었으며, 그보다는 긍정적 사고의 정도에 따라 인생의 행복도가 결정된다는 결론이 타당한 것으로 나타났다.

이 연구를 통해 우리는 긍정적인 가치관이 삶에 적지 않은 영향을 미친다는 사실을 알 수 있으며, 행복이란 단순히 순간의 감정이 아니라 미래에 영향력을 행사한다는 사실도 알 수 있다. 즉, 긍정적인 삶을 살수록 긍정적인 요소를 더 많이 가지게 되며, 이는 행복해지는 중요한 요소로 작용한다. 행복한 삶을 살기 원한다면 긍정적인 마인드를

1) 행복관련 5요소는 '문용린(2011). 행복한 성장의 조건'에서 발췌하여 재구성 하였음.

기르는 것이 무엇보다 중요하다.

2) 행복의 제2요소, 몰입

행복을 연구하는 사람들에 따르면 진정한 행복은 최선을 대해 자신이 원하는 일을 마친 후에 얻어지는 심리적 상태에서 온다고 한다. 몰입 이론을 주창한 미하이 칙센트미하이 교수는 '사람들이 가장 만족하는 순간은 자신이 원하는 무언가에 열중할 때'라고 주장한다. 여기서 말하는 '무엇인가에 열중하는 것'이 바로 '몰입'이다. 하지만 몰입이라고 다 같은 몰입이 아니다. 예를 들어 쾌락이나 불건전한 몰입은 진정한 몰입이 아니라 집착이라 할 수 있다. 진정한 몰입은 자신의 꿈과 목표로 나아가는 '자아실현형 몰입'을 의미한다. 따라서 우리가 행복해지기 위해서는 자신이 좋아하고 잘 할 수 있는 일을 찾는 것이 중요하며, 좋아하는 일을 찾을 때 몰입하게 되고 몰입을 하다보면 잘 하게 된다. 또한 그 몰입을 통해 목표에 이르게 되고, 설사 목표에 이르지 못했다 하더라도 몰입하는 그 순간에 행복을 경험하게 되는 것이다.

3) 행복의 제3요소, 만족지연능력

2007년 히말라야 16좌 등정에 성공한 산악인 엄홍길 대장은 '서른여덟 번 히말라야를 오르면서 겪었던 수많은 위험과 고비를 생각하면 사실 나는 죽은 목숨이나 다름없다. 그래도 난 히말라야를 오르고 또 올랐다. 나의 눈물이, 나의 열정이, 나의 도전이 히말라야와 하나가 될 수만 있다면 난 멈추지 않고 전진을 외쳤다. 영영 걷지 못한다 해도, 돌아오지 않는 영원한 산사람으로 그곳에 묻힌다 해도 난 산에서 등을 돌릴 수 없었다. 그리고 난 결국 꿈을 이루고야 말았다' 그는 히말라야 16좌를 등정하는 동안 동료 산악인 6명과 세르파 4명 등 무려 10명의 동료를 잃었다. 그는 수많은 위험과 시련을 이겨내며 끊임없이 산에 올라 결국 자신의 목표를 이루었다.

산의 정상을 한 번 밟았던 사람은 더 높은 정상에 오르려고 노력한다. 힘든 과정을 극복하고 마침내 목표를 이룰 때 사람의 뇌에서는 신경전달물질인 도파민이 분비되는데, 이 물질은 쾌감을 안겨준다. 아무리 힘든 과정이었어도 목표를 이루었을 때 느끼는 쾌감 때문에 힘들었던 과정을 모두 잊어버린다. 그런데 이 도파민은 이른바 중독 효과가 있다. 따라서 이런 경험을 한 번 해본 사람이라면 그 쾌감을 다시 느끼기 위해 또다시 도전하게 된다.

이렇듯 자신이 정한 목표를 이루기 위해 현재의 어려움을 견디는 능력을 '만족지연능력'이라고 하는데 만족지연능력이 있는 사람은 어떠한 어려움이나 실패가 있어도 쉽게 좌절하지 않는다. 그 이유는 이후에 느낄 쾌감을 알기 때문이다. 만족지연능력은 행복을 선물하고 더 큰 목표를 설정할 수 있는 힘을 안겨주기에 우리는 행복을 위해서 노력과 열정으로 기쁘게 전진할 수 있는 만족지연능력을 길러야 할 필요가 있다.

4) 행복의 제4요소, 자기결정력

목표를 분명히 결정하면 목표 없이 노력할 때보다 성공 확률이 훨씬 더 높다. 예를 들어 등반을 할 때 정상에 오르겠다는 목표를 정한 사람이 그렇지 않은 사람보다 정상에 오를 확률이 높은 것처럼 정상에 오르겠다는 목표가 없는 사람은 도중에 힘든 상황을 맞이했을 때 포기할 가능성이 더 높다. 하지만 목표가 있어도 아무 목표도 없는 사람보다 성공 확률이 더 떨어지는 경우도 있다. 이는 바로 자신이 아닌 타인이 정해 준 목표를 설정했을 때이다. 우리가 대학을 결정하거나 전공을 선택할 때에도 마찬가지이다.

2007년 7월 EBS에서는 '아이의 사생활' 프로그램 제작을 위해 일반성인 2,698명을 대상으로 직업과 적성에 대한 설문 조사에 따르면, 직업과 적성이 맞다고 생각하는 사람(49%)에 비해 그렇지 않다고 생각하는 사람(51%)이 더 많은 것으로 나타났으며, 직업을 바꿔볼 생각을 해봤는가에 대해서도 직업을 바꿔볼 생각이 있다(54%)라고 생각한 사람이 그렇지 않다(46%)라고 생각한 사람보다 많았다. 이 중에서 자신의 직업에 대해 불만도가 높다고 생각하는 8명을 뽑아 심층 분석을 실시하였다. 특히 이들의 직업은 누구나 한 번 꿈꿔볼만한 직업이라고 하는 의대생(방송작가), 도정책연구원(쇼호스트), 전력기관 연구원(광고기획), 영어교사(수의사), 인터넷마케터(콘텐츠사업), 개인사업가(성우), IT회사 사무원(식물연구), 금융회사사무원(시인) 등이다. 하지만 이들은 현재의 직업에 불만족하고 있으며, 자신의 직업보다 괄호 안에 있는 직업을 꿈꾸고 있다. 이들의 진로 선택은 자신이 결정한 것이 아닌 대부분이 주변의 사람들(가족, 선생님 등)에 의해 결정되어진 직업이라 할 수 있다. 즉, 이들은 좋은 직업을 가지고 있지만 자기결정력의 부재로 인해 행복하지 못한 삶을 영위하고 있는 것이다. 따라서 우리는 행복을 위해 누군가에게 강요당한 삶이 아닌 자신이 원하는 일을 스스로 찾고, 목표를 설정한 후 그 목표를 이루기 노력하는 힘을 길러야 한다.

5) 행복의 제5요소, 도덕지능

국내 일간지 한국일보는 2008년 12월 전국 성인 남녀 1,000명을 대상으로 행복과 관련된 여론조사를 실시하였는데, 이 결과 감사하는 마음이 많은 사람들의 평균지수(16.6)가 그렇지 못한 사람들(8.9)에 비해 월등히 높은 것으로 나타났다. 또한 감사하는 마음이 많은 사람의 경우 경제적 능력과 무관하게 행복지수가 높았고, 감사하는 마음이 거의 없는 사람의 경우는 소득 수준과 상관없이 행복지수가 낮았다.

인간은 나로 인해 타인이 행복해지는 것을 보면 그에 따른 만족감을 느끼며 행복해진다. 그래서 남을 배려하고 남에게 감사하는 것은 이타적이지만 이기적인 행동이기도 하다. 하지만 그 행동은 나와 타인, 모두가 행복해지는 지름길이다. 결국 우리가 생각하는 도덕성은 인간으로서 갖춰야 할 덕목이기 이전에 행복을 위해 갖춰야 할 기본요소인 셈이다. 이는 무작정 남을 도와야 한다는 인식보다는 실제로 타인을 돕고 배려하는 경험을 가지는 것이 필요하다.

행복에 관한 위의 내용을 종합해보면 자신의 적성에 맞는 일을 찾는 것이 가장 우선적으로 이루어져야 하고, 이후 자신만의 목표를 정하고 이에 따라 지속적으로 노력할 때 삶의 행복을 찾을 수 있다는 것이다. 또한 삶의 행복을 다시 정리해 보면 자신의 목표를 이루기 위한 노력이 곧 지속적인 자기계발이라 할 수 있겠다.

4. 성공을 위한 자기관리

1) 자기관리

“자신의 인생에 있어 가장 중요한 사람은 누군가?”라는 질문에 있어 대부분의 많은 사람들은 가족, 친구 등의 주변사람을 우선 떠올릴 것이다. 우리가 늘 주변사람들에게 “식사하셨어요?, 잘 지내시죠?” 등의 안부는 물어보지만 나 자신에게 안녕하고 편안한지는 일년에 한 번도 물어보지 않는 경우가 많다. 우리 자신의 인생에 있어 가장 중요한 사람은 ‘나 자신’임에도 불구하고 타인을 위해 희생하느라 자신을 돌아보는데 소홀하다. 즉, 자기돌봄이 중요하다. 자기돌봄은 자신의 건강과 안녕에 책임을 져야 한다는 중요성을 일컫는 말이다(정석용, 이규은, 2010).

특히 현대사회를 살아가는 사람들은 끊임없이 무언가를 위해 사느라 바쁘다. 하지만 이렇게 바쁘게 살아가지만 늘 뭔가 부족한 것처럼 허전하다. ‘자기관리’의 중요성을 ‘자기돌봄’으로 재해석한 타라브랙(2013)의 책에서 역자들은 다음과 같이 이야기한다. 한자의 ‘바쁠 망(忙)’은 ‘마음 심(心)’과 ‘죽을 망(亡)’으로 이루어져 있다. 즉, ‘바쁘다’에는 ‘마음을 죽인다’는 의미가 포함된다. 보통 ‘정신없이 바쁘다’는 말을 즐겨 쓴다. 그런데 정신이 없다면 과연 살아있다고 할 수 있을까? 우리는 태어나자마자 서서히 삶의 속도를 높여 가며 ‘인생에서 해야 할 일’의 목록을 하나씩 행동으로 옮기며 살아간다. 학교에 들어가고 직장을 구하고 연애하고 결혼하고 아이를 낳고……. 그렇게 삶의 궤도를 바쁘게 밟아가는 동안 우리는 우리의 타고난 지혜로부터, 그리고 가슴으로부터 조금씩 멀어진다. 그러다 어느 순간 친숙했던 주위 사람들이 낯설게 느껴지고, 모든 일에 부정적인 반응을 보이며, 자기 자신을 믿지 못하고 불편해한다.

이때 느끼는 낯섦과 불안, 불만, 부정, 허전함은 내 본래의 가슴, 편안함으로 돌아가고자 하는 일종의 ‘향수병’이다. 향수병은 태어난 집과 고향을 그리는 마음이다. 본래 순수하고 고요하고 평안한 존재로서의 ‘나’가 바로 나의 ‘집’이자 ‘고향’이다. 그 집을 잃어버리거나 너무 멀어졌을 때 우리에게는 돌아가고자 하는 본능이 일어난다. 즉, 향수병을 낫게 하려면 집으로 돌아가면 된다. 깨어있음은 우리에게 집으로 돌아가는 길을 안내한다. 내가 느끼는 현재의 모든 감각과 자각함으로써 '나'라는 순수한 존재에 마음을 열게 한다. 나의 '집'에 돌아온 나는 비로소 편안하고 자유로워진다.

이와 같이 너무나 일상을 바쁘게 살아가는 현대인들에게는 해결해야 할 일들이 아주 많다. 하지만, 이러한 일들 중 98%는 내가 고민해서 해결해야 할 일들이 아니다. 현대인들은 굳이 자신이 해결하지 않아도 될 일을 마치 내일인 것처럼 해결해야 한다는 강박관념에 살고 있다. 이러한 일들을 해결해야 한다는 강박적 신념은 생각이 되고, 자신의 말이 된다. 또한 자신의 말은 자신의 행동이 되고, 자신의 행동은 습관이 되며, 이러한 습관은 성격이 되며, 이러한 성격은 자신의 운명이 된다(타라브랙, 2013). 이와 같은 강박적인 생각들은 자신을 병들게 하므로 해결이 필요하지 않은 일들은 그냥 놓아두어도 시간이 해결해 준다는 생각을 가지는 것이 무엇보다 필요하다. 우리가 살면서 이제까지 해결되지 않은 것이 있는가?

2) 시간관리

시대를 막론하고 시간관리는 매우 중요하다. 누군가에게 1초는 아무것도 아니지만 누군가에게 0.1초는 매우 중요하다. 예를 들어 육상, 스피드스케이팅 같은 운동종목에 있어는 매우 중요한 순간이다. 현대사회를 살아가는 현대인들에 있어 시간관리란 필수이다. 시간관리는 왜 중요한가에 대해 유성은(2013)은 다음과 같이 주장한다.

첫째, 시간을 잘 관리하면 주어진 시간에 자기가 해야 할 일을 완수할 수 있고 지속적으로 하고자 하는 것을 달성할 수 있다는 것이다. 기한 안에 책임을 완수할 수 있으니 얼마나 보람이 있겠는가?

둘째, 우선순위를 잘 정해 일하기 때문에 일을 일관성 있고 질서정연하게 처리해나갈 수 있다.

셋째, 목표와 계획을 잘 세울 수 있으므로 시간과 물질과 불필요한 에너지를 낭비하지 않는다.

넷째, 일하는 시간과 휴식시간을 조화 있게 구성함으로써 적당한 긴장감을 유지하며 삶을 유연하게 운영할 수 있다.

다섯째, 서두름과 분주함을 예방하고 스트레스를 막아주어 건강한 삶을 살게 한다. 스트레스 가운데 50% 정도는 시간 부족에서 온다. 시간관리를 효과적으로 하면 시간 때문에 발생하는 스트레스를 대부분 막을 수 있다.

여섯째, 여유시간을 충분히 만들 수 있다. 그래서 사색, 독서, 운동, 가정생활, 사교활동 등을 충분히 할 수 있다.

일곱째, 자신의 소원과 꿈을 만족스럽게 성취해서 자아실현을 할 수 있다. 훌륭한 시간관리 능력은 재능과 능력을 똑같이 가지고 있는 사람들 가운데서 여러분을 차별화하는 가장 중요한 요소다. 그 결과 다른 사람보다 앞서 성공을 얻을 수 있다.

그렇다면 우리는 시간을 얼마나 잘 관리하고 있는지를 살펴볼 필요성이 있다. 아래 표 1-2에 제시된 문항을 읽으면서 자신의 시간관리 경향을 살펴보자. '예'라는 대답이 20개 이상이면 시간을 잘 관리한다고 평가할 수 있다.

[표 1-2] 시간 관리 체크리스크

- 기분대로 생활하지 않고 계획을 세워 생활하며 매사가 계획적이다.
- 개인적인 일과 직장 일을 하기 위한 장・단기적인 목표를 세우고 추진한다.
- 매월, 매주, 매일 계획표에 따라 일을 진행해나간다.
- 아무리 잡다한 일이 나에게 닥쳐도 우선순위를 잘 정할 수 있다.
- 부지런한 사람이라고 자타가 공인한다.
- 과거에 대한 후회나 미래에 대한 염려를 잊고 현재 주어진 일에 집중한다.
- 모든 활동에 필요한 시간을 정확히 예측하여 시간배분을 잘한다.
- 건강한 편이어서 쉽게 피곤하지 않다.
- 병원이나 여행을 갈 때 대기시간에 읽을 것을 가지고 간다.
- 출퇴근 시간을 효율적으로 사용한다.
- 기상시간, 식사시간, 근무시간이 일정하다. 그리고 매사가 규칙적이다.
- 남과 한 약속시간이나 약속을 정확히 지킨다.
- 차를 1년에 두 번 정도 정비하고 타이어도 제때 갈아 끼운다.
- 생산성을 향상하기 위해서 도구를 올바르게 이용한다.
- 적합하지 않은 과제, 비생산적인 회의나 모임 등은 될 수 있는 한 피한다.
- 항상 새로운 방식으로 일하려고 노력한다.
- 예기치 않은 일로 스케줄이 무산되거나 바뀌었을 때 침착하고 융통성 있게 스케줄을 조정할 수 있다.
- 시간관리의 기본원리와 기술을 알고 있으며 시간관리 능력을 더욱 발전시키려는 의욕이 있다. IT기술을 활용

한다.
- 끊임없이 자아실현을 하고 있다.
- 일할 때는 열심히 일하고 쉴 때는 푹 쉰다. 주말에 아무것도 하지 않아도 죄책감이 들지 않는다.
- 마감시간 안에 과제나 목표를 여유 있게 이룬다.
- 바쁜 일이 생겨도 서두르지 않으며 시간 스트레스를 좀처럼 받지 않는다.
- 항상 여유 있게 계획을 세우고 준비를 한다.
- 나와 다른 사람에게 관대하다. 인간관계가 좋다.
- 인생에서 일어나는 여러 가지 변화에 잘 대처한다.
- 일기나 사업보고서나 평가서를 잘 쓴다. 성공이나 실패에서 교훈을 얻는다.
- 중요한 최신 정보들을 가지고 있다.
- 자신의 마음을 잘 컨트롤할 수 있다.
- 가정생활을 행복하게 하고 있다.
- 미래는 현재보다 더 좋아질 거라고 믿는다.

출처: 유성은(2013), 성공하는 사람들의 기간관리습관, 서울: 중앙경제 평론사, pp.59-61.

3) 우선순위

자신의 시간을 효율적으로 관리하기 위해서는 무엇보다 일에 대해서 우선순위를 정해둘 필요성이 있다. '우선순위'란 어떤 목표나 과제나 일이 다른 것보다 더 중요해서 먼저 처리해야 한다는 의미다. 우선순위를 정하는 것은 아주 간단한 것에서부터 아주 복잡한 것에 이르기까지 범위가 대단히 넓다. 일에 있어 우선순위를 정하는 효율적인 방법은 다음과 같다(유성은, 2013).

첫째, 작은 일이든 큰 일이든 심사숙고해서 결정해야 한다. 기분보다는 이성에 따라 판단하고 될 수 있는 한 객관적으로 생각해야 한다. 예를 들어 간단한 문제는 당장 결정해야 하고, 당장 결정하기 어려운 문제는 시간을 좀 두고 생각한 뒤 결정하는 것이 좋다. 또한 자신의 능력 밖에 있는 어렵고 전문적인 일은 전문가에게 의뢰해서 처리하도록 하는 것이 훨씬 슬기로운 자세다.

둘째, 중요한 일과 긴급한 일을 구분하는 감각을 기르고 항상 중요한 것을 먼저 한다. 중요한 것은 목표와 관련되어 있고, 긴급한 것은 시간과 관련되어 있다. 예를 들어 '중요한 것'인지를 알아내려면 '내가 그것을 지금 하지 않으면 문제가 발생할까?'라는 질문을 던졌을 때 '아니요'라는 대답이 나오면 그 일은 중요하지 않은 것이다.

셋째, 평소에 우선순위가 가장 높은 일은 자신의 기본업무와 책임이라는 점을 명심해야 한다. 의사에게는 환자의 생명을 구하는 것이 최우선이며, 학생에게는 공부하는 것이 최우선이며, 보초병들에게는 보초를 서는 일이 최우선이다.

넷째, 위기에 가장 우선순위가 높은 일은 생명을 보존하는 일, 위기를 빨리 해소하는 일, 문제를 빨리 해결하는 일이다. 즉시 결단하고 매우 신속하게 행동해야 한다.

다섯째, 다른 사람이 나에게 개인적으로 부탁하는 일은 대체로 낮은 우선순위의 일이다. 따라서 내 기본적 책임을 수행한 다음에 시간과 능력이 있으면 처리해주는 것이 좋다. 자기 가족보다 남에게 더 친절한 사람은 우선순위를 잘못 정한 것이다.

여섯째, 쉬운 일과 좋아하는 일만 골라서 하면 안 된다. 우선순위의 표준은 어디까지나 '중요도'다. 그 일이 중요하면 싫어도 해야 한다.

일곱째, 해야 할 일이 많을 경우 모든 것을 다하려고 하기보다는 중요한 일을 몇 가지 골라서 거기에 몰두해야 한다. 중요한 일에 시간과 노력과 재능을 투입하면 상대적으로 큰 효과를 거두게 된다.

여덟째, 가끔 예외도 인정해야 한다. 즉, 시간과 물질의 투자에 비해서 이익이 많을 경우는 중요도가 덜해도 한번 해볼 만하다. 그러면 뜻하지 않게 행운을 잡을 수도 있다. 그리고 작은 일이라 해서 무조건 무시해서는 안 된다. 상대방이 여러 번 요청할 때는 손해 보는 셈치고 한 번쯤 허용하는 것이 인간관계를 유지하기 위해서도 필요하다.

아홉째, 자신이 아무리 좋아하는 일이라도 한 가지 일에만 매달려서는 안 된다. 삶은 균형과 조화를 이루어나가야 한다. 이런 면에서 중독에 빠진 사람은 우선순위 감각을 상실했다고 볼 수 있다.

열째, 시시때때로 '지금 어떤 일을 하는 것이 좋은가?'라는 질문을 자신에게 던져 우선순위를 분명히 하는 것이 좋다.

열한째, 우선순위를 지켜나가야 한다. 중요한 일은 한 번에 하나씩 집중적으로 처리해나간다. 한 가지 일이 완성되지도 않았는데 다른 일을 시작하면 우선순위가 바뀌어 혼란스럽다.

열두째, 상황이 바뀌고 세월이 흐름에 따라 우선순위가 달라진다는 점을 이해해야 한다. 그래서 그때그때 가장 적합한 우선순위를 다시 세워야 한다. 결혼하면 혼자였을 때와는 우선순위가 달라진다.

열셋째, 지금은 손해가 되더라도 장기적으로 이익이 되는 것을 택하는 것이 지금은 이익이 되어도 장기적으로 손해 보는 것보다 낫다. 이 원리는 여러 상황에 적용할 수 있다. 예를 들어 추진하던 사업이 '밑 빠진 독에 물 붓기'라고 판단되면 곧 중단하는 것이 이익이 되고, 국가의 위신보다 안보를 택하는 것이 더 슬기롭다. 우선순위를 잘 선택하기 위해서는 항상 장기적인 안목을 갖고 먼 앞날을 내다보아야 한다.

• 업무의 우선순위 정하기 연습

(1) 중요도에 따른 우선순의 단계 분류

A: 중요하고 긴급한 것

예) 내일 10시까지 상사에게 보고, 문제해결에 대한 아이디어 제시

B: 중요하나 긴급하지 않은 것

예) 직원연수, 정기적 회의, 후임직원과 면담 등

C: 긴급하나 중요지 않은 것

예) 고객 면담 등

D: 긴급하지도 중요하지도 않은 것

예) 잡무, 정기간행물(잡지) 읽기 등

E: 시간 낭비적인 일

예) 개인적인 전화, 잡담 등

(2) 효과가 높은 업무의 우선순위(도표)예시

업무의 효율성을 높이기 위해 업무에 대한 우선순위를 세워야 한다. 업무의 우선순위를 세우는 방법은 표 1-3과 같다. 예를 들어 1일 근무시간을 8시간(480분)이라고 할 때 업무의 우선순위 A~E를 참고하여 기재하면 된다.

[표 1-3] 업무의 우선순위 작성 예시

연번	업무목록	등급	시간배정비율(%) 1일 8시간(480분)기준	
			시간(분)	비율(%)
1	업무보고	A	20	4.16
2	정기회의	B	30	6.25
3	고객면담	C	60	12.5
4	잡무	D	60	12.5
5	개인전화	E	30	6.25
6				
7				
8				
9				
10				
11				
12				
13				
14				
15				
합 계				

02 CHAPTER

자기분석과 미래설계

배울내용

1. 자기이해와 분석
2. 특성과 자원탐색
3. 자기계발과 미래설계 – 대학생활 버킷리스트

학습목표

1. 자기이해의 중요성을 인식하고 홀랜드의 6가지 흥미유형별 특성을 설명할 수 있다.
2. 직업선호도 검사를 실시하고 이에 따른 결과에 따라 자신의 직업선호도를 파악한다.
3. 자신의 흥미유형과 직업선호도 검사결과를 바탕으로 자기계발을 위한 로드맵을 작성할 수 있다.

개요

100세 시대를 살아가는 청소년들은 끊임없이 자기계발로 진로와 직업선택에 있어서 유연한 관점을 가지고 접근할 수 있도록 폭넓게 준비하여야 한다. 이를 위해서는 심도 깊은 자기이해와 분석을 바탕으로 장기적인 진로비전을 계획하고 전략적인 자원들을 통해 자신만의 미래설계도를 준비해야 한다. 개인이 삶에서 경험하는 여러 다양한 변화와 성장과정 속에서 자신의 적성에 맞는 일을 선택하고 결정하는 것은 매우 어려운 과업이다. 이는 직업의 이해 이전에 자신에 대하여 구체적인 인식과 특성의 파악이 선행되어야 하며 다양한 직업들의 고유한 필요역량과 핵심기술을 찾아 개개인의 직무와 역할에 적합한 자기자원의 연계가 이뤄져야 하기 때문이다. 이 역할과 특성에 맞는 탁월한 역량을 갖추기 위해 먼저 남과 다른 자신만의 독특하며 차별화된 특성들을 분석하는 것이 필요하다. 그리고 이를 조화롭게 연결하여 미래의 진로와 주도적인 생애를 설계해 가는 것이다. 불확실한 미래, 내 인생의 주인공인 자신을 위한, 자신에 의한, 자신만의 주도적인 삶이 영위 되어야 한다. 이렇게 자기주도적인 인생의 설계를 통해서 결정한 것들에서 우리는 삶의 의미와 행복을 느끼게 되기 때문이다. 이에 본 장에서는 먼저 자기이해에 대한 개괄과 성격 및 적성의 이해를 통해 잠재적인 능력의 실현을 위한 미래설계를 구체적으로 준비하도록 하자.

1. 자기이해와 자기분석

자기계발과 진로와 직업선택의 과제 중에서 '내가 어떤 사람인지, 어떤 독특한 나만의 특성들을 가지고 있는지'를 이해하고 자신의 강점과 잠재능력을 파악하여 독특한 미래 설계로 연계하는 과정이 가장 중요한 분야이다. 다양한 분석도구, 전문검사지를 활용하여 스스로 분석하거나 전문가의 도움을 받아 자신의 성격과 적성 및 역량을 명확하게 파악하면 선호하는 직업의 특성과 연결하여 자신의 진로 미래비전을 설계하는 데 큰 도움이 된다.

먼저 자기이해에 대해 알아보자. 자기이해는 자기 자신의 다양한 내 · 외적 상황을 관찰하여 독특한 특성을 찾아 구체화한 패턴과 프로파일로 나타내는 것이다. 많은 자기이해 방식과 도구들이 있으나, 여기서는 다중지능을 중심으로 살펴보고 자신의 강점지능 3가지와 약점지능을 보완할 수 있도록 한다. 다음으로 자기이해의 가장 기본적인 방식을 살펴본다. 가장 손쉬운 자기이해 방법은 의식의 자아가 자기 내면을 향해 지속적으로 질문을 던지는 것이다. 예를 들면 좋아하는 것과 싫어하는 것을 나눠보고, 잘하는 것과 못하는 것을 분류해서 카테고리를 만들어 보는 과정이다. 사실 자기 자신을 명확히 파악하는 일은 어렵다. 하지만 지속적인 노력을 한다면 더 많은 문제를 해결하는 결실과 대안을 찾을 수 있다. 또한 그 노력은 자기이해능력을 강화하여 실질적으로 직업기초역량 강화에도 도움을 준다. 이제 자기이해 대하여 구체적으로 살펴보기로 하자.

1) 자기이해의 정의

먼저 자기이해(自己理解)란 사전적 의미로 '개인이 자기 자신을 자기의 있는 그대로 이해하는 기능'을 말한다. '자기이해'(self understanding)라는 용어는 칼 로저스(Rogers, C. R.)가 사용하기 시작했다. 그는 "자기를 지식으로서 아는 것도 아니고 자기를 학술적인 기술에서 분류, 평가하는 것도 아니다."라고 하였다. 즉, 의식적 · 무의식적 상태에 있는 자신을 실체적으로 이해하는 행위다. 하위요소로는 적성과 흥미, 성격과 지능, 가치관과 삶의 목적, 가정과 사회환경, 신체조건과 학력 등이 있다. 이들은 선천적으로 타고나기도 하지만 많은 경우 후천적인 노력으로 계발되기도 한다. 그림 2-1과 같이 자기계발은 내면에 숨겨진 잠재적 역량을 실제적 활동, 실현능력, 태도로 꽃피우는 과정이다.

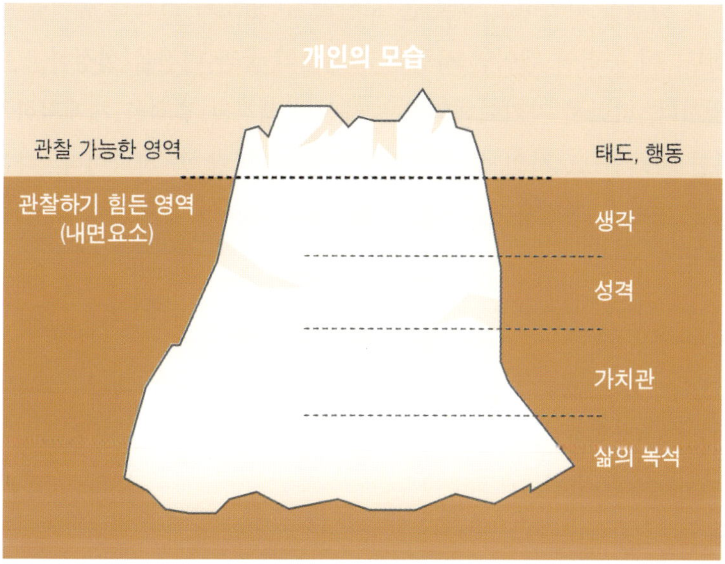

[그림 2 1] 빙산모형

2) 자기이해의 중요성과 자기이해역량

우리는 누구나 자기이해(self understanding)에 따라 적성에 맞는 직업을 선택하고 사회적 활동과 자기실현이라는 목표를 이루어 행복한 삶을 살기 원한다. 이를 성취하려면 자신이 좋아하는 것, 잘하는 것을 명확히 파악하여 다양한 선택과 결정에 적용할 필요가 있다. 그리고 행복한 삶에는 건강하고 바람직한 가치관과 인간관계능력이 필요하다. 구체적인 사회적 환경과 대인관계 속에서 자기 자신을 이해하는 활동은 자신을 보다 더 정확하게 파악할 수 있으며 내적 능력을 향상시켜 합리적인 자기분석에 도움이 된다.

다양성의 사회는 이렇게 자신의 개인내적인 특성과 사회관계 속에서 구체적으로 분석하고 이해하는 역량이 매우 필요한 시기가 되었다. '자기이해역량'이란 자신을 있는 그대로 객관화시켜 이해하는 능력을 말한다(Rogers, C. R). 즉, 부족함에 대해서 인정하고, 자신을 분석하여 참된 자아와 독특한 자기를 찾아내는 역량이다. 자기이해역량을 키우려면 스스로 자신의 성격, 흥미, 가치관, 능력 등을 파악하는 노력을 기울여야 한다. 자신의 강점 및 약점을 파악하고, 약점은 보완할 수 있도록 스스로 동기를 유발하고 부여해 가야 한다. 이 능력이 뛰어난 사람은 자신만의 꿈과 비전을 설정하고 미래를 설계하는 데 탁월하다. 따라서 자기이해역량은 자신의 생각과 결정을 체계화하고 명료하게 만들어 행복한 사회인으로서의 삶을 살게 하는 중심역량 중 하나이다. 다음으로 자기이해의 다양한 영역을 구체적으로 살펴보기로 하자.

3) 자기이해의 영역

자기계발과 진로비전을 설정하고 미래를 설계하기 위해 연계되는 자기이해 영역을 크게 나눠보면 다음과 같다.

- **심리적 영역** : 적성, 흥미, 성격, 가치관 등
- **환경적 영역** : 가정환경, 지역 등
- **신체적 영역** : 신체조건, 건강, 성역할, 연령 등
- **인지적 영역** : 지능, 학력, 지식 정보 등

본 장에서는 심리적, 환경적, 신체적 영역을 중심으로 살펴보면서 자신의 분석을 통한 자기 특성을 살펴보기로 한다.

(1) 심리적 영역

먼저 '적성'이란 주어진 일을 수행하는 데 필요한 기능을 쉽게 학습하고, 성공적으로

할 수 있는 잠재적인 능력이다. 따라서 어떤 직업에서의 성공 가능성을 진단해주는 중요한 요인이다. 이는 자신이 좋아하는 흥미요소와 탁월한 재능을 탐색하여 알아볼 수 있다. 다음으로 '흥미'는 구체적으로 생활 속에서 자신이 취미로 삼거나 지속적으로 즐기는 분야를 말한다. 어떤 일이나 활동을 하면 즐겁고 좋은 기분이 드는 상태를 말한다. 한편 흥미가 없으면 능률이 떨어진다. 적성에는 맞아도 흥미를 못 느끼는 일은 성공 가능성이 낮아진다. 흥미의 중요성을 보여주는 한 사례가 있다.

> '미국 아이비리그 대학 졸업생 1,500명을 대상으로 〈직업선택 동기에 따른 부의 축적〉을 주제로 20년을 추적 조사'
> 돈, 즉 경제적 가치를 우선으로 직업을 선택한 사람보다 좋아하는 일을 선택한 사람이 더 많은 부를 축적했다 (SBS스페셜, 2010).

이는 스스로 좋아하는 다양한 활동이나 일을 통해 지속적으로 자기계발을 한 결과 경제적 부와 자아실현을 이룬 사례를 말한다. 결국 어떤 일에 적성이 맞아도 흥미를 못 느낀다면 만족감을 얻기 어려울 뿐 아니라 능률도 떨어지며 무엇보다 일정한 경지에 이를 때까지 긴 기간 동안 지속하기 힘들다

- **흥미검사와 흥미유형별 개인특성과 직업군:** 흥미는 특성별로 독특한 유형으로 나뉜다. 다양한 직업과 연결시켜 나눈 6가지의 흥미유형을 살펴보기 위해서는 홀랜드의 흥미유형검사를 주로 많이 활용한다. 홀랜드는 개인의 흥미유형과 직업유형을 특성별로 연계하여 현실적(R), 탐구적(I), 예술적(A), 사회적(S), 진취적(E), 관습적(C)으로 분석하였다. 이는 다음 표 2-1과 같다.

[표 2-1] 6가지 흥미유형별 특성 분석

흥미유형	관련 직업군	개인특성
현실적 흥미(R)	기술자, 공학자, 정비사, 조종사, 농부, 운동선수, 군인	도구나 기계를 가지고 일하는 것을 좋아하며, 현실적이고 신체적인 기술에 소질이 있음.
탐구적 흥미(I)	과학자, 의사, 교수, 자연과학 사회과학 연구원	학문과 관련된 영역으로 도전력과 과제 집중력이 강하고, 탐구적인 문제해결 능력이 있음.
예술적 흥미(A)	디자이너, 만화가, 미술가, 음악가, 무용가, 작가, 배우,	자기표현을 좋아하고, 창조적 · 독창적이며, 다양한 재능과 예술적 소질이 있음.
사회적 흥미(S)	교사, 상담사, 사회복지사, 간호사, 종교지도자	타인을 도와주고, 남에게 관심받는 것을 좋아하며, 인간적 문제해결 능력이 있음.
진취적 흥미(E)	기업 경영인, 상품 구매인, 정치가, 기자, 판사, 변호사	지배적 · 정열적이고, 권력, 지위, 부에 가치를 부여하며, 타인을 설득하는데 흥미가 있음.
관습적 흥미(C)	공인 회계사, 세무사, 법무사, 사서, 은행원, 행정공무원 등	전통적 · 안정적 · 도덕적이고, 돈과 지위에 가치를 부여하나 지도력보다 일상적 과제를 좋아함.

다음으로 개인의 성격은 대인관계나 상황에 대해 비교적 일관성 있게 나타나는 사고와 행동 또는 반응양식으로 한 개인의 독특한 특징을 형성하는 인성을 말한다. 성격은 진로설계의 과정 속에 직업선택뿐 아니라 직업적응에도 많은 영향을 끼친다. 이는 선천적으로 타고나기도 하지만, 후천적인 교육과 가정 및 대인관계 속의 사회환경에 영향을 받아 형성되기도 한다.

- **성격검사와 분석** : 성격요소를 크게 내향적-외향적, 감각적-직관적, 사고형-감정형, 판단형-인식형 중 우세하거나 선호하는 경향을 분석해 평가하는 MBTI가 대표적인 성격검사다. MBTI는 심리학자 융의 심리유형론을 바탕으로 Katharine C. Briggs와 Isabel B. Myers가 오랜 세월 연구 · 개발한 성격유형 선호지표로써 자신과 타인의 성격역동을 이해하는 데 아주 유용하게 쓰인다. 다음 표 2-2에서 보는 것처럼 성격의 유형을 선호경향으로 각 지표별로 나누어 분석하고 있다.

[표 2-2] MBTI 성격유형지표

지표	선호경향	주요활동
외향(E) - 내향(I)	에너지의 방향은 어느 쪽인가?	주의 초점
감각(S) - 직관(N)	무엇을 인식하는가?	인식기능
사고(T) - 감정(F)	어떻게 결정하는가?	판단기능
판단(J) - 인식(P)	채택하는 생활양식은 무엇인가?	생활양식

ISTJ 세상의 소금형 시작하면 끝내는 사람	ISFJ 임금 뒤편의 권력형 성실 온화 협력하는 사람	INFJ 예언자형 사람관계의 통찰력을 가진 사람	INTJ 과학자형 전체를 조합 비전을 제시하는 사람
ISTP 백과사전형 논리적이고 뛰어난 상향적응력의 사람	ISFP 성인군자형 따뜻한 감성의 겸손한 사람	INFP 잔다르크형 이상적인 세상을 만드는 사람	INTP 아이디어뱅크형 비평적 관점의 뛰어난 전략가
ESTP 수완 좋은 활동가형 친구, 다양한 활동을 선호하는 사람	ESFP 사교적인 유형 분위기를 고조하는 사람	ENFP 스파크형 열정적으로 새로운 관계를 만드는 사람	ENTP 발명가형 풍부한 상상력으로 새롭게 도전하는 사람
ESTJ 사업가형 사무적인 실적 중시 업무 추진하는 사람	ESFJ 친선 도모형 친절과 봉사로 타인을 돕는 사람	ENFJ 언변능숙형 타인성장을 도모하고 협동하는 사람	ENTJ 지도자형 비전을 통해 조직을 이끄는 사람

출처: 성격유형과 특성- MBTI 16가지 / 한국 MBTI 연구소 유형 자료에 특성 추가함

[그림 2-2] MBTI 16가지 성격유형

한편 MBTI에서 나타난 16가지 성격유형의 대표적 특성과 영역을 구분하면 그림 2-2와 같다. 성격특성은 각각 대표적 속성에 따라 다양하게 나타난다. 자신의 유형과 동일색(사선방향 2칸)은 서로 정 반대의 성격특성을 가지고 있다는 사실을 기억하면 원만한 직장과 직업생활, 사회활동을 유지하는 데 도움이 될 것이다.

MBTI 성격유형 외에도 다음과 같은 사회적 업무실행의 성격유형과 그 특성이 있다. 책임감 있고, 신중하며, 깔끔하고 시간을 잘 지키려고 노력하는 완벽추구형과 책임감이

강하고 안전을 중요시하며, 집단이나 공동체에 충성하고 헌신적인 안전과 성실추구형이 있다. 착하고, 상황에 잘 적응하며, 희생과 봉사를 기꺼이 하려고 하는 친절봉사형과 밝고 명랑하며, 아이디어와 상상력이 풍부하고 호기심이 많은 상상과 즐거움추구형이 있다. 또한 매사에 최선을 다하고, 효율과 성공, 실적을 중요시하는 성공추구형과 옳다고 생각하는 일에 힘을 다하고, 용기가 있으며, 약자를 보호하는 정의와 힘 추구형이 있다. 그리고 자신을 다른 사람들과 다른 특별한 사람으로 여기며, 세련되고 멋을 좋아하는 개성추구형과 갈등이나 긴장을 싫어하고, 편견이 없으며, 느긋하고 여유가 있는 조화와 평화지향형이 있다. 책을 좋아하고, 생각이 많아 잘 나서지 않으며, 탐구하고 매사에 분명하게 알고자 하는 지식추구형이 있다. 위에서 살펴본 각 유형은 상호 중첩되어 나타나므로 실제 자신의 유형을 탐색할 때는 중심성격 특성을 3가지로 찾아보면 좋다.

'가치관'이란 어떤 일이나 대상에 대하여 생각하고 행동하게 하는 원리나 믿음 또는 신념을 말한다. 이는 한 순간에 형성된다기보다 성장환경, 종교, 교육과 학습, 개인적 경험, 인간관계와 같은 다양한 요소가 복합적으로 작용하여 형성된다. 따라서 한 번 굳어진 가치관은 쉽게 바뀌지 않고 오래 지속된다. 또한 한 개인의 생애계획은 물론 직업 선택, 직업생활에도 큰 영향을 미친다.

- **삶과 직업과 가치관:** 삶의 중요 가치기준은 직업과 진로비전을 세울 때 매우 중요한 분석요소이다. 먼저 직업활동과 관련된 가치관은 크게 두 가지로 나뉜다. 내적 가치를 중시하는 가치관은 직업생활 자체에서 얻을 수 있는 정신적 만족, 자아실현, 보람 등을 우선시한다. 한편 외적 가치를 중시하는 가치관은 돈, 승진 등 반드시 자신이 선택한 직업이 아니어도 일반적으로 얻을 수 있는 것을 우선시한다. 사실 인생의 중요한 가치 속에 직업에 대한 진로비전의 가치들이 잘 연계되어야 한다. 직업가치가 생의 중요가치와 상충될 때는 성공적인 직업생활과 같은 만족스러운 결과를 기대하기란 어렵다.

  다음 표 2-3은 가치관의 유형과 그 핵심가치의 내용이다. 이처럼 가치관은 직업선택과 활동에 상호 연관이 있으며, 다양한 개인의 욕구를 충족시키는 다양한 결실로 나타나기도 한다. 또한 결핍욕구를 채우는 단계에서 가치를 추구하는 사람이 있는가 하면 성장욕구에 더 큰 가치를 두는 경우가 있다. 자신의 가치관의 유형을 분석하고 이를 적용하는 미래비전과 진로설계를 진행할 필요가 있다.

[표 2-3] 가치추구 유형과 주요 내용

가치유형	핵심가치 내용
권력추구 유형	권력, 지위, 정치에 의한 지배 권력을 추구하며 권리 취득을 최고의 가치라 생각한다. 직업군에는 정당인, 정치가, 국회의원, 장관, 차관, 행정관료, 기관장, 시·도의원 등이 있다.
이론중시 유형	학문 연구, 진리 탐구, 명예 획득뿐만 아니라 가르치는 것에 가치를 두는 것으로 관련 직업군은 교사, 교수, 연구원, 학자, 과학자, 평론가, 수학자, 교육가 등 연구활동 직업이 있다.
경제추구 유형	이익 추구와 돈을 최고의 가치로 생각하며 경제활동에 큰 가치를 두는 유형이다. 직업군에는 도-소매상, 유통업 종사자, 대-중소기업인, 무역인, 사장, 회장 등이 있다.
종교지향 유형	종교적 가치관에 의하여 행동하고 성스러움을 추구하는 가치유형으로 목사, 신부, 수녀, 승려 등의 종교인이 이에 속한다.
심미지향 유형	예술 분야에 몰두하고 미에 대하여 가치를 두며 음악가, 체육인, 무용가, 음악 평론가, 화가, 소설가 등이 있다.
봉사중시 유형	타인을 사랑하고 봉사하는 것에 가치를 두며 사회사업가, 서비스업 종사자, 상담교사, 간호사, 재활상담원, 사회봉사자 등이 있다.

(2) 환경적 영역

환경적 영역에는 가정환경 요인을 들 수 있다. 가정환경은 자기계발, 직업, 진로를 둘러싼 환경요인 중 가장 중요한 외적요인이다. 특히 한국의 교육제도와 환경은 부모님의 기대나 가치관 및 욕구에 따라 자녀들의 학습과 진로가 좌우되는 경향이 매우 높기 때문이다. 가정환경의 주요 하위요소는 직업가계도, 부모의 기대, 종교, 신념, 가치관이다. 부모님이나 가족의 직업은 자녀들에게 많은 영향을 주며 적성과 가치관 및 생활사에 중요한 요인으로 작용한다. 가족, 가문의 직업사는 이를 잘 보여주는 것이다. 또한 부모의 지나친 기대와 대리만족 욕구는 자녀의 진로와 직업선택에 부정적인 영향을 미치기도 한다.

(3) 신체적 영역

자신의 미래와 진로비전의 설계는 업무수행에 적합한 신체적 조건을 요구한다. 직업과 관련된 주요 신체조건에는 신체상태, 기초체력, 건강상태 등이 있다. 이 신체적 조건은 다양한 일의 수행에 영향을 미치며, 직업에 따라 요구되는 신체역량과 신체적 조건의 기준이 다르다. 일반적으로 불리한 신체적 조건을 가지고 있다면 직업선택에 한층 더 신중을 기할 필요가 있다. 아래 표 2-4에서 보는 것처럼 미래 진로와 직업비전을 선정하여 준비할 때 신체적 요인을 분석하여 선택할 직군과 직업 분야 및 직장의 시공간까지 감안하는 과정이 요구되는 것이다.

[표 2-4] 신체적 요인 분석과 직업군

신체적 쇠약	강인한 체력을 요구하는 외부활동 직업군
난시 색약	색맹으로 색체를 구분하여야 할 직업
난청	재해 위험이 많은 직업, 귀를 사용할 일이 많은 직업
후각장애	약품, 화장품, 음식 관련 직업
미각장애	음식 및 조리 관련 직업
피부병	조리 관련 직업, 타인과 접촉하는 직업
악취	접객 및 서비스 관련 직업

직업군별로 자신의 신체적 활동에 적합한 것을 계획하고 선택하는 것이 필요하나 꼭 장애요인이 불가능을 말하는 것은 아니다. 따라서 진로직업비전 계획을 수립할 때는 신체적 요인 또한 고려하여 신중하게 결정하는 것이 필요하다.

2. 자기특성화와 자원 찾기

우리는 모두는 다른 환경과 특성을 가지고 태어나며 배우고 살아간다. 이는 내 삶이 다른 사람과 동일하지 않으며 자신만의 독특한 영역과 사명이 있다는 말이다. 자기만의 독창적인 분야에서 성공적인 삶을 계획하고 이를 실현하기 위해서는 자기특성의 정립과 자원을 찾는 것이 우선되어야 한다. 본 과정에서는 자기특성화를 위한 핵심요소인 직업선호도 검사와 다중지능을 통한 자기이해와 특성화된 자원을 탐색하여 미래진로직업설계를 준비하도록 하자.

1) 직업선호도 검사와 이해

다양하게 세분화된 시대를 살아가는 현대인들은 자기계발과 직업선택에서 자신의 성격을 구체적으로 이해하고 분석할 필요가 있다. 자신만의 성격의 강점과 약점을 파악하여 성공적인 선택과 결정을 할 수 있어야 한다. 이 성격의 자원과 흥미유형의 자원을 동시에 살펴보고 분석하는 것이 직업선호도 검사이다. 대학생들에게는 성인용 직업선호도검사 L형을 통해 분석하는 것이 효과적이다. 먼저 이 검사에서는 개인의 내외적 특성인 성격요인의 장단점과 심리 · 정서적 상황을 이해하여 종합적인 판단으로 성격을 파악한다. 이는 직업적성과 흥미, 성격, 가치관에 따라 자기계발방법과 직업을 합리적으로 선택하는 데 도움을 주기 때문에 매우 중요한 과정이다. 직업심리검사는 성격과 적성을 탐색하여 직업선택과 직업생활에 영향을 미치는 심리적 특성을 측정한다. 그리하여 직업생활에서 발생할 가능성이 있는 심리적 문제를 미리 예측하여 적합한 직업을 선택하거나 조직에 적합한 사람을 선발하고 배치하는 자료로 활용한다. 특히 자기계발을 위한 진로선택과 직업심리검사는 직업세계 세분화와 다변화에 대한 이해, 자신의 성격, 적성, 흥미, 가치관을 파악하여 보다 적성에 맞는 분야를 안내한다. 이는 직업적응도, 직무수행능력, 직업만족도 향상을 도와주는 객관적인 측정도구이기 때문이다. 아래 검사자료는 자기계발과 직업탐색을 위한 중요한 실마리를 제공해 준다. 따라서 워크넷(http://www.work.go.kr)에 접속하여 직업선호도 검사(L형)를 반드시 활용해 보기를 추천한다.

(1) 직업선호도검사의 성격검사분석과 자원탐색

[표 2-5] 직업선호도 검사 성격 5요인

성격 주요인	하위요인 - 자원
외향성	온정성, 사교성, 리더십, 적극성, 긍정성
호감성	타인에 대한 믿음, 도덕성, 수용성, 겸손, 휴머니즘
성실성	유능감, 조직화능력, 책임감, 목표지향성, 자기통제력, 완벽성
정서적 불안정성	불안, 분노, 우울, 자의식, 충동성, 스트레스 취약성
경험에 대한 개방성	상상력, 문화, 정서, 경험추구, 지적호기심

출처: 직업선호도검사 L형(워크넷, http://www.work.go.kr)

위 표 2-5에서 본 것처럼 성격을 5가지 요인으로 구분하여 이를 직업과 연관된 특성과 하위요소인 성격자원을 연계하도록 하여야 한다.

① 외향성은 개인이 타인과의 상호작용을 원하고 타인의 관심을 끌고자 하는 성향을 말한다. 이는 사교적이고 어울리기를 좋아하며 적극적이며 활기차고 긍정적인 하위요인들로 구성된다.

② 호감성은 외향성과 같이 대인관계 성향에 대한 측면을 나타내는 요인으로 타인과 편안하고 조화로운 관계를 유지하는 정도를 말한다. 예의바르고 착하며 인내심이 있고 겸손하며 인간적인 특성을 나타내는 다양한 하위요인으로 구성된다.

③ 성실성은 사회적 규범과 규칙들을 지키고자 하는 특성을 나타낸다. 세심하고 철저하며 효율성을 추구하는 유능감과 조직화능력을 포함하여 책임감과 목표지향성과 자기통제력과 같은 완벽성의 하위요인이 포함된다.

④ 정서적 불안정성은 자신에게 주어진 환경을 얼마나 잘 통제할 수 있는가에 대한

것과 자신이 세상을 얼마나 위협적으로 보는가에 대한 성향을 말한다. 하위요인에는 불안, 분노, 우울, 자의식, 충동성과 스트레스 취약성이 속한다. 정서적 불안정성이 지나치게 높으면 정서적 자원의 문제로 인해 직업활동에서 상당한 어려움을 느낄 가능성이 있으므로 원인을 찾아 심리정서적인 치료를 선행해야 한다.

⑤ 경험에 대한 개방성은 지적 자극과 변화 다양성을 좋아하는 정도를 나타낸다. 호기심과 상상력 및 감수성이 예민한 특성이 있으며 상상력, 문화 그리고 정서, 경험 추구 및 지적 호기심에 대한 개방성이 자원으로 구성된다.

(2) 생활사요인과 미래예측

자기계발과 직업에 관련된 생활사요인 검사는 과거 행동을 바탕으로 미래 행동과 결과를 예측한다. 이 검사의 주요내용은 표 2-6과 같다.

[표 2-6] 생활사 8요인

지 표	선 호 경 향
대인관계지향	사람들과 어울려 지내는 것을 편안하고 즐겁고 기쁘게 여기는 정도
독립심	자기문제를 스스로 해결하는 정도
가족친화	성장기 때 가족의 심리적 지지와 관심 정도
야망	자신에게 사회적 부와 명예가 얼마나 중요한지 정도
학업성취	학창시절의 학업성적 정도
예술성	예술적인 자질, 경험 및 관심 정도
운동선호	운동에 관한 선호와 능력 정도
종교성	생활 속에서 종교의 중요성 정도

위의 8가지 요인은 자신의 습관과 행동유형에 따라 형성되므로 자기계발과 직업선택에서 미래 성공 여부를 예측해 볼 수 있다. 또한 자신의 미래 진로비전과 직업에 대한 선택을 결정할 때 이 요인은 중요한 영향을 끼치는 자원이 된다.

(3) 흥미와 특성의 이해

직업선호도검사 L형을 통해 자신만의 독특한 흥미 분야를 이해하고 나아가 미래 직업과 진로비전을 준비하기 위한 3가지 주요 흥미유형을 찾고 이 특성을 통해 자원화하는 방안과 진행과정이 필요하다.

2) 다중지능과 강점지능의 자원화

흥미유형과 함께 적성 분야의 자원으로 검사하는 것이 다중지능검사이다. 즉, 자기분석과 미래 진로비전을 설정하기 위해서는 다중지능의 강점자원을 찾아 이를 자신만의 Only1 진로직업과 전 생애설계에 적용할 필요가 있다.

(1) 다중지능의 특성(MI : Multiple Intelligence)

다중지능은 1983년에 하워드 가드너(Howard Gardner)가 주창한 이론이다. 인간의 지능이 언어 · 음악 · 논리수학 · 공간 · 신체운동 · 음악 · 대인관계 · 자기이해 · 자연탐구 등 8개 지능과 종교적 · 실존지능 1/2개 지능으로 이뤄진다고 말한다. 각각 지능 조합에 따라 다양한 재능이 발현되므로 전통적 지능검사(IQ Test)만으론 개인의 재능을 판단하기 어렵다는 데에서 출발한 이론이다. 또한 그는 인간에게는 타고난 지능과 학습된 지능 영역이 있다고 주장한다. 다중지능은 이러한 영역이 자신만의 고유한 프로파일을 형성한다고 보는 뇌 기반 지능이론이다. 이는 지속적인 개발과 성장이 가능하며 다양한 지능영역이 자신을 특화시킬 수 있다는 긍정적이고 유연한 관점을 갖는다. 이 때문에 잠재능력을 계발하고 미래설계에 활용하도록 진로직업 탐색자료로도 많이 활용된다.

(2) 다중지능의 영역과 자원화

다양한 지능의 영역을 구체적으로 살펴보면 다음과 같다.

① 언어(linguistic)지능: 실제 언어구사력과 함께 어휘능력이 뛰어나며 언어구조 이해가 남달라 다른 언어의 수용이 용이한 경우에 높게 나타난다. 이들은 말하기 · 쓰기 · 읽기 · 듣기 기능과 기술이 중요한 능력이자 자원이다.

② 논리수학(logical-mathematical)지능: 수 개념, 논리적 사고를 통한 문제해결력을 갖는 지능요소로 과학과 수학적 활동에 재능을 보인다.

③ 시각 공간(spatial)지능: 미술, 디자인, 건축 관련 역량으로 그림 그리기와 공간지각, 실행능력을 갖춘 지능이다.

④ 신체운동(bodily-kinesthetic)지능: 다양한 대소근육 활동과 자신의 운동기술과 취미에서 활력적인 상태를 보인다.

⑤ 음악(musical)지능: 천부적 지능 영역이며 우뇌를 통한 학습법이 적용된다. 음악 외에 예술 분야와 연계되는 활동을 직업으로 선택하기도 한다.

⑥ 대인관계(interpersonal)지능: 사회활동의 주요능력이며 대인관계능력이 높은 경우 리더십과 함께 설득력을 통한 영향력을 발휘하기도 한다. 이 지능은 배려와 섬김 그리고 공감과 갈등관리의 역량으로 연결된다.

⑦ 자기이해(intrapersonal)지능: 자신의 장단점과 실제역량을 인식하는 영역이다. 다중지능의 다른 요소들은 자기이해지능의 적정성에 따라 그 신뢰도와 평가가 연계되기도 한다.

⑧ 자연탐구(natural)지능: 자신을 중심으로 동식물을 포함한 주변 환경을 인식하고 타 지능과의 연계현황 및 지식과 태도를 살피는 지능으로 자연과학계열 지식을 이해하고 응용하는 능력을 보여준다.

(3) 다중지능검사와 활용

다중지능검사를 통해 자신의 강점지능들을 찾아 나타낸다. 뿐만 아니라 다중지능검사는 강점지능과 약점지능으로 분포를 구분하고 그 중 강점지능의 자원을 더 강화하는 방법과 약점지능을 일정 수준까지 보완하는 과정이 필요하다. 사실 강점지능의 자원은 바로 직업과 진로비전에 적용할 수 있지만 부족한 자원 분야로 인해 탐색한 직업들이 성공적이지 못할 경우도 종종 나타난다. 다중지능검사를 통한 핵심강점지능 3가지는 자신의 미래 직업과 진로비전에 많은 영향을 줄 수 있는 자원이므로 특성과 직업군을 이해하여야 한다. 아래 표 2-7은 다중지능의 강점 및 약점지능의 특성을 통해 자신의 유형분석과 자원을 배치해 보는 자료이다. (활동지 참조)

[표 2-7] 다중지능 영역별 직업 분류

구 분	다중지능 특성	점수	
언어	말을 잘함, 어휘력 좋음, 독서, 글쓰기, 외국어 잘함, 왜? 질문을 잘함 등		
논리수리	퍼즐게임, 수게임, 원리이해, 만일?, 문제분석, 사물분류 등		
시각공간	그림 그리기, 시각표현, 사물분해, 디자인, 이미지, 기억, 지도해석, 길찾기 등		
음악	소리민감, 박자민감, 음악활동, 노래를 잘함, 악기연주 등		
신체운동	신체활동, 손활동, 리듬감각, 제스처, 신체언어, 도구활동, 공놀이, 스포츠를 잘함 등		
대인관계	타인이해, 인기가 많음, 리더십, 협동능력, 타인배려, 중계역할, 감정풍부 등		
자기이해	자기분석, 호불호가 분명함, 강약점이 명확, 목표지향, 자존감, 심리이해 등		
자연탐구	동식물에 관심이 많음, 자연환경, 동물돌봄, 식물 키우기, 초록색, 환경보호 등		

<table>
<tr><td rowspan="4">강점지능
(1순위)
(2순위)
(3순위)</td><td>( )지능</td><td rowspan="4">약점지능</td><td>( )지능</td></tr>
<tr><td>( )지능</td><td>( )지능</td></tr>
<tr><td>( )지능</td><td>( )지능</td></tr>
<tr><td>강점 자원</td><td>약점 자원</td></tr>
</table>

3. 자기계발과 미래설계

청소년기의 중요한 과업 중에 하나는 자신의 미래를 위한 생의 전반적인 비전을 세우는 것이다. 또한 자신의 인생에 대한 자원을 탐색하고 이를 진로와 직업의 선택과정을 통해 실현해가는 자신만의 생애설계이자 마스터플랜을 기획하는 것이다. 자기계발은 긴 생애의 과정 속에 다양한 자원과 역량을 학습하고 예비하는 것이다. 미래의 효과적이고 효율적인 문제해결의 솔루션을 현재시점에서 준비하는 것이 미래설계이다. 설계하는 것은 그 과정을 준비하는 로드맵과 필요한 것을 알고 준비하는 좋은 과정이다.

1) 생애설계의 의미와 필요성

(1) 생애설계의 의미

개인과 가족이 보다 충실하고 만족스러운 인생을 살아 나가고자 생애의 목표를 수립하고 어떻게 실현해 나갈 것인지에 대하여 구체적으로 계획하는 것이다. 생애설계는 자신의 생애 목표와 비전을 실현하기 위하여 종합적이고 장기적인 관점에서 삶 전체를 계획하는 것이다.

(2) 생애설계의 필요성

첫째, 100세 인생이 보편화되고 급격한 사회변화로 개인과 가족의 생활에 많은 문제가 나타났으며 쉽게 결정하고 선택할 수 없을 정도로 삶의 모습이 다양해짐에 따라 성공적인 미래를 위해서는 생애설계가 필요하다.

둘째, 다양한 정보와 자원을 통해 과거와 현재의 생활에 대한 평가와 반성을 기반으로, 미래의 생활을 비교적 정확하게 예측하여 준비할 수 있다.

셋째, 예상하지 못한 미래의 일에 대해서도 더욱 현명하게 대처할 수 있다.

넷째, 자신의 전 생애를 종합적으로 내다봄으로써 개인생활과 가족 및 사회생활 사이에 균형을 이루어 나갈 수 있다.

(3) 생애설계의 절차와 원리

생애설계가 개인과 가족이 보다 충실하고 만족스러운 삶을 위하여 생애의 목표를 수립하고 실현방안을 구체적으로 계획하는 것이므로 먼저 생애의 목표 설정, 하위 영역 목표 설정, 실행방안 마련의 과정과 절차가 있다.

첫째, 생애의 목표를 설정한다는 것은 생애설계의 방향을 제시하는 가장 중요한 요소이며, 자신의 삶에서 중요한 것이 무엇이고, 일생을 통해 이루어야 할 것이 무엇인지를 분명하게 하는 것이다. 일반적으로 자신의 생애비전과 진로비전을 의미한다.

둘째, 생애 목표 설정을 통해 자신의 인생을 주체적으로 인식하고, 자신이 추구하는 가치와 욕구를 잘 알아야 하며, 이를 달성하기 위한 세부 실천방안을 마련해야 한다.

셋째, 생애 목표가 설정되면 그 목표를 실행하기 위한 좀 더 구체적인 하위 목표로 구분한다. 구체적인 생애주기별 역할과 함께 자신의 목표수립을 위한 주요 과업을 수행하도록 구성하는 것이 중요하다.

넷째, 하위 목표 달성을 위해서는 세부적으로 어떤 준비가 필요한지 계획하고, 구체적인 실행방안을 마련한다.

다섯째, 전체적인 생애설계는 SMART 하게 구성되어야 한다.

다음으로 생애설계를 진행하기 위해서는 기본원리가 필요한데 크게 아래 5가지의 특성으로 분류된다.

- 종합성: 생애설계는 개인과 가족의 생활 전체에 대한 계획이어야 한다.
- 자발성: 생애의 목표는 개인 또는 가족이 스스로 세워야 한다.
- 적합성: 생애의 목표는 개인 또는 가족에게 적합한 수준이어야 한다.
- 융통성: 개인 또는 가족이 처한 상황에 따라 목표의 내용이나 방향, 시기 등을 조절할 수 있어야 한다.
- 현실성: 생애설계의 내용은 구체적이고 실현할 수 있어야 한다.

(4) 생애설계와 사회변화 요인

개인과 가정 그리고 사회의 변화요인을 분석하고 이를 생애설 계속에 적용하는 것이 필요하다. 이러한 외적 요인은 직업과 진로비전 설정에 매우 중요한 영향을 끼치게 되므로 변화의 맥락을 이해하고 준비하는 설계가 되어야 한다.

- 여성의 경제활동 참여 증가와 결혼 연령의 증가
- 저출산 및 고령화 사회
- 급변하는 직업환경과 IT정보화 사회의 변혁
- 인공지능과 디지털 통신의 변화

자기계발의 최종결과는 자신만의 독창적인 생애를 설계하는 것이다. 특히 대학생인 사회초년생은 자신의 미래를 준비하는 진로를 구체적으로 설계하여 실행하는 과정이 당면한 핵심과업이다. 아래 그림 2-3에서 보는 것처럼 전 생애 속에서 자신의 주요 이슈와 역할을 인식하고 다양한 특성을 적용한 자기만의 독특한 삶을 계획하여야 한다. 또한 미래의 설계는 경제적 활동과 직업인으로서의 삶을 예측하고 계획하여 40대 이후의 삶과 노후에 대한 명쾌한 인생후반진을 준비하고 성공적인 삶을 살 수 있도록 기획하여야 하는 것이다.

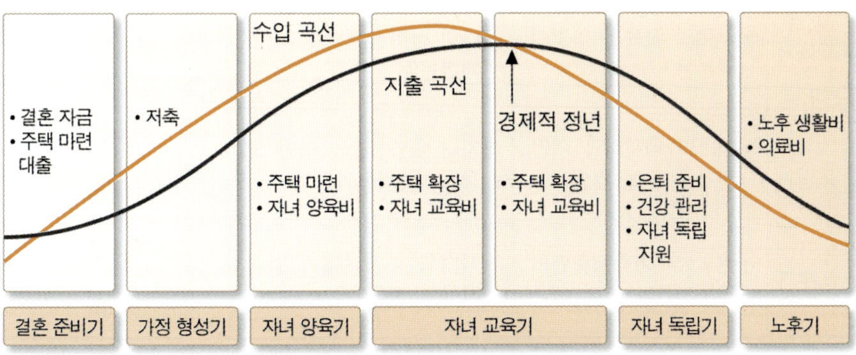

[그림 2-3] 생애주기별 역할과 수지그래프

또한 미래설계를 기획할 때에는 각 주기별로 나타나는 다양한 이슈들을 고려해야 한다. 아래의 표 2-8에서 보는 것처럼 전 생애 속에 경제적인 이슈를 해결하고 이를 진로와 직업비전으로 준비할 때 다양한 가족주기에 따른 역할과 과제들이 상존하고 있다. 이를 구체적으로 계획하고 준비하여야 한다. 우리의 생애는 다양한 이슈와 그에 따른 재정적 지출과 수입이 필요하다. 이를 실현하기 위해서는 장 · 단기적인 미래설계가 필요하다. 예를 들어 성인 초기인 대학생활을 시작하면서부터 내가 언제부터 얼마의 연봉으로 시작하고, 자녀 계획은 어떻게 할 것이며, 노후는 어떻게 보내고 그전에 은퇴 시기는 언제로 정할 것인지를 구체적으로 기획하여보는 것이다.

[표 2-8] 가족주기와 과제탐색

구 분		결혼과 가족 관계	자녀 양육 및 교육	가정 경제와 재정
가정 형성기		• 취업은 어떻게 할 것인가? • 결혼과 가정의 가치관은?	• 자녀는 언제, 몇 명 출산할까? • 부모로서 역할과 비전은?	• 주거문화와 형태 그리고 지역은? • 노후준비와 투자는 어느 정도 할 것인가?
가정 확대기	자녀 양육기	• 출산으로 늘어난 가사와 양육의 부담을 어떻게 분담할까?	• 어린이집 등 양육과 교육 준비는? • 양육준비 계획은?	• 주택비용은 얼마나 쓸 것인가? • 양육비를 얼마나 쓸 것인가? • 늘어난 생활비 충족 방법은?
가정 확대기	자녀 교육기	• 자녀와의 관계 정립은? • 서로의 교육적 역할의 배분은?	• 중점 자녀 교육내용과 자녀의 성취감 발달을 위한 계획은?	• 주택확장과 정비는? • 자녀교육비의 규모는? • 노후비와 은퇴 이후 준비는?
가정 축소기	자녀 독립기	• 자녀의 배우자와 어떤 관계를 맺을 것인가?	• 자녀 취업하는데 어떤 도움을 줄 것인가?	• 독립하는 자녀 경제적 지원은? • 부부의 노후생활은?
가정 축소기	노후기	• 은퇴 후 가족생활에의 적응계획과 부부는?	• 자녀와 손자녀에게 어떤 교육적 지원은?	• 노후생활의 규모와 계획은? • 의료비는 어떻게 마련할 것인가?

활동지-1

● 자기이해 분석표

구분	특성 결과		직업탐색	
흥미	흥미유형			
	특성			
적성	강점			
	약점			
가치관	핵심가치			
	특성			
나의 생각				

첨부자료 자기이해와 자기탐색자료 참고 사이트

● 직업선호도 검사하기

직업심리검사 워크넷 - http://www.work.go.kr/	
검사준비	→ 취업상담/지원실 → 직업심리검사
검사내용	**직업적성** ● 성인용 직업적성검사 **흥 미** ● 직업선호도검사 S형 **직업가치관** ● 직업가치관검사 **진로성숙** ● 대학생 진로준비도검사 **구체적인 직업분야에 적합성** ● IT직무 기본역량검사 / 영업직무 기본역량검사

● 직업가치관 검사하기

커리어넷 - http://www.career.go.kr/	
	CareerNet 한국직업능력개발원 커리어넷
검사내용	직업적성과 흥미 및 성숙도와 가치관 검사
활동내용	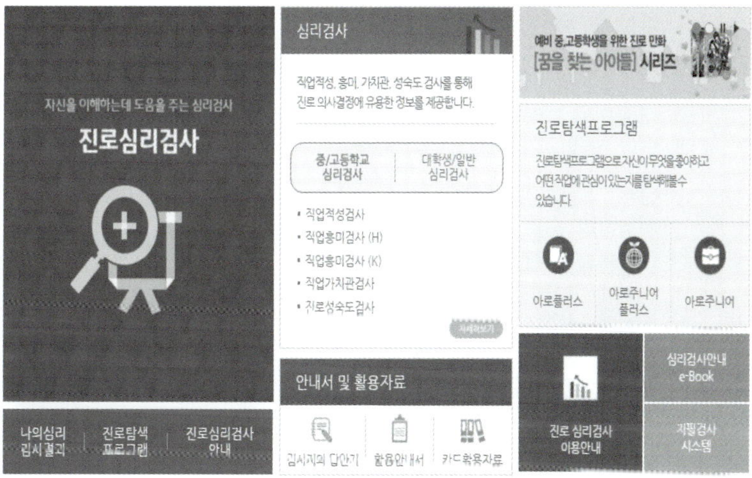

활동지-2

흥미유형검사와 직업군 탐색지

유형	특성	점수	직업군
R 현실형	1. 신체적 활동을 통한 작업이나 운동을 좋아함 2. 야외 거친 작업환경과 남성적임 3. 물건이나 기계를 다루며 솔직하고 소박함 4. 말을 잘 하지 않고 사교성이 없음 5. 구체적, 감각적임 6. 기계적·운동적인 능력이 있음 7. 대물관계 능력이 강함 8. 수공, 농업, 기술적 능력이 높음		자동차정비사 기술자 기계기사 농어축산업 엔지니어 전기기계기사 운동선수 생산직 근로자
I 탐구형	1. 과학, 수학을 잘하며 분석, 비판, 과학, 학구적 2. 집중력이 높은 연구, 탐구활동에 열중함 3. 대인관계가 적으며 내향적임 4. 인기에 관심이 없으며 지도력, 설득력 부족함 5. 이성적, 합리적 무감정적임 6. 정확한, 논리적, 신중한 편임 7. 개인주의적인 편임 8. 지적 호기심이 강함		과학자 생물학자 화학자 물리학자 인류학자 지질학자 의료인 의사
A 창조형	1. 심미적, 아름다움의 추구 함 2. 독창적인 예술의 추구와 반복, 복사의 부정 3. 주관적이고 개인적임 4. 감정의 풍부함과 비이성적 직관 활용 5. 상상력이 풍부, 감수성이 강함 6. 개방적, 자유분방함 7. 관습에 얽매이기 싫어함, 비순응적 8. 충동적, 직관적, 감정적		예술가 작곡가/음악가 무대감독 작가 배우 소설가 미술가화가 무용가 디자이너
S 사회형	1. 사람들과 함께 일하는 것을 좋아함 2. 사람을 위해 헌신 사랑을 실천함 3. 사람을 존중하고 배려함 4. 공감적 이해를 중시함 5. 감정이 풍부한 성격임 6. 친절하고 이해심 많은 사람임 7. 동정심 있는 사람을 좋아함 8. 사회성·대인관계능력이 강함		사회복지사 교육자 간호사 유치원 교사 종교지도자 상담사 임상치료사 언어치료사

유형	특성	점수	직업군
E 기업형	1. 사람들과 함께 일하고 사람들을 좋아함 2. 사람들을 지도, 관리, 통솔을 잘함 3. 자신의 이익과 지위, 권력, 명예, 재산, 부의 획득 4. 경제성과 효율성을 중시함 5. 말을 잘하고 설득력 있으며 사교적임 6. 모험적, 경쟁적, 열성적, 외향적임 7. 대인관계 능력이 우수함 8. 체계적 과학적 능력이 부족함		기업경영인 정치가판사 영업사원 판매원 상품구매인 보험회사원 관리자 연출가
C 관습형	1. 반복적이고 규칙적이며 실리적임 2. 정확하고 빈틈없이 신중함 3. 준비가 철저하며 계획성이 있고 책임감 강함 4. 규정이나 법, 규칙, 지시에 따라서 일함 5. 변화를 싫어하고, 보수적이며 안전을 추구함 6. 비개방적, 완고하고, 방법적 절차를 강조함 7. 관습에 잘 따르고 순응적, 적응적임 8. 사무적 능률적, 질서정연한 정리정돈을 잘함		공인회계사 경제분석가 은행원/ 세무사 경리사원 감사원 안전관리사 사서 법무사 행정공무원

* 나의 흥미유형은 ( ) ( ) ( ) 입니다.

활동지-3 다중지능검사와 직업탐색

구분	다중지능 영역별 직업 특성을 통해 자신의 강점지능과 약점지능을 표시							
	언어	논리 수리	시각 공간	음악	신체 운동	대인 관계	자기 이해	자연 탐구
MI 특성	말을 잘함 어휘력 좋음 독서 글쓰기 외국어 잘함 왜질문	퍼즐게임 수게임 원리이해 만일 문제분석 사물분류	그림 그리기 시각표현 사물분해 디자인 이미지 기억 지도해석 길찾기	소리민감 박자감각 소리구분 음악활동 노래잘함 악기연주	신체활동 손활동 리듬감각 제스춰 신체언어 도구활동 공놀이 스포츠 잘함	타인이해 인기많음 리더십 협동능력 타인배려 중계역할 감정풍부	자기분석 호불호 명확 강약점 명확 목표지향 자존감 심리이해	동식물 관심 자연환경 동물돌봄 식물 키우기 초록색 환경보호
주요 직업	작가 사서 방송인 기자 언어학자 연설가 변호사 카피라이터 정치인 설교자 학원강사 외교관 성우 번역가 통역관 프로듀서 개그맨 아나운서	수학자 물리학자 과학자 은행원 프로그래머 생활설계사 회계사 감사원 탐정 경리회계 수학교사 발명가 법조인 정보기관원 의사	조각가 항해사 디자이너 화가 건축가 설계사 사진사 파일럿 코디네이터 애니메이터 운전사 그래픽 삽화가 탐험가	음악가 음악치료사 음향기술자 음악감독 지휘자 음악평론가 반주자 공연연출가 음악교사 가수 DJ 댄서 조율사 음반제작자	안무가 무용가 엔지니어 운동선수 스포츠해설 체육학자 외과의사 치과의사 건축공학자 물리치료사 연기자 무용교사 체육교사 군인 마사지사 산악인 군인 경찰	사회학자 학교장 정치지도자 종교지도자 사회운동가 인권운동가 기업경영인 정신과의사 상담사 법조인 외교관 간호사 사회사업가 사회복지사 엔터테이너 유치원교사 보육교사 가이드	신학자 심리학자 작가 발명가 정신분석사 성직자 작곡가 기업가 예술인 심리치료사 심령술사 역술인	유전학자 식물학자 생물학자 수의사 한의사 약사 환경운동가 농화학자 농장주 조리사 동물조련사 요리평론가 원예예술가 약초연구가 화원운영 생명공학자 생물교사

<table>
<tr><td rowspan="2">구분</td><td colspan="8">다중지능 영역별 직업</td></tr>
<tr><td colspan="8">특성을 통해 자신의 강점지능과 약점지능을 표시</td></tr>
<tr><td rowspan="2">순위</td><td></td><td></td><td></td><td></td><td></td><td></td><td></td><td></td></tr>
<tr><td></td><td></td><td></td><td></td><td></td><td></td><td></td><td></td></tr>
<tr><td colspan="3" rowspan="4">나의 직업 선택
(1순위) (2순위) (3순위)</td><td colspan="2">( )지능</td><td colspan="2"></td><td colspan="2"></td></tr>
<tr><td colspan="2">( )지능</td><td colspan="2"></td><td colspan="2"></td></tr>
<tr><td colspan="2">( )지능</td><td colspan="2"></td><td colspan="2"></td></tr>
<tr><td colspan="2">종 합</td><td colspan="2"></td><td colspan="2"></td></tr>
</table>

03 CHAPTER

적성과 직업탐색

배울내용

1. 직업탐색과 적성의 이해
2. 특성에 따른 직업탐색
3. 진로설계와 합리적 직업결정

학습목표

1. 자신의 적성에 맞는 진로 결정을 위해 자신이 선호하는 직업의 개념에 대해 정의를 내릴 수 있다.
2. 직업탐색 활동에 있어 고려해야 할 사항을 열거할 수 있다.
3. 적성과 직업탐색을 통해 합리적인 직업계획을 수립할 수 있나.

개요

Parsons(1909)가 특성요인 이론을 제안한 이래 지금까지 100년을 넘게 자기계발과 진로 및 직업선택에 있어 가장 우선적으로 고려되어야 할 주요과입으로 자기에 관한 올바른 이해와 탐색을 들 수 있다. 자기에 관한 올바른 이해란 다양한 방면에서 정확하고 객관적으로 자기 자신을 분석하는 것을 의미한다. 하지만 학교현장에서는 자기분석을 위한 자기계발과 적성탐색의 요구에 대처하고 있지 못하는 실정이다. 더 큰 문제는 성인초기에 속하는 대학생 역시 일과 직업세계에 관한 올바른 자기이해 역량을 갖추지 못하고 있다는 것이 우리사회의 현실이다. 현대사회는 IT 정보화에 따른 혁신적 변화로 직업의 종류가 수없이 많이 생기고 사라졌으며, 개별 업무 내용 역시 꾸준히 전문화, 복잡화되는 추세다. 따라서 직업의 종류가 다양해지는 현대사회에서는 자기에게 가장 적합한 직업을 선택하여 성공적인 직업생활을 영위하기란 매우 어려운 과제가 되어버렸다. 그래서 현대 청소년들의 슬픈 자화상을 나타내는 연애와 취업과 결혼을 포기한다는 삼포세대라는 말까지 나오게 된 것이다.

본 장에서는 이와 같은 사회현실에 동요되지 않고 자기주도적인 인생설계를 위해 직업에 요구되는 적성과 능력, 역할과 기능의 다양성을 찾고 이해하면서 진로효능감과 미래의 삶에 대한 긍정성을 갖도록 할 것이다. 결국 적성에 맞는 일과 직업을 선택하고 결정하려면 무엇보다 가치관, 능력, 성격, 적성, 흥미, 신체적 특성 등에 대한 올바른 이해가 필요하다. 따라서 본 장에서는 깊이있는 자기이해를 통해 직업탐색과 합리적 결정을 위한 의미있는 활동을 해보고자 한다.

1. 직업탐색과 적성의 이해

평생교육의 시대를 살아가야 할 미래 인재들은 일생 동안 다양한 직업을 경험할 가능성이 높다. 물론 그 직업들은 서로 독특한 역할과 특성을 지니므로 꾸준한 자기계발을 통해 적절한 역량을 발전시켜 나가야 한다. 이에 개인들은 각 직업마다 성격과 적성 및 다양한 지능과 같은 요소로 구성된 자신만의 고유한 프로파일을 적용하여 직업을 탐색, 결정하여 Only1 전문가로 성장해야 한다. 사실 많은 이들은 직업(vocation)을 단순한 일(job)로 보고 돈벌이 수단으로 국한시키기도 한다. 하지만 탁월한 전문가가 되려면 특정 분야에서 요구하는 역량을 갖춰야 한다. 우리는 적성에 맞는 직업선택을 위해 구체적으로 탐색하고 자기계발에 노력하여야 한다. 이제 직업과 진로를 이해하고 직업정보를 탐색하여 자신에게 맞는 직업과 연결시키는 기본원리를 알아보자. 그리고 합리적인 진로 직업을 결정하고 구체화하는 과정을 살펴보자.

1) 진로직업의 개념과 이해

현명한 직업 선택과 꾸준한 자기계발로 밝은 미래를 준비하려면 진로와 직업, 그리고 미래 생애설계에 위한 진로와 직업에 대한 기본 개념을 공유할 필요가 있다.

(1) 직업의 개념

먼저 상위개념인 '진로(career)'는 매우 다양하고 종합적인 의미를 지닌다. 한 개인이 일생 동안 일과 관련하여 경험하는 모든 체험을 의미한다. 즉, '진로(career)'란 일을 통해 이미 축적해 놓은 직업적 경력을 가리키는 과거지향적인 의미와 함께 앞으로 전 생애의 모든 단계에서 걸어갈 '행로'와 같은 미래지향적인 의미도 담겨있다고 본다. 다음으로 직업(vocation)은 물질적 보수를 전제로 한 일을 의미한다. 한국직업사전(중앙고용정보관리소, 1996)에 따르면 "직업이란 개인이 계속적으로 수행하는 경제 및 사회활동의 종류"라고 규정하는데, 여기서 말하는 '계속적'은 주기적으로 행하고 있는 경우, 계절적으로 행하고 있는 경우, 또는 명확한 주기를 갖지 않더라도 계속하고 있으며 현재 하는 일에 대하여 의사와 능력을 가지고 지속적으로 행하는 것을 의미한다.

(2) 직업의 가치와 속성

일반적으로 직업이란 다음과 같은 중요한 의미를 갖는다. ① 직업을 통해 자신을 성장, 발전시켜 자아를 실현한다. ② 직업은 개인 및 가족이 경제적으로 안정된 삶을 유지하는 데 중요한 수단이 된다. ③ 직업은 원만한 사회생활과 봉사의 중요한 기회가 된다. 또한 직업은 다음의 3가지 요건인 지속성과 경제성과 사회성을 갖춰야 한다. ① 지속성이란, 직업은 단기간이 아닌 일정 기간 동안 계속 일할 수 있어야 한다. ② 경제성은 직업을 통해 일정한 수입을 얻을 수 있고, 다양한 경제발전에 이바지할 수 있어야 한다. ③ 사회성은 직업을 통해 공공의 복지와 사회적 가치에 이바지할 수 있어야 한다는 것이다.

2) 직업과 진로교육의 이해

개인과 사회적 관점에서 직업과 자기계발은 '진로발달' 촉진과 관련이 깊다. 진로발달(career development)은 각 개인이 설정한 전 생애적 진로목표와 자신만의 진로비전에 접근해 가고 그 목표를 달성해 가는 과정을 말한다. 생애진로비전을 이루려면 평생에 걸쳐 다양한 자기계발을 위한 진로 및 직업교육이 필요하다. 직업과 진로관련 교육에 대하여 좀 더 구체적으로 살펴보자.

먼저 직업탐색을 위한 핵심과정은 '진로교육(career education)'이다. 이는 개인의 진로선택과 적응 그리고 발달에 초점을 둔 교육을 말한다. 스스로 자기 자신과 일의 세계를 인식하고 탐색하여 적합한 일을 선택하고, 선택한 일을 잘 수행할 수 있도록 취학전후부터 시작하여 평생을 학교와 가정, 그리고 지역사회에서 가르치고, 지도하고, 체험하는 상담코칭과 멘토링을 총칭한다. 한편 '직업교육(vocational education)'이란 개인이 일의 세계를 탐색하여 자기적성과 흥미, 다양한 능력에 맞는 직종을 선택하고, 그 일에서 요구하는 지식과 기술, 태도와 환경이해 및 문제에 대한 판단력과 일에 대한 습관 등을 개발하는 형식 또는 비형식적인 교육을 말한다. 또한 직업교육을 어떤 직업에 취업하기 위하여 준비하거나 현재의 직무를 유지 · 개선하기 위한 형식 또는 비형식 교육으로 정의하기도 한다. 이와 더불어 '진로지도(career guidance)'란 보다 포괄적인 의미로 사용된다. 사람들이 활동하는 생애 동안 자신의 진로발달을 자극하고 촉진시키려는 목적으로 전문 상담자나 교사와 같은 전문인이 여러 다양한 장면에서 수행하는 활동들을 말한다. 이는 진로계획, 의사결정, 적응문제 등에 조력하는 것을 의미하는데, 진로지도 방법에는 진로상담을 비롯하여 코칭과 멘토링 등 여러 가지가 존재한다.

'진로상담(career counseling)'은 진로지도의 방법 중 하나다. 개인의 진로발달을 촉진시키거나 진로계획, 직업의 선택과 결정, 실천, 직업적응, 진로변경 등의 과정을 돕기 위한 활동을 의미한다. 이와 유사한 '직업상담(vocational counseling)'은 선택 가능한 직업의 결정, 각 직업의 조건들, 취업에 필요한 역량, 취업절차 등 보다 구체적인 수준에서 취업을 돕는 활동을 말한다. '직업상담사'의 주된 활동이 이에 해당된다. 진로상담의 한 부분으로 학교에서 주로 이루어지고 있는 '진학상담'은 상급학교 진학과 관련하여 학교선택, 계열선택, 학과선택 등을 돕는 활동이다.

결론적으로 평생교육의 관점으로 직업탐색을 위한 진로의 의미는 한 사람이 자신의 전 생애를 통하여 살아가는 길을 뜻한다. 이는 교육, 직업, 결혼, 가정, 자녀, 노후 등 살아가면서 경험하는 삶의 주요 이슈들과 활동을 의미하며, 그 중에서 직업은 다양한 적성과 고유 역량을 통해 경제적 수요를 만족시키는 일로 자신의 삶에 매우 중요한 영향을 끼친다. 그러므로 직업의 탐색은 매우 큰 인생의 과업이자 의미가 있다. 직업탐색은 실제로 학습과 다양한 직업 진로탐색 관련 진로교육을 통해 명확해지는 경우가 많다. 이제 자기적성과 함께 찾아가는 미래 직업탐색 과정을 살펴보기로 하자.

3) 청소년기(대학)의 진로 고민과 직업탐색

최근 통계청 사회조사에서는 청소년(20-24세)들이 하는 가장 큰 고민은 진학, 취업, 직업 등으로 이는 10년 전부터 꾸준히 확대되는 추세다. 아래 표 3-1에서 보는 것처럼 성인 초기의 과제인 직업인으로서의 활동을 준비하는 과정으로 직업에 대한 고민이 전체 고민의 반을 넘고 있다. 연령대별로 보면 13~19세 청소년은 '성적과 적성을 포함한 공부(49.5%)'를, 20~24세 청소년은 '직업(45.6%)'에 대해 가장 크게 고민하는 것으로 나타났다.

[표 3-1] 청소년이 고민하는 문제 (단위 : %)

구분	계	외모·건강	가정환경[1]	용돈부족	공부(성적, 적성)	직업	친구(우정)	이성교제(성문제)	흡연, 음주	기타[2]	고민없음
2012	100.0	17.8	8.9	4.6	35.9	22.1	2.0	1.6	0.2	1.3	5.6
2014	100.0	16.9	7.4	4.3	35.3	25.6	2.1	2.1	0.2	1.4	4.6
13~19세	100.0	18.0	5.5	5.3	49.5	11.7	3.0	1.6	0.1	1.5	3.9
20~24세	100.0	15.3	10.2	3.0	14.9	45.6	0.9	2.8	0.3	1.4	5.7

출처: 통계청, 년도별 사회조사
주: 1) '가정경제의 어려움' 2) '학교폭력', '인터넷 중독' 포함

[표 3-2] 청소년의 주요 고민 변동추이

순위	정원식 (1985)	청소년연구원 (1991)	직능원 (2001)	통계청 (2014)	특이사항
1	진 로	성 적	진학/취업	직업/취업	
2	성 적	진 로	학업/성적	공부/성적	
3	성 격	성 격	이 성	외모/건강	
4	친 구	이 성	성 격	가정한경	
5	건 강	친 구	적 응	용돈 부족	

출처: 서울대학교 대학생활문화원(2006). 학생연구, 35집.

표 3-2는 한 국립대학에서 한 해 동안 내담자가 대학생활문화원을 찾아와 호소한 문제(복수응답 허용)를 분석한 결과이다. 이 중 가장 높은 비율을 차지한 것은 '학업 및 진로 문제(79.2%)'로 나타났고, 정서적 문제(52.5%), 교우관계 문제(42.6%), 성격문제(41.1%), 이성 및 성문제(31.7%) 등이 그 뒤를 이었다(서울대학교 대학생활문화원, 2006). 이처럼 직업에 대한 고민과 문제에 대한 대안은 결국 누구에게나 나타나는 중요한 이슈이자 과정이며 대안은 스스로 자신의 적성과 역량을 통한 주도적인 직업탐색이 되도록 준비해야 한다는 것이다.

아래 그림 3-1은 자기적성에 맞는 직업탐색이 얼마나 중요한지를 잘 알려주는 자료이다. 최근 청년실업과 취업이 큰 사회적 문제가 되는 상황 속에서도 대졸 취업자의 조기 퇴사율이 증가하고 있다. 이들의 퇴사사유가 조직 및 직무적응 실패임을 감안할 때 청소년기의 진로탐색과 자기결정이 매우 중요하다는 사실을 알 수 있다. 결국 직업탐색의 과정을 경험하는 청소년 시기에 자신의 이해와 직업세계의 이해를 통해 자신의 진로비전이 명확히 설정되고 주도적인 직업선택과 결정이 이뤄진다면 이에 대한 문제들은 해결될 것이다.

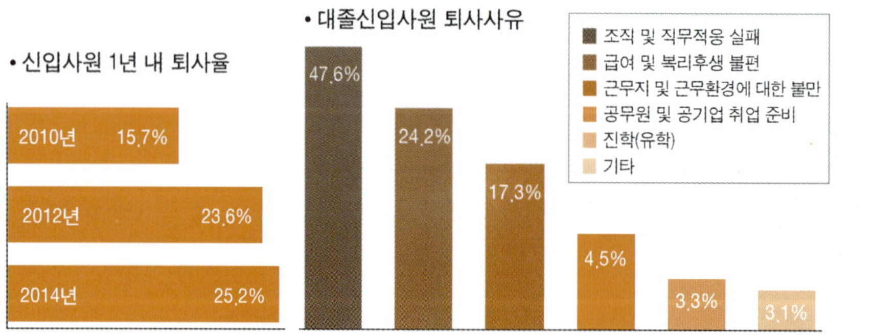

출처: 한국경영자총협회/ 사람인 - 311개 기업에서 1년 동안 신입사원 대상 조사

[그림 3-1] 대졸신입사원 퇴사율과 퇴사사유

2. 특성에 따른 직업 탐색

1) 청소년기 직업탐색활동의 의의

진로발달상 청소년기 직업탐색의 과정은 매우 중요하다. 특히 성인 초기인 대학생에게 반드시 수행되어야 할 과업 중 하나가 자기주도적 직업탐색을 통한 진로결정이라 할 수 있다. 이러한 진로결정에 있어 진로비전의 설정과 진로탐색은 매우 큰 의미를 갖는다. 이는 스스로 직업을 탐색하고 체험한 후 이를 통하여 경제적 안정을 얻고, 자아를 실현하며 나아가 사회 발전에 이바지할 때 삶의 보람과 가치를 얻기 때문이다. 레빈슨은 인생의 사계절로 구분하여 비교하였는데, 이 중 봄에 속하는 청소년기에 적극적으로 진로를 탐색하고 설계하면 중년기나 노년기가 되어 자신의 인생을 돌아볼 때 일에 행복과 보람을 느끼고 가치를 실현하여 사회에 이바지했다는 만족감을 얻을 수 있을 것이다.

2) 직업탐색 시 고려 사항

무엇보다도 직업탐색활동은 전 생애적 관점에서 다양한 자신의 이해와 특성을 사전에 탐색한 후 진행하여야 효과적이다.

(1) 자신에 관한 명확한 이해

복잡한 직업세계에서 가장 적합한 직업을 선택하고, 성공적인 직업생활을 영위하려면 무엇보다도 자신의 가치관, 능력, 성격, 적성, 흥미, 신체적 특성 등을 올바르게 이해해야 한다. 따라서 청소년기에 진로와 직업탐색은 자기이해를 중요한 선행목표로 삼아야 한다.

(2) 직업세계에 대한 폭넓은 이해

산업혁명 이래 지식정보화 사회가 된 현대는 빠른 속도로 변화하면서 새로운 분야의 직업이 전문화, 세분화, 융합 등으로 변화하고 있다. 일부 미래 학자들은 2030년이 되면 현존하는 직업의 80% 정도는 사라지고, 새로운 직종이 생겨나며, 남아있는 직업도 로봇의 등장과 같은 이유로 일의 형태가 많이 바뀔 것으로 전망한다. 이러한 현실 속에서 장래성이 있는 동시에 자신의 적성에 맞는 직업을 선택하기란 결코 쉽지 않다. 일과 직업의 세계에 대한 객관적인 정보와 체계적인 탐구 없이 진로 혹은 직업을 선택한다는 것은 무모한 일이다. 실제로 청소년들은 일과 직업에 대해서 거의 모르고 있거나 매우 피상적이고 단편적인 측면만을 아는 정도이다. 따라서 이에 대한 다양한 측면과 변화 양상을 올바르게 이해하는 것은 직업과 자기계발의 매우 중요한 목표이다.

(3) 주도적이고 합리적 결정과 직업탐색

또 하나 중요한 과제인 직업과 자기계발의 최종 결과는 어떠한 '결정'이라는 형태로 나타난다. 앞서 언급한 자기이해, 직업세계에 대한 정보 등을 가지고 최종적으로 진로 비전 속에 직업을 선택하는 의사결정을 내려야 한다. 이러한 의사결정 과정이 자기주도적이고 합리적일수록 자신에게 적합한 직업을 선택할 가능성이 높다. 아무리 훌륭한 능력과 정보를 가지고 있어도 적절히 활용하여 가장 좋은 선택을 할 능력이 없다면 올바른 진로비전에 따른 직업선택의 결정에 어려움을 느끼게 된다.

우리들에게는 삶을 좌우하는 크고 중요한 결정과 선택을 해야 할 때가 있다. 그 중에서도 자신의 직업을 결정하는 것은 누구나 반드시 성취해야 할 가장 중요한 과업 가운데 하나이다. 사실상 그 직업의 선택 결과에 따라서 우리 생활의 대부분이 연쇄적으로 영향받기 때문이다. 즉, 능력발휘의 기회, 거주지, 친구유형, 사회적 지위나 경제적 생활, 정신 및 신체적 건강, 결혼과 가족관계 등 생활의 모든 측면에 영향을 받게 된다(Tolbert, 1980). 그러나 이토록 중요한 직업의 선택과 결정이 매우 불합리한 과정을 거쳐서 내려지는 경우도 많다. 우리는 자기와 직업세계에 대한 정확한 이해 없이 잘못된 편견, 부모나 가족의 요구, 친구의 권유, 욕구와 같은 외적 요인에 의해 불합리한 결정을 내리는 경우가 많다. 이러한 결정은 이후에 큰 불만과 많은 부작용을 낳게 된다. 따라서 청소년들이 올바른 진로결정을 할 수 있도록 의사결정 기술을 향상시키는 일은 무척 중요하다. 결국 직업과 자기계발의 중요한 목적 가운데 하나가 학생들로 하여금 훌륭한 진로비전을 정하고 그 속에서 직업의 선택과 결정을 내릴 수 있도록 돕는 것이며 이때 평가는 그 결정을 내리게 된 이해와 탐색의 과정을 보아야 한다.

(4) 정보탐색 및 활용능력의 함양

흔히 현대사회를 '지식정보화 사회'라고 한다. 이 말은 지식정보가 재화와 용역의 중심이 된다는 것이다. 또 하나는 지식산업과 정보화 산업의 성숙을 의미한다. 다시 말해 이제 우리사회는 여러 분야에서 지식이 집단지성의 시대로 바뀌었고 정보화 사회는 데이터 빅뱅을 통해 '인공지능의 시대'로 빠르게 연결되고 있다는 것이다. 지식과 정보는 IT 기술을 통해 과히 혁명적이라 할 정도의 변화로 우리를 위협하고 있다. 이는 이제는 누구나 지식과 정보를 통해 고부가가치를 창출할 수 있다는 의미이다. 하지만 이미 정보하 시대 속에 살고 있고, 앞으로 더욱 고도화된 인공지능 시대를 살아갈 청소년들에게 정보를 생산하고 탐색하며 활용하는 능력을 길러주는 일은 반드시 필요하다. 또한 후기 지식정보화 시대를 성공적으로 살아가기 위해서는 자신에게 필요한 다양한 정보를 신속하게 인지하여 사고한 후 표현하는 기술을 능숙하게 활용하는 능력이 요구되기 때문이다.

미래세대를 위한 직업과 자기계발에서는 '지식과 정보의 힘'이 매우 큰 비중을 차지한다. 청소년들로 하여금 미래직업세계에 대해서 정확히 알고 주도적으로 선택을 하도록(informed choice) 도와주면서 스스로가 다양한 정보를 탐색할 수 있는 '방법'을 알려주고 실행에 옮기도록 하여야 한다. 이러한 시도를 통해 자신에게 필요한 정보를 스스로 수집하는 것과 이를 주도적으로 활용하는 능력은 단지 진로정보 탐색에만 국한되어서는 안 되며 삶의 모든 영역으로 확대될 수 있어야 한다.

3) 적성과 직업탐색

직업의 선택과 결정에 있어 매우 중요하게 생각하는 것 중에 하나가 이 직업이 자신의 적성과 잘 맞는가에 대한 질문을 하게 된다. 적성이 무엇이며 왜 그렇게 중요한 것일까?

(1) 적성의 이해

'적성'이란 어떤 과제나 임무를 수행하는 데 있어서 개인에게 요구되는 특수한 능력이나 잠재능력을 의미한다. 일반적으로 적성은 개인이 가지고 있는 일반 능력인 지능과 구분되는 특수한 분야의 능력을 말한다. 즉, 어떤 특수부문에 대한 능력이나 그 능력의 발현 가능성이므로 적성은 개인이 어떤 직업에서 얼마 만큼 그 직무를 성공적으로 수행할 수 있을지 예측하는 요인이다. 개인의 적성을 구성하는 요인으로는 일반적으로 일반적성능력, 언어능력, 수리능력, 공간지각능력, 수공능력, 운동조절능력, 사무지각능력, 형태지각능력 등 여러 가지 요인을 포함하고 있다. 적성은 타고난 능력이나 소질이라고 알려진 바와 같이 유전적인 성향이 강하다. 하지만 일정 정도는 학습경험이나 훈련에 의하여 계발될 수도 있으므로 다양한 학습경험을 해 보는 것이 중요하다. 또한 적성은 청소년기 이후에는 큰 변화가 없으므로 조기에 계발할 필요가 있다.

(2) 적성 파악하기

적성을 파악하는 주요 방법에는 두 가지가 있는데, 하나는 표준화검사이고 다른 하나는 관찰에 의한 방법인데, 가장 일반적인 방법은 표준화검사법이다. 이러한 적성검사에는 일반적성검사와 특수적성검사가 있다. 일반적성검사는 개인의 적성을 아홉 가지 요인으로 분류하여 만든 검사로서 진학이나 직업지도에 사용하고, 특수적성검사는 음악이나 미술, 또는 수학이나 과학 등 특수 분야의 능력을 진단하기 위하여 만든 검사이다. 적성검사를 받으면 적성의 유무뿐만 아니라 그 수준까지 알려주지만 검사결과를 지나치게 맹신하거나 예단해서는 아니된다.

다음으로 관찰이란 개인의 특성이나 능력을 관찰자가 직접 살펴봄으로써 개인의 적성을 파악하는 방법인 자연적 관찰법과 실험적 관찰법이 있다. 이는 자녀를 오랫동안 지켜본 부모님이 자녀의 적성을 잘 알고 있다는 것이 대표적인 사례이다.

(3) 적성요인과 직업

적성을 탐색하는 것은 다음과 같은 적성요인의 분포를 이해하고 이와 연관된 직업을 탐색하기 위해서이다. 적성의 요인별 특성과 직업에 대하여 더 구체적으로 살펴보자.

① 언어요인

정확한 의사소통을 위해 적절하고 명확한 단어를 선택하고, 어휘를 연상하고 문장의 뜻을 이해하여 표현하는 능력을 말한다. 이 언어능력은 언어적 개념을 중요한 요인으로 하는 인문 사회과학 분야에서 요구되는 적성이다.

② 공간지각

입체적 공간관계를 이해하는 능력으로서 시각을 통하여 실체적 물체를 인지하고, 실체적 물체를 회전, 또는 분해했을 때의 형태를 상상하는 능력이다. 이 능력은 제도, 설계, 건축, 미술, 가구 등 제도에서부터 재단에 이르기까지 입체구성 능력을 요구하는 직업 분야의 적성요인이다.

③ 계산력

정확하고 빠르게 계산하는 능력을 말하며, 이 능력은 대부분의 직업에서 필요한 기초적 능력이지만, 특히 사무 분야에서 중요한 적성이다.

④ 추리력

원리를 추리하고 응용하는 능력이다. 자연과학, 사회과학 등의 연구 분석 분야에서 필요로 하는 적성이다.

⑤ 기계추리력

각종 기계기구 및 물리학적 원리를 이해하고 추리하는 능력을 말하며, 이 능력은 토목, 기계수리 기술자, 조립 기술자, 기타 이공학계열 시설 분야 및 공장 등에서 요구되는 적성이다.

⑥ 척도해독력

척도, 그래프, 차트, 계기 등을 신속, 정확하게 읽는 능력을 말하며, 이 능력은 이공학, 화학, 생물, 수학, 의학 등의 과학 분야와 실업 및 기술 분야에서 요구되는 적성이다.

⑦ 수공능력

운동감각의 정확성과 신속히 반응하는 능력이다. 이 능력은 전자공, 전기공, 인쇄공, 세공관련 직업 분야에 중요한 적성이다.

⑧ 기억력

복잡한 자료나 항목들의 분류 및 상징, 기호를 학습하고 암기하는 능력을 말하며, 이 능력은 사회과학, 실업, 사무 분야에 중요한 적성이다.

⑨ 사무지각

문자나 기호를 정확하고 신속하게 식별하는 능력을 말하며, 경리, 서기 등 사무 분야에서 필요한 적성이다.

⑩ 형태지각

실물이나 도해를 정확하고 빠르게 비교, 변별하는 능력을 말하며, 이 능력은 통신, 타자 등의 사무 분야와 도안, 디자인 등의 응용미술 분야, 그리고 기타 기능직 분야에서 필요한 적성이다.

4) 흥미와 다중지능 활용 직업탐색

직업탐색의 다양한 요소 중에 자신이 무엇을 좋아하고 잘 하는지를 알고 이를 직업선택과 체험활동에 적용하는 것이 필요하다. 이를 흥미유형과 다중지능의 영역으로 나누어 살펴보자.

(1) 흥미의 정의

'흥미'란 어떤 종류의 활동 또는 사물에 대하여 특별한 관심이나 주의를 가지게 하는 개인의 일반화된 행동경향을 말한다. 즉, 개인이 그에게 잠재적으로 가치 있다고 생각하는 것에 주의를 기울이고 그것을 향해서 나아가려는 일반적인 정서적 특성이다. 흥미는 동기와 달라서 특수화된 목표보다는 광범위한 목표에 관련된 것이다. 이와 같은 흥미는 어릴 때는 흥미가 구체적, 수동적, 단편적, 비항상적이고 미분화된 형태지만, 성장함에 따라 구체적인 것에서 추상적인 것으로, 수동적인 것에서 능동적인 것으로, 단편적인 것에서 체계적이고 종합적인 것으로, 비항상적인 것에서 항상적인 것으로, 그리고 분화되지 못한 것에서 분화된 형태로 변화하게 된다.

(2) 흥미유형 탐색하기

일반적으로 흥미는 다음의 네 가지 방법으로 평가할 수 있다. 첫째, 표현된 흥미(expressed interest)로 직업과 관련해서 사람들이 좋아하는 것과 싫어하는 것을 말하도록 함으로써 평가된다. 둘째, 표출된 흥미(explicit interest)로 활동에 참여한 사람들을 관찰하거나 그 활동에 대해 물어보거나 어떻게 시간을 보내는지를 관찰함으로써 평가한다. 셋째, 검사된 흥미(tested interest)로 개인이 관심 있어 하는지를 관련된 어휘로 구성된 검사도구 형태로 검사해서 평가한다. 넷째, 조사된 흥미(inventoried interest)로 개인의 흥미패턴을 직업이나 활동의 목록표에 대한 반응을 통해 결정하는 것을 말한다. 여기서는 최근 많이 활용되는 흥미유형검사인 홀랜드 흥미유형검사로 본 장에서는 이를 중심으로 다루어 보고자 한다.

(3) 홀랜드 흥미유형 6각형 모형의 이해

홀랜드는 개인의 흥미유형과 연계되는 각 직업군 역시 흥미적 요소와 특성에 대하여 정리하면서 직업탐색을 위한 코드별 선택모형을 개발하였다. 아래 그림은 6가지 흥미유형의 특성과 역량 그리고 상호 유관성을 나타내는 6각모형과 검사 해석이다.

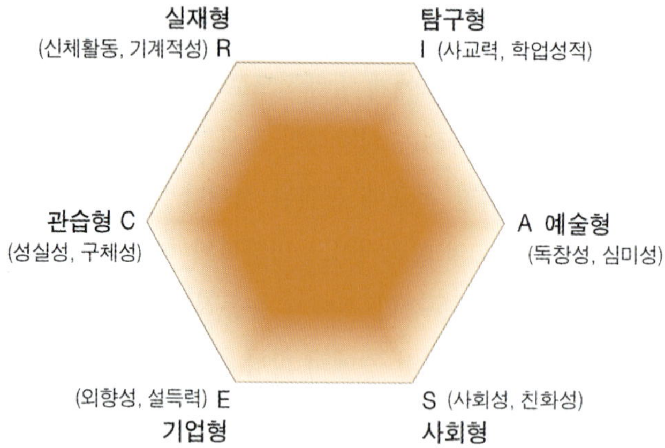

* 검사 및 해석
좌측의 흥미유형육각형은 인접한 유형끼리 상호 긴밀한 관련이 있으며 마주보는 유형끼리는 서로 다른 특성을 갖는 유형이다.
육각형의 모양이 선호도가 강하면 점수 차이가 클 것이며 자기의 인지 및 흥미도에 따라서 그 크기는 달라진다.
흥미유형은 2코드와 3코드를 통해 자신의 선호유형을 결정한다.

[그림 3-2] 홀랜드 6각형 모형

(4) 홀랜드 6가지 유형의 특성과 관련 직업

홀랜드의 6가지 흥미유형은 사실상 직업의 특성과 연결된다. 그 6가지 유형의 특성과 직업군은 아래와 같다.

① 실재형

실재형(R)은 분명하고, 질서정연하고, 체계적인 기계나 신체의 조작을 주로 하는 활동 내지 그 기술들을 좋아한다. 대학 전공 분야는 공과대학, 농수축산대학, 체육대학이며 주요 직업군은 기술자, 자동기계 및 항공기 조종사, 정비사, 엔지니어, 전기·기계기사, 운동선수가 이에 속한다.

② 탐구형

탐구형(I)은 관찰적, 상징적, 체계적이며, 자연과학은 물론 사회문화적 현상의 창조적인 탐구를 수반하는 활동들에 흥미를 보인다. 주요 대학 전공 분야는 자연대학, 의과대학, 치과대학, 한의대, 공과대학이며 직업군으로는 과학자, 생물학자, 화학자, 물리학자, 인류학자, 지질학자, 의료기술자, 연구원 및 의사가 있다.

③ 예술형

예술형(A)은 예술적 창조역량과 표현, 변화와 다양성을 좋아하고, 틀에 박힌 것을 싫어한다. 모호하고 자유롭고, 상징적인 활동들을 좋아한다. 대학 전공 분야는 예술대학, 건축학, 국문학, 영문학, 외국어문학 등이며 직업은 예술가, 작곡가, 음악가, 무대감독, 작가, 배우, 소설가, 미술가, 무용가, 디자이너가 적합하다.

④ 사회형

사회형(S)은 타인의 문제를 듣고 이해하고 도와주고 치료해 주고, 배려와 봉사하는 활동들에 흥미를 보인다. 관련 대학과 전공은 사범대학, 사회복지학, 심리학, 종교학, 특수교육학, 간호학이며 직업은 사회복지사, 교육자, 간호사, 유치원 교사, 종교지도자, 상담가, 임상치료가, 언어치료사 등이 있다.

⑤ 기업형

기업형(E)은 조직의 목적과 경제적 이익을 얻기 위해 타인을 설득하고 계획, 통제, 관리하는 일과 그 결과로 얻어지는 인정, 권위를 얻는 활동들을 좋아한다. 대학전공은 경상대학, 법과대학, 경찰대학, 행정대학, 상과대학 분야이며 직업군은 CEO, 기업경영인, 정치가, 판사, 영업사원, 상품구매인, 보험회사원, 관리자, 연출가 등이다.

⑥ **관습형**

관습형(C)은 정해진 원칙과 계획에 따라 자료를 기록, 정리, 조직하는 일을 좋아하고 사무적, 계산적 능력을 발휘하는 활동을 좋아한다. 대학 전공 분야는 회계학, 산업전산, 세무대학, 행정학, 비서학 등이며 공인회계사, 경제분석가, 은행원, 세무사, 경리사원, 감사원, 안전관리사, 사서, 법무사 등이 해당된다.

5) 다중지능과 직업탐색

하버드대학교의 하워드 가드너 교수(1983)는 각종 검사 간의 상관관계 연구를 기초로 하여 심리측정적 지능이론을 보완하는 다중지능이론(MI : Multiple Intelligence)을 제시하였다. 다중지능이론은 지능을 한 문화권 혹은 여러 문화권에서 가치 있게 인정되는 문제를 해결하고 산물을 창조해 내는 능력이라고 정의한다.

(1) 다중지능의 검사

이와 같은 정의를 바탕으로 가드너는 인간의 지능이 8개의 독립적인 부분으로 구성된다는 MI이론을 주장하였다. 가드너는 지필검사를 중심으로 인간의 마음을 평가하는 일차원적인 지능검사를 획일적인 검사라고 비판하고, 마음에 관한 복수적인 관점을 주장하였다. 지능을 다양한 연령과 계층에 대하여 같은 방법으로 진단할 수 없고, 유아나 성인, 그리고 문화적 배경에 따라 지적 능력을 분석하는 방법이 달라져야 한다고 생각했다. 특히 평가에서 중요시한 것은 자발적 흥미가 통제되고 강제되는 상황이 아니라 스스로 하고 싶을 때 관찰되어야 한다고 주장한다. 이후 가드너는 여러 부류의 집단에 대한 관찰로부터 얻은 정보를 바탕으로 우선순위를 따질 수 없는 8가지 지능을 표 3-3과 같이 제시하였다.

(2) 다중지능의 내용과 관련직업

다중지능은 사회적 활동을 함에 있어 자신의 강점지능을 통해 자신의 직업과 연계된 역량을 활용하여 최고의 효과를 낼 수 있음을 예측하고 성공적 직업활동을 준비하도록 하는 역할을 한다. 아래 표 3-3은 다중지능의 8가지 유형과 이에 대한 주요 특성 및 직업연계성을 도식화한 것이다.

[표 3-3] Gardner의 다중지능이론에 기초한 직업분류

유형	특성과 강점	관련 직업
언어적 지능	단어의 의미와 소리에 대한 민감성, 문장구성법의 숙련, 언어사용방법에 대한 이해와 표현력이 좋음	시인, 정치가, 언론인, 교사
논리·수학적 지능	사물과 상징, 그 작용 및 작용 간의 관계에 대한 이해, 추상적 사고능력, 문제를 인지할 수 있는 능력과 이유를 찾으려는 능력	수학자, 과학자
시각·공간적 지능	시각적 세계를 정확하게 지각하는 능력, 지각된 것을 변형시킬 수 있는 능력, 균형과 구성에 대한 민감성, 유사한 양식을 감지하는 능력	예술가, 항해사, 조각가, 건축가
신체·운동적 지능	표현하거나 목적을 직접 나타내기 위해 자신의 선택을 숙련되게 사용, 사물을 능숙하게 다루는 능력	무용수, 운동선수, 공예인, 배우
음악적 지능	음과 음절에 대한 민감성, 음과 음절을 음악적 리듬이나 구조로 결합하는 방법에 대한 이해, 음악의 정서적 측면에 대한 이해	음악가, 작곡가, 가수
개인 간 대인관계 지능	타인의 기분, 기질, 동기, 의도를 파악하는 능력, 타인에 대한 지식에 따라 행동할 수 있는 잠재력	세일즈맨, 정치가, 종교인, 교사, 사업가, 행정가
개인 내 자기이해 지능	삶에 대한 자신만의 감정에 대한 접근, 행동을 주도하고 이해시키기 위해 감정을 유도하는 능력	소설가, 임상병리사

위 표 3-3에서 보는 것처럼 다중지능의 효과는 자신의 강점지능의 특성을 이해하고 이를 최대로 개발하여 직업역량과 연계하고 관련 직업에 적용할 수 있다. 또한 약점지능의 특성과 관련 직업의 부족한 역량을 보완하는 데에도 활용된다.

3. 진로설계와 합리적 직업결정

적성과 직업탐색의 과정은 청소년들의 직업정체감(vocational identity)을 형성해 가는 연속적인 과정으로 보고 있다. 개인의 직업정체감은 새로운 직업교육과 체험활동 경험을 쌓을수록 발달된다. 진로와 직업에 대한 자기이해와 통합의 과정을 거치면서 개인은 직업에 대한 자아정체감이 형성되며, 이러한 정체감은 직업의 성공적 선택과 결정에 중요한 기초요인이 된다.

1) 진로직업 의사결정과정

개인의 이해와 의지에 따른 의사결정에 의하여 이루어지는 진로선택의 과정은 크게 두 가지로 구분된다.

그 첫째는 예상기(Anticipation period)로 의사결정의 절차와 내용에 관한 개인의 사전 인식단계이다. 예상기는 다시 탐색기, 구체화기, 선택기, 명료화기로 세분된다. 다른 한 단계는 적응기(Adjustment period)인데 이 과정에서는 실행에 대한 상상과 선택의 변화, 자신과 외부 현실 간에 일어나는 현실적 적응과 선택이 수행된다. 적응기는 다시 순응기, 개혁기, 통합기의 하위단계로 나뉘어진다. 이러한 '탐색→구체화→선택→명료화→순응→개혁→통합'의 연속과정은 진로와 직업을 선택할 때 거치게 되는 과정이다. 이 과정을 통하여 직업적 자아개념은 연령이 증가하고 경험이 쌓일수록 명료화되며 발달하게 된다.

Tiedman과 O'hara(1963)의 진로결정이론이 기본적으로 상정하는 내용은 개인의 진학, 입직, 직업전환 등 진로직업의 재과정을 개인이 직면하는 진로발달의 연속적 사건으로 이루어진다는 것이다. 동시에 개인의 직업이해와 의지가 따르는 직업선택의 의사결정 행위로 그려진다는 것이다. 이 이론에서의 교육적 의의는 첫째, 진로직업 의사결정의 첫 단계는 직업내용에 대한 사전 인식단계로 이 단계에서는 청소년들에게 일에 대한 정보의 수집과 활용방안을 구체적으로 학습, 지도하여야 한다는 점이다. 둘째, 의사결정과정은 학습과정이므로 가정과 학교생활과 관련된 구체적 예를 가지고 의사결정 기능을 학습할 수 있도록 도와주어야 한다. 셋째, 청소년이 개인적으로 주로 사용하는 의사결정과정과 전략을 이해하고 부족한 부분을 개선할 수 있도록 도와주어야 한다.

2) 진로의사결정의 유형

일반적으로 진로는 당사자의 주도적 결정으로 이뤄져야 한다. 이 결정은 합리적으로 선택되어야 하며 결과에 대해 만족할 수 있어야 한다. 이를 진로의사결정이론 관점에서 살펴보면 아래와 같다.

(1) Gelatt(1962)의 의사결정이론은 순환적 의사결정과정을 목표정의에서 정보수집을 거쳐 대안탐색으로 이후 실현 가능성 예측을 통해 대안의 가치 평가 후에 진로의사결정을 한 후 실행하여 결과평가를 얻고 다시 재투입을 통한 최종 실행만족으로 이뤄지는 순화적 과정으로 보았다. 진로지도 시에 합리적 의사결정을 위해 매 순간 결정의 적합성을 평가하도록 순서대로 질문하게 한다.

(2) 진로의사결정에 대한 발달론적 관점에서 접근한 Harren(1976)의 이론은 개인의 의사결정은 개인의 특징과 의사결정의 환경적 요소에 의해 영향을 받는다고 보았으며 이것을 인지하고 이해할수록 보다 만족스러운 진로의사결정을 할 수 있다는 것이다. 그는 의사결정상의 개인차는 일반적으로 지금까지 개발된 다양한 분류체계를 통해 볼 때 몇 가지의 공통된 주제들로 구성되어져 있음을 알 수 있다. Harren(1979)은 의사결정 양식을 합리적 · 직관적 · 의존적이라는 세 가지로 분류하였다.

합리적 양식(rational style)은 진로의사결정 과업에 대해서 논리적이고 체계적으로 접근하는 것으로 결정에 대한 책임을 수용하며, 이후의 결정들을 위해서 이전 결정들의 결과를 평가할 수 있는 능력을 소유하고 있고, 미래의 의사결정의 필요성을 예견하고 자신 및 기대되는 상황에 대한 정보를 수집하는 준비를 한다. 모든 결정은 매우 신중하고 논리적으로 행해진다.

직관적 양식(intuitive style)은 의사결정에 있어서 개인 내적인 감정적 상태(internal affective states)에 의존하는 것을 나타낸다. 결정에 대한 책임은 수용하지만 미래에 대해서 예견을 거의 하지 않고 정보수집을 위한 활동도 별로 없으며, 사실에 대해서 논리적인 비중을 거의 두지 않는다. 오히려 환상(fantasy)을 활용하고 현재의 느낌(feeling)에 주의를 기울이는 것이 특징이다. 이 양식을 채택하는 사람들은 결정과정에 대한 각 단계의 선택과 수용이 비교적 빨리 이루어지며, 종종 어떻게 결정에 도달하였는가를 명백하게 진술하지 못하는 경향이 있다.

의존적인 양식(dependent style)은 위의 두 경우와는 달리 결정에 대한 자신의 책임을 거부하며, 그 책임을 자신 이외의 가족이나 친구 그리고 동료 등에게 전가하는 특징이 있다. 이와 같은 양식을 활용하는 사람들은 타인들의 기대에 크게 영향을 받고 수동적, 복종적이며 사회적인 승인에 대한 욕구가 높다.

(3) 합리적 진로직업결정을 위해 직업에 대한 환상 수준에 머물거나 부모나 상담가에게 의존하는 것이 아닌 자신의 이해와 직업의 탐색과정을 거치고 주도적인 활동과정의 경험이 필요하다. 다양한 직업정보와 학습을 경험하고 자기에 대한 구체적 이해를 통한 직업선택과 결정은 스스로 직업비전을 이뤄가는 과정으로서 그 의미가 있다. 이에 청소년들은 자신의 의사결정양식의 이해와 합리적 결정과 선택을 준비하는 노력이 필요하다. 따라서 본 과정을 통해 자기의 적성을 구체적으로 이해하고 이를 적용한 직업탐색의 과정을 통해 자신의 진로비전에 맞는 직업선택과 결정을 하여 행복하고 성공적인 직업인으로서 미래사회를 주도하였으면 한다.

활동지-1

의사결정유형 검사

※ 다음은 여러분이 자신의 진로에 대해서 현재 어떻게 생각하고 있는지 알아보기 위한 문항으로 각 문항을 3점 척도로 ○표하여 주시기 바랍니다.
① 그렇지 않다 ② 보통 ③ 그렇다

( ) 나는 의사결정을 못한 채 뒤로 미루는 경우가 많다.
( ) 의사결정을 할 때 나는 다른 사람의 격려와 지지를 필요로 한다.
( ) 올바른 의사결정에 자신이 없어서 주로 다른 사람의 의견에 따른다.
( ) 내 의사결정을 친구들이 지지하지 않으면 그 결정에 대해 확신이 없다.
( ) 대개의 경우 나는 주위 사람들이 바라는 방향으로 의사결정을 한다.
( ) 나는 타인이 나의 결정을 어떻게 생각할 것인가를 매우 중요시한다.
( ) 나는 다른 사람의 도움 없이는 중요한 의사결정이 힘들다.
( ) 나는 내가 하고 싶은 것보다 타인의 생각을 우선하여 의사결정 한다.

* 그룹 A 합계 : 점

( ) 나는 의사결정에 갑자기 생각이 떠오르면서 무엇을 할지를 알게 된다.
( ) 나는 의사결정을 할 때, 마음이 가장 끌리는 쪽으로 결정을 한다.
( ) 나는 내 자신의 욕구에 따라 매우 독특하게 의사결정을 한다.
( ) 나는 의사결정을 할 때, 예감 또는 육감을 중요시한다.
( ) 나는 '이것이다'라는 느낌에 의해 결정을 내릴 때가 종종 있다.
( ) 여러 정보를 수집 검토하는 과정보다, 내 생각대로 결정을 내린다.
( ) 나는 어려운 문제에 부딪치면 재빨리 결정을 내린다.
( ) 나는 의사결정을 할 때, 내 자신의 즉각적인 느낌이나 감정에 따른다.

* 그룹 B 합계 : 점

( ) 나는 중요한 의사결정을 할 때 한 단계 한 단계 체계적으로 한다.
( ) 어떤 의사결정을 할 때, 나는 시간을 갖고 주의 깊게 생각해 본다.
( ) 어떤 중요한 일을 하기 전에 나는 신중하게 계획을 세운다.
( ) 내가 조급히 결정치 않는 것은 올바른 의사결정에 대한 확신 때문이다.
( ) 종종 내가 내린 의사결정을 일정한 목표를 향한 진보의 단계들로 본다.
( ) 의사결정전에, 나는 그 결정 후에 생기는 결과에 대해 많이 알고 싶다.
( ) 사전 정보를 수집하지 않고는 중요한 의사결정은 거의 하지 않는다.
( ) 나는 의사결정을 할 때, 이 의사결정과 관련된 결과까지 고려한다.

* 그룹 C 합계 : 점

각 그룹의 합계 점수는 중 가장 높게 나온 그룹이 자신의 유형이다. 그 유형은 아래와 같다.
[해석] A : 의존적 유형 B : 직관적 유형 C : 합리적 유형

첨부 진로탐색 정보자료

진로직업 탐색 관련 사이트		
한국고용정보원	http://www.keis.or.kr/	학과정보
한국직업정보시스템	http://know.work.go.kr	직업정보
HRD-Net	http://www.hrd.go.kr/	직업전망
워크넷	http://www.work.go.kr	직업검사, 직업사전
청소년워크넷	http://youth.work.go.kr/	학과정보
커리어넷	http://www.careernet.re.kr	자격정보
EBS TV	www.ebs.co.kr	직업동영상
한국산업인력공단	www.hrdkorea.or.kr	자격관련정보
한국직업능력개발원	http://www.krivet.re.kr/	직업능력
중앙교수학습센터	http://www.edunet4u.net	직업과 학습
통계청	http://www.nso.go.kr	한국표준직업분류
노동청	http://www.molab.go.kr	업무와 역량
한국대학교육협의회	http://univ.kcue.or.kr/	대학입시정보
전문대학교육협의회	http://www.kcce.or.kr/	전문대입시정보
한국가이던스	http://www.guidance.co.kr/	직업진로정보

자신의 진로와 직업탐색을 위하여 사이트가입 및 심화활동을 통한 정보 활용을 준비한다.

04 CHAPTER

진로설계 및 경력계발 관리

배울내용

1. 셀프리더십
2. 포트폴리오의 이해
3. 포트폴리오 작성

학습목표

1. 셀프리더십의 개념 및 필요성에 대해 설명할 수 있다.
2. 포트폴리오의 개념 및 필요성에 대해 설명할 수 있다
3. 자신만의 포트폴리오를 작성할 수 있다.

개요

우리는 세상을 살아가면서 여러 가지를 선택해야 할 때가 있다. 예를 들어 대학에서는 전공 선택, 동아리 선택, 수강과목 선택 등 다양한 영역에서 의사결정을 해야 할 일이 무수히 많다. 이럴 때 자기주도적으로 미래를 설계하고 스스로에게 동기를 부여하는 긍정적 자기활동이 필요한데 이를 셀프리더십이라 한다. 따라서 본 장에서는 셀프리더십을 중심으로 한 진로설계 및 경력계발 관리를 다루어보고자 한다.

1. 셀프리더십

효율적 취업을 위해서는 대학 입학과 동시에 자신이 갖고 있는 역량에 대해 분석하고 이에 따른 체계적인 진로설계가 필요하다. 2013년 '대학 내일20대 연구소'가 전국 남녀 2013학번 신입 대학생 213명을 대상으로 한 설문조사에 따르면, 현재 다니고 있는 대학을 선택한 이유를 묻는 질문에 입학 가능성이 높아서(29.8%)가 가장 높게 나타났으며, 다음으로 취업률/향후 취업전망이 좋아서(20.5%), 내가 전공하고자 하는 분야가 특화되어서(19.0%) 등으로 나타났으며, 그 외 학교/학과의 명성 때문에(12.0%), 경제적인 부담(6.5%), 가까운 거리(2.0%) 등으로 나타나 자신의 흥미나 적성과는 무관하게 대학을 지원한 것으로 나타났다. 즉, 대학을 선택하는 가장 큰 이유는 자신의 적성이나 흥미보다는 대학의 입학 가능성이나 대학의 네임밸류(name-value)가 큰 영향을 미치는 요인임을 알 수 있다. 하지만 자신의 적성과 흥미가 무시되었다 하더라도 이미 결정된 전공이라면 자신이 가진 역량을 세밀하게 분석할 필요성이 있다. 최근 이러한 측면에서 부각되고 있는 것이 셀프리더십(self-leadership)이다. 셀프리더십은 자기주도성의 개념으로 과업이나 직무를 성공적으로 수행하기 위하여 자신의 사고와 행동을 바람직한 방향으로 이끌면서 스스로에게 긍정적 영향력을 행사하는 과정을 뜻한다(Manz, 1986). 따라서 대학 입학 초기부터 셀프리더십 진단을 통해 자신의 약점과 강점을 평가하고 개선하는 과정을 통해 성공적인 취업으로 연결될 수 있도록 해야 할 필요성이 있다. 이에 셀프리더십의 개념과 진단을 알아보고, 셀프리더십 개발 전략을 살펴보기로 한다. 다음에 소개되는 셀프리더십 관련 내용은 이종원(2015)의 셀프리더십의 내용을 요약한 것이다.

1) 셀프리더십의 개념과 진단

셀프리더십은 Manz(1986)에 의해 처음 제시된 이론으로서 스스로에게 영향력을 행사하기 위하여 개인이 취하는 광범위한 행동과 사고 전략으로 개념화하였다. 이 개념은 1980년 미국 기업들이 국가경쟁력 우위에서 뒤처져 경영혁신 추진과 경제 침체를 극복하기 위하여 신세대 노동자 관리 문제점을 인식하고 이를 개선하기 위한 목적으로 Manz와 Sims(1991)에 의해 개발되었다. 셀프리더십은 자신의 성장과 발전을 위해 스스로 동기를 부여하고 영향력을 행사하는 것으로 리더십의 새로운 개념이라 할 수 있다.

Manz(1986)는 셀프리더십을 자연스럽게 동기부여된 과업뿐만 아니라, 동기부여되지 않은 과업까지 수행하는 과정을 스스로 관리하면서 성과에 영향을 미치는 포괄적인 개념이라고 했으며, 정서적, 인지적, 행동적 전략을 통해 전문적인 효과를 목표로 하는 개인 향상의 과정이라고 하였다. 또한 셀프리더십은 개인의 효율성을 증대시키기 위한 과정이며 자신이 진정으로 하고자 하는 과업이 무엇인지 스스로 묻고, 일상생활에서 자신이 하고자 하는 과업을 수행하기 위한 내재적 탐구과정이라고 규명했다. 동시에 이러한 내재적 자아는 자신이 가장 중점을 두는 가치에 대한 깊은 성찰이 필요하며, 이러한 과정을 통해 자신이 목표한 가치를 추구하는 삶을 영위할 수 있다고 설명하였다. 이러한 셀프리더십은 학습과 훈련으로 개발될 수 있기 때문에 능력이나 역량으로 표현되기도 한다.

즉, 셀프리더십이란 자기주도적으로 미래를 설계하고 스스에게 동기를 부여하는 긍정적 자기활동이다. 이와 같이 볼 때 셀프리더십은 대학생의 진로결정을 위한 필수요소임이 분명하다. 이에 셀프리더십의 개발은 대학생활 중 전공 선택, 동아리 선택, 수강과목 선택 등의 다양한 영역에서 의사결정을 할 때 많은 도움이 된다. 또한 졸업을 앞두고 직업 및 진로 결정을 원만히 할 수 있도록 도움을 줄 수 있는 중요한 요인이다(이종원, 2015에서 재인용). 따라서 대학 입학시기부터 졸업시기까지 지속적인 셀프리더십 체크를 통해 효과적인 진로결정을 할 수 있도록 해야 한다. 이에 자신의 셀프리더십을 진단해 보기 위한 설문지는 표 4-1과 같다.

[표 4-1] 진단방법

진단방법
1. ①번에서 ⑤번 중 하나만 √
2. 한 문항에 너무 오래 생각하지 말고 체크한다.

번호	문항	←전혀그렇지않다/매우그렇다→				
1	나는 나 자신의 성취를 위해 특정한 목표를 정한다.	①	②	③	④	⑤
2	나는 작업의 성과를 위해 목표를 의식적으로 정한다.	①	②	③	④	⑤
3	나는 나 자신을 위해 세운 특정한 목표를 향해 매진한다.	①	②	③	④	⑤
4	나는 미래에 성취하려고 계획한 목표에 대해 생각한다.	①	②	③	④	⑤
5	나는 나 자신의 성취를 위한 특정한 목표들을 적는다.	①	②	③	④	⑤
6	나는 어떤 과제를 특별히 잘 해결했을 때, 내가 즐기는 활동인 무언가로 나 자신에게 보상하기를 좋아한다.	①	②	③	④	⑤
7	내가 어떤 것을 잘 해냈을 때, 나는 특별한 외식이나 영화, 쇼핑과 같은 이벤트로 나 자신에게 보상한다.	①	②	③	④	⑤
8	내가 성공적으로 어떤 과제를 완수했을 때, 나는 종종 내가 좋아하는 어떤 것으로 내 자신에게 보상한다.	①	②	③	④	⑤
9	나는 불완전한 성과를 냈을 때, 낙심하는 경향이 있다.	①	②	③	④	⑤
10	나는 업무를 제대로 수행하지 못했을 때, 나 자신에게 혹독한 경향이 있다.	①	②	③	④	⑤
11	나는 업무를 제대로 수행하지 못했을 때, 자책감을 느낀다.	①	②	③	④	⑤
12	나는 업무를 제대로 수행하지 못했을 때, 종종 나 자신에 대한 불만을 표현한다.	①	②	③	④	⑤
13	나는 학기 수행 정도를 관리하기 위해 스스로 점수를 매긴다.	①	②	③	④	⑤
14	나는 어떤 활동의 수행 정도를 대개 인식하고 있다.	①	②	③	④	⑤
15	나는 내가 일을 얼마나 잘 하고 있는지에 대해 주목하고 있다.	①	②	③	④	⑤
16	나는 내가 진행하고 있는 과제에 대한 진도를 인식하고 있다.	①	②	③	④	⑤
17	나는 성과를 내는 데 필요한 것을 상기하기 위해 기록한 메모를 활용한다.	①	②	③	④	⑤
18	나는 성과를 내는 데 필요한 것에 초점을 맞추고 도움이 되는 구체적인 것들을 활용한다(메모와 체크리스트 등).	①	②	③	④	⑤
19	나는 업무(학업)의 불쾌한 측면보다는 유쾌한 측면에 초점을 맞추는 편이다.	①	②	③	④	⑤

번호	문항	←전혀그렇지않다/매우그렇다→				
20	나는 바람직한 행동을 유발할 수 있는 물건이나 사람들 가까이에 있으려고 노력한다.	①	②	③	④	⑤
21	나는 선택권이 나에게 있을 때, 대충 일을 끝내기보다는 즐겁게 일을 하려고 노력한다.	①	②	③	④	⑤
22	나는 일에서 즐기는 활동들을 찾아낸다.	①	②	③	④	⑤
23	나는 내가 가장 좋아하는 방식을 찾아 일을 끝낸다.	①	②	③	④	⑤
24	나는 상상력을 발휘해 중요한 업무를 잘 수행하는 것을 머릿속에 그려본다.	①	②	③	④	⑤
25	나는 일하기 전에 그 일을 성공적으로 수행하는 것을 스스로 머릿속에 그려본다.	①	②	③	④	⑤
26	나는 때로 실제로 일하기 전에 성공적인 수행에 대해 마음속으로 그려본다.	①	②	③	④	⑤
27	나는 의도적으로 내가 직면한 도전들을 극복하는 것을 머릿속으로 그려본다.	①	②	③	④	⑤
28	나는 실제로 도전에 직면하기 전에 종종 도전에 대처하려고 계획한 방안을 마음속으로 시연해 본다.	①	②	③	④	⑤
29	나는 때로 내가 직면한 어려운 문제들에 대처하는 데 도움이 될 수 있도록 큰 소리로 또는 마음 속으로 되뇌어 본다.	①	②	③	④	⑤
30	때로 나는 어려운 상황을 극복하면서 일하기 위해 스스로에게(큰소리 또는 마음속으로) 이야기를 한다.	①	②	③	④	⑤
31	나는 어려운 상황에 직면할 때마다 내 자신의 신념과 가정에 대해 생각한다.	①	②	③	④	⑤
32	나는 내가 직면한 문제의 상황과 관련해서 자신의 신념에 대한 정확성을 마음속으로 평가하려고 노력한다.	①	②	③	④	⑤
33	나는 다른 사람과 의견의 불일치를 갖게 될 때, 내 자신의 가정에 대해 솔직히 말하고 평가한다.	①	②	③	④	⑤
34	나는 다른 사람과 의견의 불일치를 갖게 될 때, 내 자신의 속마음을 솔직히 말하고 평가한다.	①	②	③	④	⑤
35	나는 내가 갖고 있는 신념과 가정에 대해 생각하고 평가한다.	①	②	③	④	⑤
	합 계:	M:				

〈채점방법 및 해석〉

1. 1번에서 35번까지 √표시한 숫자를 모두 합계한다.
2. 합계한 숫자를 35로 나눈 값은 M이다.
3. M의 값이 5점에 가까울수록 셀프리더십 수준이 높고 1에 가까울수록 낮은 것을 의미한다.

출처: 이종원(2015), 청년대학생 취업 Cheer Up!, pp.34-36.

2) 셀프리더십 개발 전략[2)]

리더십은 인류의 역사와 더불어 진화해 왔다고 해도 과언이 아니며 오늘날 세상의 변화상을 보여주고 있다. 리더가 구성원에게 영향력을 행사하는 과거 전통적인 리더십과는 달리 셀프리더십은 자신의 노력과 훈련을 통해 길러지며, 창의적이고 유연한 사고로 현대생활의 구성원이 되기 위한 리더십이다. 현대사회에서 분명히 타인을 리드하는 통합적 리더십 발휘에 앞서 자기 스스로 주체가 되어 자신을 리드할 줄 하는 셀프리더십 능력을 우선적으로 배양해야 한다. 셀프리더십을 배양하기 위한 대표적 전략으로 행동중심 전략이 있다.

'행동중심전략'이란 자신과 타인의 행동을 관찰하고 그 이유와 목적을 인식하여 성공적인 행동은 자신의 행동에 더욱더 강화하고 실패한 행동은 원인을 분석하여 조절하고 자신이 지향하는 행동으로 변화시키는 전략이다. 행동중심 전략에는 자기관찰(self-observation), 자기목표설정(self-goal setting), 자기보상(self-reward), 자기교정 피드백(self-correcting feedback)이 있다.

자기관찰은 자신의 행동에 대한 관찰을 행함으로써 자신이 특정 행동을 수행할 수 있는지 판단하는 전략이다. 이러한 자기 각성행위는 향후 수정되거나 주목받아야 할 행동을 찾아내는 데 도움이 된다. 예를 들어 한 학생이 학과 수업 중 교수님을 비롯한 100여 명의 동료 학생들이 있는 큰 강의실에서 발표 과제를 했다면, 향후 자신이 원하는 기업의 프리젠테이션 면접을 잘 해낼 수 있겠다는 자신감을 갖게 되는데, 이것이 셀프리더십의 행동중심 전략 중 자기관찰이다.

자기목표설정은 자기발전을 장려하는 개인적인 목표를 효과적으로 세우는 것을 말하는데, 이 기법에서 필히 설정해야 할 것은 시간제한(time-limited)이다. 이때 설정한 시간이 너무 많거나 모자라도 동기 수준이 약화될 수 있으므로 자신의 역량에 맞게 시간을 제한할 필요성이 있다.

따라서 효과적 자기목표설정을 위해 SMART 기법은 표 4-2와 같다.

---

2) 셀프리더십 개발전략은 '이종원(2015). 청년대학생 취업 Cheer Up!'에서 발췌하여 재구성 하였음.

[표 4-2] SMART 자기목표설정

SMART	자신의 목표설정 내용(예시)
Specific (구체적인)	전공 관련 자격(물리치료사, 간호사 등) 공부를 열심히 한다.(×) 졸업과 동시에 전공 관련 자격(물리치료사, 간호사 등)을 취득한다.(○)
Measurable (측정가능한)	꾸준히 공부한다.(×) 하루에 최소한 30페이지 이상 공부한다.(○)
Achievable (성취할 수 있는)	하루에 20시간 공부한다.(×) 하루에 5시간 공부한다.(○)
Realistic (현실적인)	매일 전공 관련 전문인으로부터 조언을 받는다.(×) 주기적으로 전공 관련 전문인으로부터 조언을 받는다.(○)
Time-limited (시간제한적인)	중간고사 과목 중 한 과목을 시간 내에 끝낸다.(×) 졸업 전까지 전공관련 핵심 자격증을 취득한다.(○)

자기보상(self-reward)은 바람직한 행동을 수행했을 때 자신에게 스스로 가치 있는 보상을 제공함으로써 사기진작, 동기유발, 그리고 미래행동을 선택하는 데 주요한 영향을 미치며, 바람직한 행동과 목적을 달성하는 데 도움을 주는 것을 말한다. 예를 들어 위 표 4-2에서 나타난 바와 같이 졸업과 동시에 간호사가 되기 위해 간호사 국가고시에 한 번에 합격했다면 자신 스스로를 대견하게 여기고 칭찬하는 보상으로 자신에게 특별한 선물을 하거나, 친구와 같이 영화 보고 맛있는 음식을 먹는 등의 행동이 따라오는 것을 의미한다.

자기교정 피드백(self-correcting feedback)은 자기보상과 같이 바람직한 행동을 유발하는 것을 의미한다. 자기성찰적이고 긍정적 방향성을 띤 자기교정 피드백은 부정적 행동과 행위를 고칠 때 습관적인 자책감과 자기비판에서 비롯된 자기처벌보다 효과적이다. 즉, 바람직하다고 여겨지는 행동을 실행으로 옮기기 전에 연습을 해 봄으로써 문제점을 고치고 실수를 줄이는 데 도움이 된다. 예를 들어 토익시험을 위해 하루에 10시간이상 시험공부에 투자한 결과, 학과 공부가 소홀해지고 자신의 건강에도 적신호를 느낄 때, 토익시험 공부를 줄이고 건강관리를 하는 것이 그 예이다.

이와 같이 셀프리더십은 자기를 효율적으로 관리하기 위한 긍정적 자기활동이다. 따라서 셀프리더십의 배양을 위해서는 자기관찰, 목표설정, 자기보상, 자기교정 피드백의 행동 전략을 적절히 활용하여야 한다.

2. 포트폴리오의 이해

진로선택은 한 개인의 생애에서 가장 중요한 문제 중의 하나이며 일생을 두고 직 · 간접적으로 영향을 미치는 일이다. 성공적인 진로개발 활동을 통한 합리적 진로결정을 기반으로 하여 원만하고 만족스러운 사회생활을 이어갈 수 있는 원동력이 되는 반면에 진로에 대한 준비 부족으로 만족할 만한 진로결정을 하지 못하였을 때에는 결국 일생 동안의 직업활동을 통한 사회적 적응에도 부정적 영향을 미치게 된다. 따라서 진로에 대한 올바른 인식과 탐색, 준비를 거쳐 자신의 요구와 능력에 맞는 최적의 진로를 스스로 선택할 수 있어야 한다.

특히 대학 시기는 직업에서 요구하는 조건과 자신의 욕구 및 능력 등을 고려하여 진로를 결정하는 현실적 선택의 시기이므로 이 시기의 진로개발활동은 매우 중요한 발달과업 중의 하나라고 볼 수 있다. 하지만 우리나라와 같은 대학입시 위주의 교육환경에서는 자신의 적성과 흥미와는 무관하게 성적에 따라 대학에 진학한 이후 진로에 대해 고민하고 갈등하는 경우가 많다. 더구나 근래의 극심한 취업난과 빠르게 변화하는 직업세계의 변화는 대학생들의 진로결정을 더욱더 어렵게 만들고 있다. 이러한 이유에 따라 대학 저학년 학생들의 경우 자신의 진로나 취업문제에 막연한 불안감을 갖고 있으나 무엇부터 어떻게 시작해야 하는지 몰라 일단 영어와 같은 어학점수 높이기와 각종 자격증 취득에 관심을 보이는 정도로 진로준비를 하는 경우가 많이 있다(손영민, 2014). 이에 최근 대학에서는 저학년부터 체계적인 경력관리를 위한 포트폴리오가 활용되고 있다.

포트폴리오란 오랜 시간에 걸쳐 형성된 개인의 지식과 기술, 경험, 전문성의 성장을 보여주는 기록들의 모음집이다. 하지만 포트폴리오는 단순한 자료 모음집 이상의 의미를 갖고 있다. 자신의 활동에 대한 성찰을 통해 반성과 책임의식을 갖고 스스로 자신의 학습이나 계획을 주도해 나갈 수 있도록 한다는 데 그 의의가 있다. 포트폴리오를 만들기 위해 자신이 관여하고 있는 다양한 영역의 자료들을 다루면서 자신에 대한 깊은 이해와 통찰이 이루어진다. 또한 자신의 약점과 강점을 돌아볼 수 있고 자신이 인식한 문제를 해결하기 위한 대책을 모색하는 과정에서 객관적인 자기사정(self assessment)이 이루어지기도 한다. 경력의 유연성(career resiliance)을 높이기 위해 진행된 캐나다 정부 공무원들의 포트폴리오 작성 워크숍에 참여한 참가자들이 포트폴리오에 넣을 항목을 수집하면서 그들이 갖고 있는 지식과 기술에 대해 자각하게 되었다고 보고하고 있다(Borgen, Amundson & Reuter, 2004). 즉, 포트폴리오는 자신의 경력과 기술, 진로계획을 이루어가는 과정을 명료하게 나타내는 것이며(송원영, 김지영, 2009), 승진 또는 취업을 앞두고 자신의 커리어에 관심을 가지고 있는 학생들이나, 전문가들에게 자신이 지닌 능력을 객관적이고 신뢰롭게 나타내고자 하는 학생들에게 효과적인 'self-marketing tool'이 될 수 있는 것(Frank & D'orsi, 2003)으로 이제는 미국이나 영국 등의 많은 대학들이 학생들의 체계적인 학습과 진로개발을 위하여 e-portfolio system을 구축하여 의무 혹은 권장사항으로 부과하고 있다. e-portfolio는 electronic portfolio의 약어로 디지털 포트폴리오와 웹 포트폴리오 등과 유사하거나 동일한 의미로 사용되기도 한다. 디지털 포트폴리오는 일렉트로닉 테크놀로지와 포트폴리오가 통합된 것으로 텍스트, 사운드, 이미지, 그래픽, 동영상 등의 멀티미디어 자료와 하이퍼텍스트 형태의 구조를 가진 컴퓨터 기반 포트폴리오이다. 웹 포트폴리오는 이러한 디지털 포트폴리오를 웹상에 옮긴 것으로 웹이 연결되는 곳이라면 언제, 어디든지 작성하고 평가할 수 있는 추가적 특성을 가지고 있다(손영민, 2011). 그동안 종이에 내용을 출력하여 바인더나 스크랩북의 형태로 보관하던 종이기반의 포트폴리오는 컴퓨터와 웹의 발달로 인해 e-포트폴리오로 대체되고 있는 양상이다. 따라서 취업을 위해서는 자신만의 포트폴리오를 완성하는 것이 중요하다.

3. 포트폴리오 작성

포트폴리오는 크게 두 가지로 구분된다. 그 중 하나는 대학 재학기간 중 작성하는 '학생포트폴리오'이며, 또 다른 하나는 취업 시 자신의 이력을 나타내는 '취업포트폴리오'이다. 학생포트폴리오와 취업포트폴리오는 전혀 다른 성격의 결과물이 아니다. 그 이유는 최근 기업들은 과거 전통적인 방식에서 사용되어 오던 이력서만으로는 지원자의 이력을 판단하기에 한계가 있다는 점을 고려하여 지원자의 재학기간 동안의 이력을 살펴보기 위해 취업포트폴리오를 요구하는 곳이 많아졌다. 이에 따라 지원자들은 단시간에 취업포트폴리오를 작성할 수 없기에 대학 입학부터 졸업까지의 이력을 기록하는 학생포트폴리오가 필요하게 되었다. 이러한 필요성에 따라 대학에 입학한 신입생들에게 있어 반드시 작성해야 하는 것이 학생포트폴리오이다. 따라서 학생포트폴리오와 취업포트폴리오에 대해 살펴보자.

1) 학생포트폴리오

'학생포트폴리오'란 학생들이 대학에서 성취한 모든 학습 성과를 모아놓은 자료집으로 대학의 교육과정 이수 실적뿐만 아니라 실무특강, 현장실습, 어학연수 등의 모든 비교과과정활동에서 성취한 학습성과를 포함한다. 학생포트폴리오의 목적은 학생들에게 자신의 학업 성취도를 확인하고 비판적으로 성찰하는 기회를 제공함으로써 학습자 자신의 학습 성과를 개선하도록 하는 역할을 한다. 또한 취업 준비, 대학원 진학 등을 위한 자신의 경력관리 도구로 활용이 가능하다. 따라서 학습포트폴리오의 구성을 살펴보면 표 4-3과 같다.

[표 4-3] 학생포트폴리오 구성항목

No	항목	항목종류	작성방법	작성시기
1	표지	- 표지작성 및 파일 옆면라벨	옆면라벨양식을 작성한 후 부착하고 표지양식을 작성한 후 첨부	입학시
2	기본정보	- 학생카드 - 자기소개서	입학 시 해당양식을 작성하여 포트폴리오에 첨부	입학시
3	교과과정 이수실적	- 교과과정 이수계획 및 실적	매 학기 교과목이수계획서를 작성하고 학기 종료 후 이수실적을 기입하여 목표치와 실제 성적을 비교/분석	입학시
		- 성적표	종합정보시스템에서 성적표를 인쇄하여 첨부, 매 학기 성적증명서 발급 후 첨부	학기말

No	항목	항목종류	작성방법	작성시기
4	전공실무 관련실적	- 전공자격증 취득실적 - 경진대회 참가실적 - 실무 관련 프로그램 참여 실적 - 산업체 현장실습, 인턴십, 연수실적 - 기타 실무 관련실적	전공실무관련 실적 양식을 작성하고 증빙자료를 첨부하여 포트폴리오에 첨부	수시
5	어학관련실적	- 토익, 토플 등 각종 어학성적표 - 어학프로그램이수 참여 실적 - 교환학생 및 어학연수 경력 등	어학관련실적 양식을 작성하고 증빙자료를 첨부하여 포트폴리오에 첨부	수시
6	학술활동실적	- 학회, 워크숍, 세미나 참석실적	학술활동실적 양식을 작성하고 증빙자료를 첨부하여 포트폴리오에 첨부	수시
7	과외활동	- 동아리 활동 - 학생회 활동 - 현장체험활동 - 봉사활동 - 해외여행 등 기타	과외활동 실적양식을 작성하고 증빙자료와 함께 포트폴리오에 첨부	수시
8	수상실적	- 경진대회 수상경력 - 장학금 수혜경력 - 기타 수상경력	수상실적양식을 작성하고 증빙자료를 첨부하여 포트폴리오에 첨부	수시
9	기타	- 기타 자신의 학습성과를 나타낼 수 있는 활동실적	기타실적 양식을 작성하고 증빙자료를 첨부하여 포트폴리오에 첨부	수시

학생포트폴리오 구성에 대한 구체적인 방법은 다음과 같다.

(1) 표지제작

학생포트폴리오를 구성하기 위해서는 먼저 표지의 제작이 필요하다. 표지는 화려하지 않지만 자신을 표현하기 위한 다양한 방법으로 활용하면 된다. 예를 들어 자신이 어떤 사람인지를 한 마디로 표현할 수 있는 좌우명, 캐치프레이즈 같은 문구를 넣어 활용하면 좋다. 또한 자신을 나타낼 수 있는 이미지(캐리커처, 사진, 구성물 등)를 활용해도 무방하다. 다음으로 파일 측면에도 소속, 학번, 이름 등을 기재하여 눈에 잘 드러나도록 해야 한다. 표지구성은 그림 4-1과 같다.

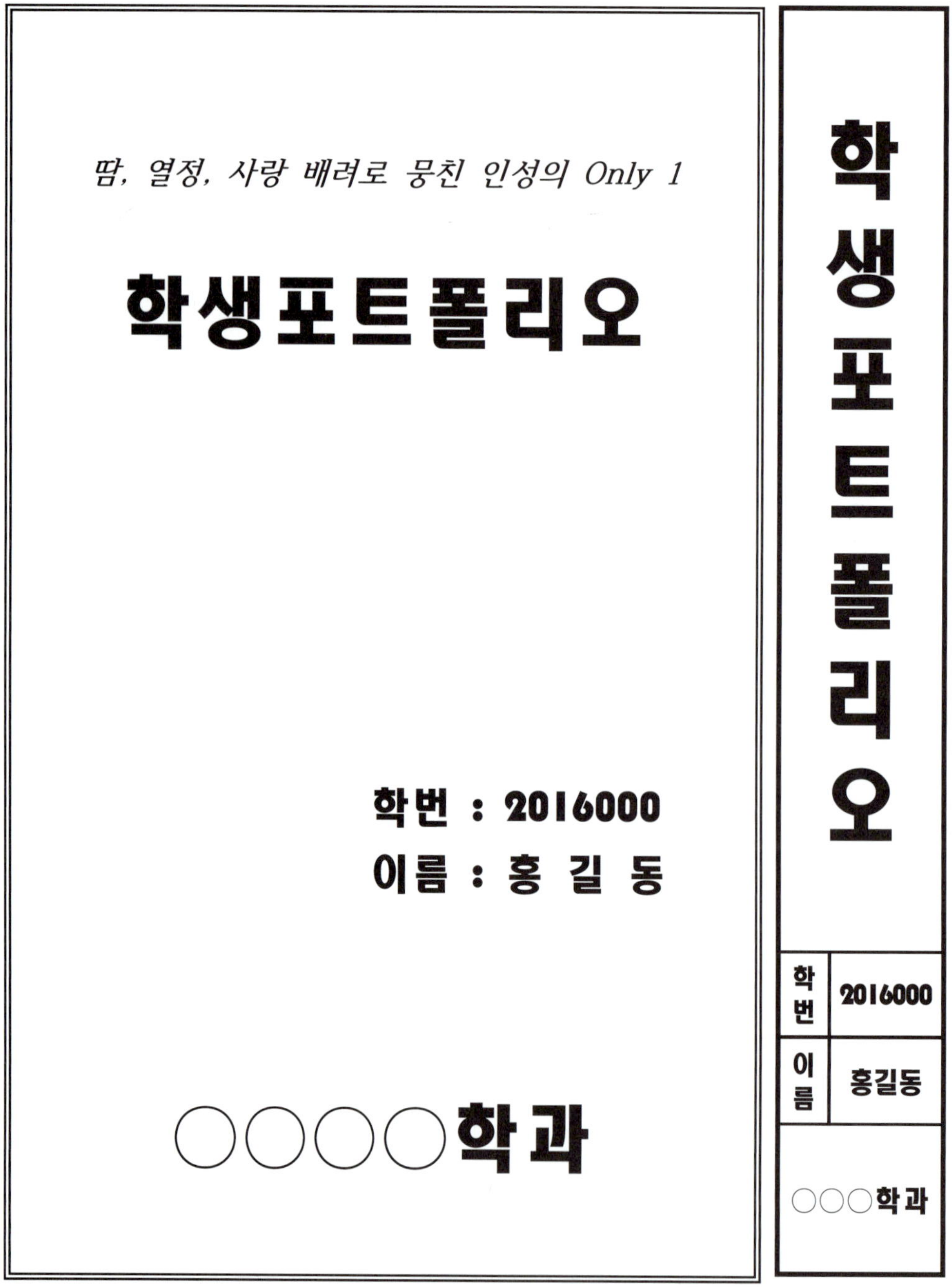

[그림 4-1] 학생포트폴리오 표지 예시

(2) 기본정보

기본정보는 자신의 신상을 상세하게 나타낼 수 있는 '학생카드'와 '자기소개서'이다. 학생카드는 개인의 신상정보를 기록하는 곳인데 취업포트폴리오의 신상정보와 동일한 의미를 가진다. 여기에는 학년, 학번, 이름, 생년월일, 성별, 전화번호, 주소, 이메일 주소 등을 기록할 수 있다. 특히 연락처는 반드시 기재해야 하며, 주소는 바뀔 경우를 고려하여 연필로 작성한다. 이메일의 경우 장난스럽거나 유치하게 보일 수 있는 이메일 계정은 가급적으로 사용하지 않도록 한다. 기본정보 작성을 위한 학생카드 양식은 그림 4-2와 같다.

<table>
<tr><td rowspan="7">사신
(3×4)</td><td>학과</td><td>○○○학과</td><td>학번</td><td>2016000</td></tr>
<tr><td rowspan="3">이름</td><td>(한글) ○ ○ ○</td><td>생년월일</td><td>1997년 1월 1일</td></tr>
<tr><td>(한자)</td><td rowspan="2">연락처</td><td>(본인)</td></tr>
<tr><td>(영문)</td><td>(비상)</td></tr>
<tr><td rowspan="2">현주소</td><td colspan="3">※ 도로명주소 기재</td></tr>
<tr><td colspan="3"></td></tr>
<tr><td>E-mail</td><td colspan="3">※ 장난스런 문구 지양</td></tr>
</table>

[그림 4-2] 학생카드 양식

다음은 자기소개서이다. 자기소개서는 자신의 성장과정, 본인 성격 및 장단점, 학창시절 및 경력사항(교내외 활동 중심), 자신의 포부 등으로 작성한다. 자기소개서는 한 번 작성하고 끝나는 것이 아니라 매 학기가 종료하거나 특별한 이슈가 있을 때마다 수정 및 보완의 절차를 거쳐야 한다. 자기소개서의 세부 작성방법은 11장 취업준비 실무2 파트에서 상세히 다루도록 한다.

(3) 교과과정 이수실적

교과과정 이수실적의 작성방법은 매 학기 수강신청과 동시에 이수해야 할 과목들을 명시하고, 각 과목별 교과과정 이수계획을 기재한다. 학기 중간에 출석, 중간고사 성적,

과제물의 제출 여부 등을 점검하여 기록하고, 학기말까지의 계획을 수정 보완하도록 한다. 기말고사 완료 후 학기 성적 합계를 기재하고 목표치와 비교하여 목표 달성 정도를 기재한다. 전체적인 성적을 종합정보시스템에서 확인 후 출력하여 첨부하여 둔다. 교과과정 이수실적 작성은 표 4-4와 같다.

[표 4-4] 교과과정 이수계획 및 실적 예시

교과목명	학점	담당교수	출석	과제	중간	기말	합계	목표	목표달성 (%)
합계									

목표 달성 및 미달성 교과목

목표 미달성 교과목에 대한 향후 계획 및 개선점

(4) 과제보고서

과제보고서는 매학기 교과목에 대한 과제를 모아두는 것으로 과제 작성을 위한 계획, 관련자료 수집, 과제 성과물 등을 한눈에 볼 수 있도록 과제요약보고서를 작성한다. 또한 과제요약보고서와 함께 완료된 과제보고서도 함께 첨부해 둔다. 과제요약보고서를 작성할 때에는 과제를 과제명, 과목명, 팀 구성원 수, 팀 내에서의 역할, 과제 도입-전개-마무리의 일련의 과정을 간략하게 기록한다. 기록할 때 특별한 양식은 없으며, 사진이나 그림 등의 도식화로 표현해도 된다. 마지막으로 과제를 수행하면서 경험했던 어려움과 이점 등을 별도로 작성한다. 과제요약보고서 및 과제보고서는 학기별로 모아두고 포스트잇을 활용하여 구분을 해두면 다음 과제를 수행할 때 찾아보기가 용이하다. 과제요약보고서 양식은 표 4-5와 같다.

[표 4-5] 과제요약보고서 예시

과제명			
과목명			
담당교수		수행 기간	
팀 구성원		팀에서의 역할	
과제 내용 요약	1. 과제물의 주제 선정 과정 2. 과제물 수행 과정 3. 자료 수집 과정이나 문제해결 과정 4. 결과물을 작성하는 과정 5. 이외에 과제물을 수행하면서 팀원들 간의 역할 분담 방식 ※ 첨부: 과제물 1부.		
과제에 따른 개선 및 향후 계획			

(5) 전공실무 관련, 어학, 학술활동 실적

전공실무 관련 실적은 전공자격증 취득 실적, 경진대회 참가 실적, 실무 관련 프로그램 참여 실적, 산업체 현장실습, 인턴십, 연수 실적, 기타 실무 관련 실적을 기재하는 것을 의미한다. 실적은 파트별로 구분하고 각 실적에는 참여기간, 참여인원, 실적 명칭, 주요내용 등을 기입하고 실적을 증빙할 수 있는 증빙서류(자격증, 상장, 연수 이수증 등)를 반드시 첨부한다.

어학 및 학술활동 실적도 전공실무 관련 실적과 동일하게 작성하면 된다. 전공실무 관련, 어학, 학술활동 관련 실적의 예시는 표 4-6과 같다.

[표 4-6] 전공실무 관련 실적 예시

순번	실적종류	실적기간 (날짜)	실적세부내용	비고
1				
2				
3				
4				
5				
6				
7				
8				
9				
10				
11				
12				
13				
14				
15				

(6) 과외활동 실적

과외활동 실적은 동아리활동, 학생회활동, 현장체험활동, 봉사활동, 해외여행 등 기타 관련 활동에 대한 내용을 중심으로 작성하면 된다. 작성방법은 실적명, 기간, 참여인원, 주요내용 등으로 기재하면 되고 실적을 증빙할 수 있는 증빙자료(예: 봉사활동 확인서, 학생회 간부 임명장, 동아리 활동 계획서 및 사진, 해외여행 계획서 및 사진 등)를 반드시 첨부한다. 관련 양식은 표 4-6을 활용하여 과외활동 실적에 맞게 수정하여 활용한다.

(7) 수상실적

수상실적은 경진대회 수상경력, 장학금 수혜경력, 기타 수상경력을 중심으로 작성한다. 작성방법은 수상명, 수상일, 세부내용, 수여기관 등의 내용을 중심으로 작성한다. 수상실적을 기재한 후 관련 증빙자료를 반드시 첨부한다. 수상실적 작성 관련 예시는 표 4-7과 같다.

[표 4-7] 수상 실적 예시

순번	수상명	수상일	세부내용	수여기관
1				
2				
3				
4				
5				
6				
7				
8				
9				
10				
11				
12				
13				
14				
15				

2) 취업포트폴리오

'취업포트폴리오'란 자신이 희망하는 기업에 취업하기 위해 학창시절의 노력을 요약해 놓은 모음집이라 할 수 있다. 취업포트폴리오는 대학의 교과과정이수뿐만 아니라 과제수행, 전공실무, 어학, 학술활동, 과외활동, 수상 등의 관련 실적을 체계적으로 정리함으로써 자신을 반성적 성찰을 통해 관련 지식의 전문화를 이루기 위한 결과물이라 할 수 있다. 따라서 취업포트폴리오는 학생포트폴리오를 기초로 하기 때문에 학생포트폴리오를 충실히 작성해야만 취업포트폴리오의 작성이 용이하다. 취업포트폴리오의 구성은 학생포트폴리오 구성과 큰 차이가 없으며 표 4-8과 같다.

[표 4-8] 취업포트폴리오 구성항목

No	항목	항목종류	작성방법	비고
1	표지	- 표지작성 및 파일 옆면라벨	옆면라벨양식을 작성한 후 부착하고 표지양식을 작성한 후 첨부	
2	기본정보	- 이력서 - 자기소개서	학생포트폴리오에서 작성했던 내용을 기초로 작성	
3	교과과정 이수실적	- 교과과정 이수계획 및 실적	매 학기 교과목이수계획서를 작성하고 학기 종료 후 이수실적을 기입하여 목표치와 실제 성적을 비교/분석	
		- 성적표 - 졸업예정 증명서, 졸업증명서	최종 학력에 대한 성적증명서 및 졸업 관련 증명서 발급 후 첨부	
4	전공실무 관련실적	- 전공자격증 취득실적 - 경진대회 참가실적 - 실무 관련 프로그램 참여 실적 - 산업체 현장실습, 인턴십, 연수실적 - 기타 실무 관련 실적	전공실무 관련 실적 양식을 작성하고 증빙자료를 첨부하여 포트폴리오에 첨부	
5	어학관련실적	- 토익, 토플 등 각종 어학성적표 - 어학프로그램이수 참여 실적 - 교환학생 및 어학연수 경력 등	어학 관련 실적 양식을 작성하고 증빙자료를 첨부하여 포트폴리오에 첨부	
6	학술활동실적	- 학회, 워크숍, 세미나 참석실적	학술활동실적 양식을 작성하고 증빙자료를 첨부하여 포트폴리오에 첨부	

No	항목	항목종류	작성방법	비고
7	과외활동	- 동아리 활동 - 학생회 활동 - 현장체험활동 - 봉사활동 - 해외여행 등 기타	과외활동 실적양식을 작성하고 증빙자료와 함께 포트폴리오에 첨부	
8	수상실적	- 경진대회 수상경력 - 장학금 수혜경력 - 기타 수상경력	수상실적양식을 작성하고 증빙자료를 첨부하여 포트폴리오에 첨부	
9	기타	- 기타 자신의 학습성과를 나타낼 수 있는 활동실적	기타실적 양식을 작성하고 증빙자료를 첨부하여 포트폴리오에 첨부	
10	업무수행능력 준비도 검사	성인용 직업적성검사 직업선호도 검사 등	고용노동부 워크넷(www.work.go.kr)을 통한 직업심리검사 결과 첨부	

위 표 4-8에서 나타난 바와 같이 취업포트폴리오는 학생포트폴리오와 거의 유사한 형태를 취하고 있으나, 다른 점은 업무수행에 필요한 다양한 준비도 검사를 실시하고 이에 따른 결과서를 첨부하면 좋다. 직업심리검사 결과가 반드시 포함되어야 하는 것은 아니다. 심리검사 결과를 확인하고 상황에 따라 자신의 강점이 잘 드러날 수 있는 부분들을 제시하면 된다. 직업심리검사 방법은 고용노동부 워크넷(www.work.go.kr)에 접속하여 회원가입을 하면 워크넷에서 제공하는 다양한 심리검사를 받을 수 있다.

05 CHAPTER

효율적인 의사소통

배울내용

1. 의사소통의 개념
2. 효율적인 의사소통기술
3. 직장 구성원 간의 기본예절
4. 직장 내 긍정적 인간관계를 위한 에티켓

학습목표

1. 효율적 의사소통 기술방법을 열거하고 이에 대해 내용을 자세히 설명할 수 있다.
2. 직장에서의 기본예절에 대한 개념을 숙지하고 상황에 따른 기본예절 행동을 취할 수 있다.
3. 긍정적인 인간관계를 위한 에티켓을 숙지하고 상황에 따른 긍정적 에티켓 행동을 취할 수 있다.

개요

인간은 혼자서 살아갈 수 없는 존재이다. 고대 그리스의 철학자인 아리스토텔레스의 '인간은 사회적 동물이다'라는 말에서도 알 수 있듯이 인간은 타인과의 관계형성이 필수적 요소임을 알 수 있다. 즉, 타인과의 관계형성에 있어 의사소통은 필수불가결한 요인임이 분명하다. 따라서 본 장에서는 효율적인 의사소통을 위한 내용을 중심으로 살펴보고자 한다.

1. 의사소통의 개념

1) 의사소통의 정의

의사소통(communication)이란 의사소통에 참여하는 사람들 간의 욕구, 생각, 의견, 감정 및 정보 등을 서로 주고받는 과정으로 정의된다. 즉, 개인적 관계와 직업적 관계를 포함하는 모든 인간관계는 의사소통을 통해 이루어지며, 의사소통이 없는 경우 대인적 상호작용과 아울러 모든 인간관계가 존재하지 않는 것과 같다. 따라서 효율적 의사소통은 인간관계를 긍정적으로 발전 · 유지시키고, 비효과적이거나 잘못된 의사소통은 대부분의 인간관계를 악화시키게 된다. 이런 점에서 사람들 사이에서 일어나는 사랑과 미움, 그리고 심지어 전쟁과 평화까지도 의사소통에 직결되어 있다고 볼 수 있다(홍대식, 2011).

이처럼 인간관계에 중요한 의사소통이 성공적으로 이루어지기 위해서는 다양한 수단을 사용하여 의사소통을 하게 된다. 즉, 의사소통을 할 때 말, 언어, 몸짓, 억양, 표정 등과 같이 흔히 말(speech)과 언어(language)를 통한 의사소통을 언어적 의사소통이라고 하며, 몸짓, 억양, 표정은 비언어적 의사소통이라고 한다. 언어적 의사소통의 수단인 말과 언어를 살펴보면, 먼저 말이란 신경근육들의 움직임으로 소리가 나는 것이다. 말을 할 때에는 말 산출에 관여하는 생리기관들(호흡, 발성, 공명, 조음)의 협응(coordination)이 필요하며, 유창성(fluency), 조음(articulation), 음성(voice) 변인들이 조화롭게 기능해야 한다. 이에 비해 비언어적 의사소통은 전달되는 언어내용, 즉 언어적 의사소통에 부수되거나 동반되는 비언어적 의사소통을 의미한다. 또한 비언어적 의사소통은 주로 청각적 단서들과 시각적 단서들로 구성되는데, 청각적 단서들은 언어에 부수되는 음성의 질이나 차이를 나타내며, 시각적 단서들은 일반적으로 몸짓이나 신체언어를 포함하게 된다.

2) 의사소통과정의 모형

대인관계에서 발생하는 의사소통과정을 이해하기 위해, 두 사람 간의 의사소통을 고려하여 살펴보면, 효과적 의사소통이 일어나기 위해서는 6개의 요소가 작용한다. 즉, 송신자, 수신자, 메시지, 채널, 환경 및 방해물이다. 다시 말해 두 사람 간의 의사소통은 메시지의 송신과 수신으로 이루어지는데, 두 사람 사이의 메시지의 송신과 수신의 과정은 그림 5-1로 나타낼 수 있다.

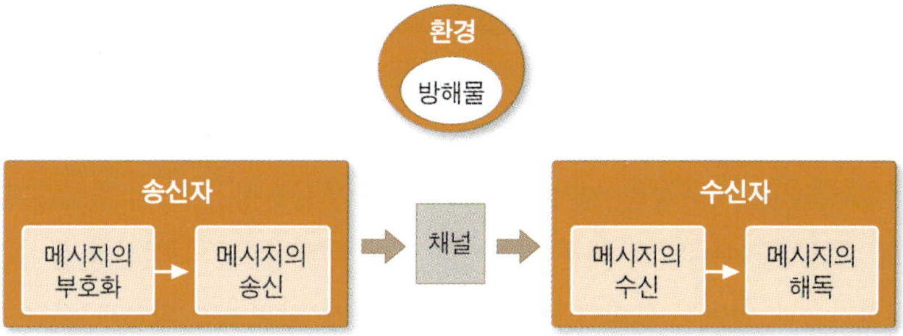

출처: 홍대식(2011), 성공적 인간관계, 박영사, p.39.

[그림 5-1] 의사소통과정의 모형

송신자(sender 또는 source)는 타인에게 메시지를 보내고자 하는 사람을 의미하며, 메시지는 전달하게 될 의도, 목적 또는 생각이다. 메시지의 명료성, 수신자의 주의상태, 메시지의 복잡성과 길이 및 메시지와 조직화방식이 메시지의 수신에 영향을 주게 된다. 그리고 메시지는 채널(또는 매체: channel 또는 medium)을 통해 전달된다. 메시지는 인쇄된 채널(예: 프린트, 필기, 전자메일)이나, 송신자가 행하는 말, 또는 이 둘의 어떤 종합을 통해 전달될 수 있다. 말을 통한 메시지는 전해지는 메시지의 언어적 내용(또는 언어적 채널)과 몸짓이나 음성의 질과 같은 비언어적 신호들의 형태로 전달되게 된다. 수신자는 메시지를 받고 이해하는 사람이다. 환경은 메시지의 전달과 수신에 영향을 주는 외부요인들이다. 사람들의 태도들이나 분위기와 같은 조직문화, 사람들 사이의 신뢰나 존경과 같은 것들이 여기에 속한다. 방해물(또는 소음: noise)은 의사소통을 방해하는 요인들을 의미하며 방해물들은 환경요인들로 구성된다(홍대식, 2011).

따라서 효율적인 의사소통을 위해서는 송신자와 수신자, 채널 및 환경이 모두 적절하게 상호작용을 할 때 이루어지게 된다.

2. 효율적인 의사소통기술

의사소통이란 자신의 감정이나 생각, 정보 등을 다른 사람과 주고받는 기술을 말하며, 원활한 의사소통을 위해서는 언어적 대화기술과 비언어적 대화기술이 필요하다고 주장한다. 비언어적 의사소통이란 말과 언어가 아닌 방법으로 이루어지는 의사소통이다. 비언어적 의사소통에는 시선접촉, 자세, 거리, 제스처, 얼굴표정, 태도의 자신감 등이 있으며, 언어적 대화기술에는 말의 내용, 말의 양, 말의 이해성, 말의 적절성 등이 있다. 비언어적 대화기술과 언어적 대화기술에 대해 자세하게 살펴보면 다음과 같다.

1) 비언어적 대화기술

우리는 일상생활에서 말(words)에 의한 언어적 의사소통보다는 비언어적 의사소통을 더 많이 사용함에도 불구하고 그 중요성에 대해서 크게 생각하지 않는 경향이 있다. 미국 UCLA 대학의 사회심리학자인 알버트 메라비안(Albert Mehrabian) 교수는 메시지 전달에 있어 얼굴표정(시각)이 55%, 목소리(청각)가 38%, 언어적 영향은 7%를 차지한다는 '메라비언의 법칙(The Law of Mehrabian)'을 발표하면서 비언어적인 의사소통을 강조하였다. 다시 말해 의사소통에서 말이 차지하는 비율은 불과 7%밖에 되지 않으며 그 외 93%가 비언어적 의사소통으로 이루어진다는 것이다(보건복지부, 2010). 이 결과는 의사소통에서 비언어적 의사소통이 상당히 중요하다는 것을 말해 준다.

비언어적 대화기술은 의사소통을 할 때 말과 더불어 나타나는 행동들을 의미하며, 여기에는 시선접촉, 얼굴표정, 자세, 제스처, 목소리 크기, 거리, 태도, 자신감 등이 포함된다. 효과적인 의사소통을 위해서는 비언어적 대화기술이 중요하다. 기본적인 비언어적 의사소통기술의 단계를 살펴보면 표 5-1과 같다.

[표 5-1] 비언어적 의사소통기술의 단계

1. 말하는 사람의 눈언저리를 바라본다. 2. 얼굴표정을 상황에 맞게 한다. 3. 목소리를 상황에 맞게 한다. 4. 자연스럽고 자신감 있는 태도를 보인다.

(1) 시선접촉

상대방과 대화를 나눌 때 상대방의 눈언저리를 보거나 가끔 눈을 마주치면서 대화를 하는 것이 좋다. 상대방과의 눈마주침은 상대방에 대한 주의, 관심, 존중 등을 나타내기도 하고, 상대방에 대한 미움, 혐오, 위협 등을 나타내기도 한다. 눈마주침의 긍정적 및 부정적 의미들은 상황이나 맥락에 의해 주로 좌우된다. 긍정적 맥락이나 상황에서 시선접촉은 사랑하는 이를 바라볼 때처럼 호감, 애정 및 기쁨을 의미하고, 반대로 미워하는 사람이나 경쟁 상대를 바라볼 때에 눈마주침은 미움, 적개심 및 공격성을 의미한다.

(2) 얼굴표정

상황에 맞는 적절한 표정을 짓는 것이 중요하며, 감정상태에 따라 미소를 짓거나, 찡그리거나 심각한 표정을 짓는 것이 좋다. 의사소통 중에 나타나는 다양한 정서들은 얼굴표정을 통해 나타나게 된다. 즉, 기쁨, 슬픔, 당황, 분노 등의 정서들이 특징적 얼굴표정 근육들의 패턴으로 나타나며, 이러한 패턴들은 배우들과 같이 의식적인 연습에 의해 달라질 수 있다.

(3) 자세

상대방을 향해 편안하고 바른 자세를 유지하고 상대방과 적절한 거리를 유지하는 것이 좋다. 상대방과의 적절한 거리는 타인에 대한 개인의 태도와 정서를 전달하는 기능이 있다. 가까이 다가서는 것은 상황에 따라 호감이나 애정, 지배나 침입 또는 의존성을 의미할 수 있다. 거리를 크게 유지하는 것은 싫어함, 불편 및 흥미 없음을 의미할 수 있다. 따라서 적절한 자세와 거리를 조정하는 것이 원만한 인간관계를 유지하는 데 도움이 된다.

(4) 제스처

제스처는 의사소통에서 일어나는 손과 발의 운동들이다. 이것은 말과 언어에 부수적인 것으로 이것들은 의미를 전달하는 데 도움을 준다. 따라서 상황에 맞게 고개를 끄덕이거나 적절한 손동작을 사용하는 것이 좋다. 웅변가들이나 대중연설가들은 자신의 언어적 메시지를 효과적으로 전달하기 위해 일부러 다양한 제스처를 연습해서 사용한다.

(5) 목소리

목소리에는 크기, 속도 및 발음이 중요하다. 목소리의 크기는 전달되는 의미를 변화시킬 수 있다. 즉, 큰 목소리는 진술에 대한 확신감을 전달할 수 있으며, 낮고 부드러운 목소리는 상대방에 대한 호감과 말하는 이의 친절성이나 상냥함에 관한 정보를 전달할 수 있다. 말하기 속도는 듣는 사람의 이해를 돕고 더불어 흥미에 영향을 줄 수 있다. 빨리 말하는 것은 주제에 대한 높은 이해 수준이 있다는 것으로 인식시키게 되며, 상대방을 압도하는 반면에 듣는 사람의 이해 수준을 낮추거나 오해를 일으킬 수 있다. 반면 느리게 말하는 것은 상대방을 지루하게끔 만들거나 좌절감을 느끼게 할 수 있다. 발음의 명료성은 의사소통에 중요하다. 발음이 명확하지 않거나 중얼거리는 식의 말소리는 듣고 이해하기가 곤란하다. "방금 무슨 말씀을 하셨어요?"라는 질문이 대화에서 가끔 제기되는데, 이것은 발음이 명확하지 못하기 때문에 발생하게 된다.

2) 언어적 대화기술

언어적 대화기술은 말과 언어를 통해 이루어진다. 말과 언어를 통한 의사소통은 '말연쇄(speech chain)' 과정이 반복적으로 순환되면서 이루어지게 되는데 그 과정을 살펴보면 다음과 같다(그림 5-2).

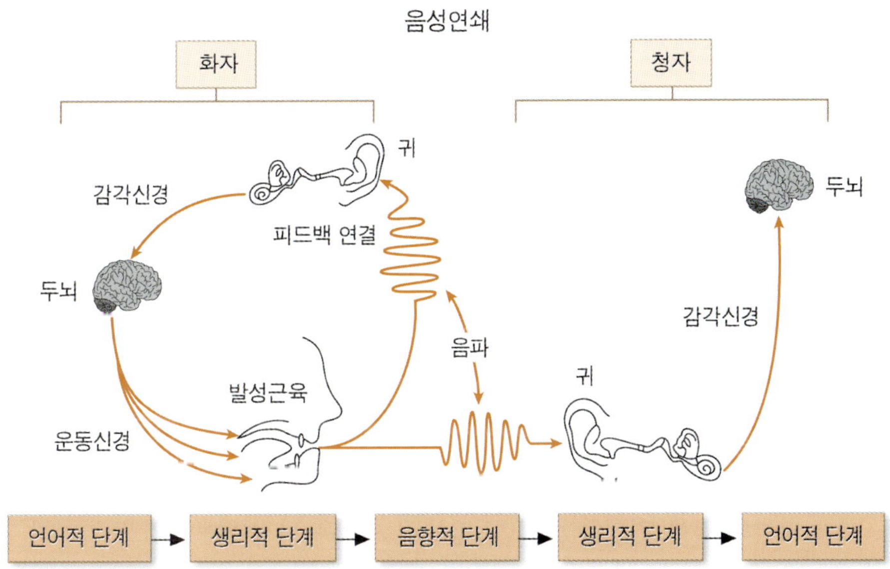

출처: 심현섭 외(2010), 의사소통장애의 이해(2판), 학지사, p.96.

[그림 5-2] 말연쇄(speech chain)과정

그림 5-2에서 보는 것과 같이 화자(speaker)가 /강아지/라는 말소리를 산출하려면, 언어적 단계에서는 먼저 머릿속에서 강아지라는 언어를 떠올린 다음, 호흡, 발성, 공명, 조음기관들이 함께 움직여서 /강아지/라는 소리를 내도록 뇌에서 명령을 내리게 된다. 이러한 뇌의 명령에 의한 생리적 단계에서는 실제적으로 호흡, 발성, 공명기관들이 협응하여 /강아지/라는 소리를 내게 된다. 음향적 단계에서는 /강아지/에 해당되는 음파가 화자와 청자(listener)의 귀에 도달하게 된다. 청자는 생리적 단계에서 /강아지/에 해당하는 소리를 청자의 귀(외이-중이-내이)에서 청각중추로 전달한 다음, 언어적 단계에서 /강

아지/소리와 연관된 언어지식을 떠올려 /강아지/를 강아지라는 언어로 이해하게 된다. 이러한 말연쇄의 연결고리가 끊어진다면, 의사소통에 문제가 생길 수 있다. 즉, 언어적 단계에서 고리가 끊어진다면, 언어장애와 관련될 것이며, 화자의 생리적 단계에서 고리가 끊어진다면, 말장애와 관련될 것이다.

언어적 대화기술에서 대표적인 기술은 경청하기, 물어보기, 거절하기, 도움구하기, 화난 감정 표현하기 및 칭찬과 고마움 표현하기 등이다. 각각에 대해 자세하게 살펴보면 다음과 같다.

(1) 경청하기

상대방의 이야기를 경청하는 것은 모든 대화에서 가장 중요한 태도이다. 왜냐하면 상대방의 이야기를 듣고 그 의도와 의미를 파악하여 적절하게 반응하기 위해서는 경청을 잘 해야 하기 때문이다. 그리고 상대방의 이야기를 진심으로 이해하려고 노력하는 태도를 가지고 있어야 한다. 상대방의 이야기를 잘 들었을 때의 이점으로는 첫째, 상대방 이야기의 의도와 의미를 파악하여 적절하게 반응할 수 있으며, 둘째, 상대방의 말을 경청하는 것은 상대방의 이야기에 흥미와 관심을 가지고 있다는 것을 보여준다는 것이다. 셋째, 다른 사람의 말을 경청하게 되면, 말하는 사람은 당신에게 호감을 가지게 된다. 경청하기의 구체적인 기술은 표 5-2와 같다.

[표 5-2] 경청하기 기술의 단계

1. 상대방을 쳐다본다.
2. 상대방이 말하는 내용에 주목한다.
3. 대화 도중 상대방과 시선접촉을 적절하게 유지한다.
4. 머리를 끄덕인다.
5. '음음'하거나 혹은 '그래요'라고 말한다.
6. 다른 사람이 말하는 내용을 반복한다. 즉 '~라고 느끼시는군요' 또는 '~라고 생각하시는군요'라고 말한다.
7. 잘 모르는 부분에 대해 질문하거나 다시 한 번 설명해 달라고 말한다.

■ 상황 : 아들이 센터에서 칭찬을 받았다고 엄마에게 자랑을 하고 있지만 엄마는 잘 듣지 않고 TV만 시청하고 있다.

■ 아들의 기분과 입장 : 엄마에게 자랑을 하고 싶지만 엄마가 자기의 이야기를 잘 듣지 않고 있어 속상하다.

■ 엄마의 기분과 입장 : 자신이 관심있는 TV를 시청하고 있는데 아들이 계속 이야기하여 귀찮다.

활동하기

2명씩 짝을 맞추고 번갈아 가면서, 먼저 한 사람이 이야기를 하는데 잘 듣지 않는 행동을 보이고, 다음으로 상대방이 이야기를 할 때 주의를 기울여 경청을 해 보도록 한다. 그런 다음 경청을 하지 않을 때 말하는 사람의 기분과 경청을 잘 했을 때의 기분을 파악하고 경청을 잘하기 위해 경청의 단계에서 어떤 요인들을 사용하는 것이 효과적인지를 이야기하도록 한다.

(2) 물어보기

물어보기는 상대방의 이야기를 들으면서 잘 이해되지 않는 부분에 대해서 묻거나, 필요한 정보를 구할 때 사용할 수 있는 방법으로 대화에서 빈번하게 사용된다. 질문을 어떻게 하느냐가 대화의 성패를 좌우할 수도 있다. 물어보기 기술의 사용의 이점으로는 첫째, 적절한 질문은 상대방의 이야기를 열심히 듣고 있다는 것과 관심을 가지고 있다는 표현이므로 상대방과 더 오랫동안 대화를 나눌 수 있다. 둘째, 오해가 생기지 않는다(질문을 하지 않고 혼자 생각하다 보면 잘못 이해하여 오해가 생길 수 있다). 셋째, 필요한 정보를 얻을 수 있다는 점이다. 물어보기 기술의 구체적인 단계는 표 5-3과 같다.

[표 5-3] 물어보기 기술의 구체적인 단계

1. 상대방이 나의 질문에 대답해 줄 수 있는 상황인지를 확인한다.
2. 상대방의 이야기를 귀기울여 듣는다.
3. 질문을 할 때 직접질문보다는 간접질문을 사용한다.
4. 상대방이 질문에 대답을 해주면 고맙다는 인사를 한다.

■ 상황 : 식당에서 자신들이 주문한 음식과 다른 음식이 나와서 당황스러워 하고 있다.
■ 손님들의 기분과 입장 : 자신들이 주문한 음식과 다른 음식이 나와 당황스러워 어떻게 해야 할지 모르고 있다.

활동하기

2명씩 짝을 맞추어 위에 제시된 상황에 맞게 물어보기에 대한 역할연기를 실시한다. 역할연기를 실시한 다음, 물어보기 단계에 맞게 질문을 했는지에 대해 이야기하도록 한다.

1. 상황 : 옷을 구입하고 다음날 환불을 해 달라고 요청하고 있지만 환불이 되지 않는다고 해서 당황스러워 하고 있다.
2. 손님의 기분과 입장 : 어제 옷을 구매했지만 맘에 들지 않아 환불을 요구했지만 환불이 되지 않는다고 하자 당황스럽고, 왜 환불이 되지 않는지에 대해 궁금하다.

활동하기

2명씩 짝을 맞추어 위에 제시된 상황에 맞게 물어보기에 대한 역할연기를 실시한다. 역할연기를 실시한 다음, 물어보기 단계에 맞게 질문을 했는지에 대해 이야기하도록 한다.

(3) 거절하기

거절하기는 상대방의 요청이 부당하거나 자신의 의도와 다를 때 거부 의사를 밝히는 것이다. 거절을 해야 할 상황은 상대방의 요청으로 자신의 원칙이 거부되거나 자존심이 위태롭게 될 때, 상대방의 요청이 자신의 의도와 다르거나 마음이 내키지 않을 때, 상대방이 무리하거나 부당한 요구를 할 때 등이다. 많은 사람들은 다른 사람의 요구를 거절하는 것을 상당히 어려워한다. 상대방의 요구를 거절하기가 어려워 억지로 받아들이면 나중에 더 후회하게 되고 상황이 곤란해지므로, 당장 힘이 들더라도 자신의 의사를 솔직하게 표현하여 거절하는 것이 중요하다. 거절하기를 사용했을 때 얻을 수 있는 이점으로는 첫째, 자신의 의사를 분명히 전달함으로써 중대한 원칙이나 자존심을 지킬 수 있다. 둘째, 나중에 더 후회하게 되고, 상황이 복잡해지는 것을 막을 수 있다는 것이다. 거절하기 기술의 구체적인 단계는 표 5-4와 같다.

[표 5-4] 거절하기 기술의 구체적인 단계

1. 상대방의 말을 경청하면서 상대방이 요구한 것을 해줄 수 없다는 의사를 밝힌다.
   '미안하지만, 나는 당신의 ~를 해줄 수가 없어'
2. 필요한 경우에는 거절하는 이유를 설명한다.
3. 그래도 상대방이 수용하지 않으면
   ① 좀 더 강력하게 거절하며 '안 돼, 더 이상 계속 하지마'라고 말한다.
   ② 대안을 제시할 수 있다.
   ③ 대처방법이 생각날 때까지 결정을 보류한다.

1. 상황 : 저녁식사에서 엄마는 딸에게 건강에 좋은 반찬을 권하지만 딸이 거부하면서 말다툼이 시작되고 있다.
2. 엄마의 기분과 입장 : 엄마는 딸이 편식을 하지 않고 골고루 음식을 섭취하여 건강해졌으면 하는 바람에서 딸에게 반찬을 권하지만 딸이 거부하자 화가난다.
3. 딸의 기분과 입장 : 자신이 싫어하는 음식을 엄마가 자꾸 권하자 엄마에게 화를 낸다.

활동하기

2명씩 짝을 맞추어 위에 제시된 상황에 맞게 거절하기에 대한 역할연기를 실시한다. 역할연기를 실시한 다음, 거절하기 단계에 맞게 행동했는지에 대해 이야기하도록 한다.

1. 상황 : 여자가 집에 일이 있어 가려고 하니 남자친구는 시내에서 놀고 가자고 이야기하고 있다.
2. 여자의 기분과 입장 : 집에 일이 있어 집에 가려고 하는데 남자친구가 놀고 천천히 집에 가자고 해서 난처하다.
3. 남자의 기분과 입장 : 여자친구와 좀 더 놀고 싶은데 친구가 집에 간다고 하니 화가 난다.

활동하기

2명씩 짝을 맞추어 위에 제시된 상황에 맞게 거절하기에 대한 역할연기를 실시한다. 역할연기를 실시한 다음, 거절하기 단계에 맞게 행동했는지에 대해 이야기하도록 한다.

(4) 도움 구하기

자신의 힘으로 하기 어려운 일이 있을 때 다른 사람에게 도움을 구하는 것, 같이 하고 싶은 일이 있을 때 제안하는 것, 원하는 것을 요구하는 것 등이 도움 구하기이다. 도움 요청을 해야 할 때 거절당할까봐 두려워서 요청하지 못하면 손해를 보게 된다.

다른 사람에게 도움을 구할 때는 상대방을 바라보면서 얼굴표정을 부드럽게 하고, 목소리를 명확하게 하여 자신감 있는 태도를 보여야 한다. 도움을 구해야 할 경우 "만약 당신이 ~를 해준다면, 정말 고맙겠다"와 같은 구절을 사용하는 것이 도움이 된다. 도움을 구할 때도 비언어적 요소가 중요하다. 도움 구하기를 사용했을 때 얻을 수 있는 이점으로는 첫째, 자신의 힘으로 할 수 없거나 하기 어려운 일을 해야 할 때 도움을 받을 수 있다. 둘째, 같이 하고 싶은 일이 있을 때 제안을 함으로써 함께 일할 수 있다. 셋째, 원하는 것을 요구하여 얻을 수 있다는 것이다. 도움 구하기 기술의 구체적인 단계는 표 5-5와 같다.

[표 5-5] 도움 구하기 기술의 단계

1. 상대방이 나의 도움을 들어줄 수 있는 상황인지를 확인한다.
2. 도움이 필요함을 강조하여, 상대방으로 하여금 도움이 필요하다는 것을 깨닫게 한다.
3. 도움은 간단하고 구체적으로 요청한다(시간, 사람, 장소, 원하는 것 등을 분명하게 말한다).
4. 도움 구하기에 알맞은 기본적인 의사소통 행동을 적절하게 사용한다.

1. 상황 : 버스에서 짐을 들고 불편해서 앉아 있는 사람에게 자리를 부탁하려고 한다.
2. 여자의 기분과 입장 : 무거운 짐이 있어 앉아 있는 젊은 사람에게 부탁을 하려고 하지만 남자의 냉담한 표현에 어떻게 해야 할지 당황하고 있다.
3. 남자의 기분과 입장 : 버스에서 자리에 앉아 있는데 짐을 든 여성이 자기에게 자리를 양보해 달라고 하는 것 같아 무시한다.

활동하기

2명씩 짝을 맞추어 위에 제시된 상황에 맞게 도움 구하기에 대한 역할연기를 실시한다. 역할연기를 실시한 다음, 도움 구하기 단계에 맞게 행동했는지에 대해 이야기하도록 한다.

(5) 화난 감정 표현하기

대부분의 사람들이 표현하는 데 어려움을 겪는 감정 중의 하나는 화난 감정 표현이다. 화난 감정을 표현하지 못하게 되면, 당장은 그 상황을 피할 수 있지만 속으로 불만이 쌓이게 되어 더 나쁜 결과를 가져올 수도 있다. 또한 화난 감정을 표현할 때도 적절한 방법을 사용하지 못하면, 상대방에게 상처를 주거나 상대방으로 하여금 화를 내도록 만들 수도 있어 문제를 더 악화시킬 수 있다.

기분이 나쁘거나 화가 날 경우에 화난 감정을 상대방에게 표현하기는 어렵다. 그러나 화난 감정을 표현하는 것이 대인관계에 부정적인 것만은 아니다. 오히려 화난 감정을 적절하게 표현하는 것이 말다툼이나 더 나쁜 감정이 일어나는 것을 예방해주기도 한다. 화난 감정을 표현할 때도 상대방에게 시선을 맞추고 단호한 태도로 말해야 한다. 더불어 목소리, 얼굴표정과 같은 것도 상황에 맞게 적절하게 나타내야 한다. 화난 감정을 표현했을 때 얻을 수 있는 이점으로는 첫째, 상대방에 대한 불만이 해소되므로 마음이 편안해진다. 둘째, 상대방에게 상처를 주거나 화를 내지 않도록 하면서 문제를 해결할 수 있다는 것이다. 그러나 화난 감정을 표현하지 못하고 참게 되면 첫째, 분노가 쌓여, 부적절한 상황과 부적절한 때에 부적절한 방식으로 화난 감정이 표현되기 쉽다. 둘째, 당장은 그 상황을 피할 수도 있지만, 속으로 불만이 쌓이게 되어 상대방과의 관계가 더 불편해질 수 있다. 화난 감정 표현하기 기술의 구체적인 단계는 표 5-6과 같다.

[표 5-6] 화난 감정 표현하기 기술의 단계

1. 상대방이 받아들일 준비가 되어 있는 상태인가를 확인한다.
2. 상대방을 보면서 침착하고 단호하게 말한다.
3. 상대방의 말과 태도, 행동이 나에게 어떤 영향을 주었는지에 대해 구체적으로 말한다.
4. 화가 많이 나서 흥분되어 있을 때는 조금 침착해진 후에 표현한다.
5. 앞으로는 이런 일이 일어나지 않도록 서로 조심하자고 말한다.

1. 상황 : 영화표를 구입하기 위해 줄을 서고 있는데 다른 사람이 새치기를 하고 있다.
2. 남녀의 기분과 입장 : 친구와 영화를 보기 위해 줄을 서서 영화표를 구입하려고 하는데 친구와 이야기를 나누고 있는 사이 누군가 새치기를 해서 화가 난다.

활동하기

2명씩 짝을 맞추어 위에 제시된 상황에 맞게 화난 감정 표현하기에 대한 역할연기를 실시한다. 역할연기를 실시한 다음, 화난 감정 표현하기 단계에 맞게 행동했는지에 대해 이야기하도록 한다.

(6) 칭찬과 고마움 표현하기

원만한 의사소통을 하기 위해서는 대화를 하면서 상대방의 장점이나 좋은 점을 칭찬하고 감사하는 것과 같은 긍정적인 감정도 표현할 줄 알아야 한다. 상대방을 칭찬하고 감사를 표하는 것과 같은 긍정적인 감정은 서로의 기분을 좋게 할 뿐만 아니라 서로에게 큰 힘이 되고 용기를 주기도 한다. 칭찬은 상대방의 옷이라든가, 장신구, 외모뿐 아니라 상대방의 취미나 행동 등에 대한 것도 포함되며, 무엇보다 칭찬과 감사는 사실에 근거해서 해야 한다. 칭찬과 감사를 표현할 때는 상대를 바라보면서, 밝은 얼굴표정과 목소리, 자연스러운 태도 등의 비언어적 행동을 사용하는 것이 필요하다. 긍정적 감정 표현의 이득으로는 첫째, 대화를 나누는 사람들의 기분을 좋게 한다. 둘째, 서로에게 큰 힘이 되고 용기를 줄 수 있다는 것이다.

다른 사람들로부터 인정받고 칭찬받고 싶어하는 것은 모든 사람들의 바람이다. 그러나 사람들은 다른 사람을 칭찬하는 것에 익숙하지 않아서 하지 못하거나, 칭찬하는 것에 인색하기도 하다. 또한 남의 칭찬을 받아들이는 것에도 익숙하지 않아서 적절한 반응을 하지 못한다. 칭찬하고 고마움을 표현하는 경우에는 사실에 근거해서 구체적으로 해야 한다. 이때 비언어적 요소를 함께 고려해야 한다. 칭찬하기 기술의 단계와 고마움 표현하기 기술의 단계는 표 5-7, 표 5-8과 같다.

[표 5-7] 칭찬하기 기술의 단계

1. 상대방을 바라본다.
2. 칭찬을 할 때 알맞은 비언어적 요소들을 적절하게 사용한다.
3. 상대방의 어떤 점(옷, 취미, 특별한 행동)이 마음에 들었는지에 대해 구체적이고 간결하게 말한다.

[표 5-8] 고마움 표현하기 기술의 단계

1. 상대방을 바라본다.
2. 감사를 구체적으로 표현한다(상대를 바라보며 미소를 짓고 다정한 목소리로 말한다).
3. 감사를 표현할 때 알맞은 비언어적 요소들을 적절하게 사용한다.

1. 상황 : 식당에서 식사를 하고 난 후 남자가 계산을 하려고 하니 같이 식사한 여자가 먼저 계산을 했다고 점원이 이야기한다.
2. 남자의 기분과 입장 : 자신이 계산을 하려고 하였는데 같이 식사한 사람이 먼저 계산을 했다고 해서 좀 당황스럽다.

활동하기

2명씩 짝을 맞추어 위에 제시된 상황에 맞게 고마움 표현하기에 대한 역할연기를 실시한다. 역할연기를 실시한 다음, 고마움 표현하기 단계에 맞게 행동했는지에 대해 이야기하도록 한다.

1. 상황 : 새로 산 옷을 자랑하고 있는데 남자가 어울리지 않는다고 이야기를 하고 있다.
2. 여자의 기분과 입장 : 새로 산 옷을 입고 어떤지에 대해 묻고 있는데 남자가 색깔이 잘 맞지 않는다고 해서 기분이 나쁘다.

활동하기

2명씩 짝을 맞추어 위에 제시된 상황에 맞게 칭찬하기에 대한 역할연기를 실시한다. 역할연기를 실시한 다음, 칭찬하기 단계에 맞게 행동했는지에 대해 이야기하도록 한다.

3. 직장 구성원 간의 기본예절

1) 직장예절의 개념

직장은 사람들이 일정한 직업을 가지고 일하는 곳, 즉 일터로서 생계유지를 위한 터전인 동시에 개인의 발전을 위한 자아실현의 장이 된다. 직장에서는 다양한 경력과 배경을 가진 사람들이 모여 서로 협력하며 직장 고유의 목적을 달성하기 위하여 일하기 때문에 규칙과 질서가 중시되고 또한 직장 고유의 문화가 존중되어야 한다. 직장 구성원은 공동의 목적을 효과적으로 달성하기 위하여 의식적으로 규칙과 질서를 따르기 위해 노력해야 한다.

예절이란 일정한 생활 문화권에서 오랜 관습을 통해 형성된 하나의 공통된 생활규범이라 할 수 있고, 이를 실천하기 위해서는 우선적으로 자기를 관리하는 수신(修身)예절을 기본으로 해야 하는 것이며 아름다운 마음을 표현하는 행동의 시작이라 할 것이다. 사람이 서로 사랑하고 공경하는 따뜻한 인간관계가 예절을 통해서 이루어지며, 나아가서 밝고 건전한 사회생활의 기본이 되고 아울러 예절은 때와 장소, 대상 및 시대와 문화 영역에 따라 다르게 표현될 수 있으므로 그 형식을 잘 알고 지켜야 하고 더 나아가 중요한 것은 예절을 아는 것보다 실천하는 것이다(교육부, 1994; 류영숙, 2010에서 재인용).

직장예절이란 일반적으로 직장 구성원이 따라야 할 절차와 질서를 의미하며, 특정 직장에서의 예절은 절차와 질서를 따르는 것 외에 고유한 직장문화를 존중하는 것도 포함될 수 있다. 직장예절을 따름으로써 구성원 개인의 안녕을 꾀할 수 있고, 직장의 목적 달성에 이바지할 수 있다.

2) 직장예절의 내용

직장예절에는 근무예절, 인사예절, 언어예절, 전화예절, 복장예절, 행동예절 등이 포함된다. 각 직장예절은 서로 독립적인 것이 아니고 밀접하게 연결되어 일정 부분 겹치는 관계에 있다.

(1) 근무예절

근무예절은 출·퇴근하기와 업무처리의 예절을 말한다. 직장의 업무는 수십·수백 개의 톱니가 맞물려 돌아가듯 유기적으로 돌아간다. 직장 구성원은 톱니바퀴의 톱니라 할 수 있고 직급이 올라갈수록 여러 개의 톱니 또는 톱니바퀴가 되는 발전과정을 거친다. 톱니가 빠지면 바퀴가 제대로 돌아가지 않기 때문에 직장의 구성원은 정해진 시간에 맞춰 제자리에 있어야 하고 맡은 업무를 제대로 처리하는 것이 무엇보다 중요하다. 출·퇴근 시간을 엄수해야 하고 부득이하게 지각이 예상되는 때에는 미리 알려 직장의 업무에 지장을 주지 말아야 한다.

업무처리의 경우에는 맡은 소임에 최선을 다해 처리해야 한다. 스스로 맡은 일을 다 하지 못하면 직장의 목표 달성에 지장을 초래하고 그 다하지 못한 일은 직장 내의 다른 누군가에게 필연적으로 부담이 된다. 이런 이유로 근무예절은 직장예절에서 가장 중요한 부분을 차지한다. 또한 업무를 처리함에 있어 원칙과 기준에 따라야 하고 공과 사를 잘 구분하여 직장과 업무관련자에게 해를 끼치지 말아야 한다.

(2) 인사예절

인사는 예절의 기본으로 관계형성의 핵심이다. 인사는 받는 사람만의 기쁨이 아니라 하는 사람도 기분 좋은 행동이다. 일상생활 속에서 때때로 격식을 갖춰 인사를 하지 못할 때에는 상황에 알맞은 인사를 하는 것도 좋은 방법이다. 인사는 밝은 표정으로 하고, 바쁜 상황에서는 가벼운 인사를 하며, 여러 번 마주칠 때는 가벼운 목례를 하고, 멀리서도 인사해야 한다. 처음 직장생활을 하는 신입사원이라면 인사하는 습관 하나만으로도 자신의 직무능력을 평가받을 수 있음을 잊어서는 안 된다(장경옥, 2003; 류영숙, 2010에서 재인용).

(3) 언어예절

직장 내에서의 의사소통은 주로 언어로 이루어진다. 따라서 정확하고 신속한 의사전달을 위해서는 바른 언어와 내용으로 소통하는 것이 중요하다. 대화를 할 때에는 상대방에게 적절한 존칭을 사용하고 예의 바른 태도를 유지해야 한다. 직장 내의 활발한 의사소통은 직장 분위기를 긍정적으로 만들고 직장의 목표 달성에 기여하게 된다.

(4) 전화예절

전화는 서로를 볼 수 없는 상태에서 대화하게 되므로 주의가 필요하다. 마주보는 상황이라면 문제되지 않을 상황이라도 전화를 통한 대화에서는 쉽게 오해를 유발할 수 있다. 따라서 전화로 대화할 때는 공손하게 말하고 정확히 의사를 전달하는 것이 중요하다.

전화를 걸거나 받을 때는 소속과 이름을 말하고, 상대방을 확인한 후에 예의바르게 인사하며, 메모 등을 통하여 상대방의 용건을 정확히 숙지하고, 대화가 끝난 후에 조용히 수화기를 내려놓는다.

(5) 복장예절

직장인은 지위고하를 막론하고 대외적으로 직장을 대표한다. 그 비중은 다를지라도 직장의 이미지를 대외에 보여주게 되므로 의복에 신경 써야 한다. 정해진 복장이 있다면 그에 따라야 하겠지만 그렇지 않더라도 단정한 차림으로 업무에 임하고 고객을 맞는 것은 기본적인 직장예절이라 할 수 있다.

4. 직장 내 긍정적 인간관계를 위한 에티켓

1) 직장 내 인간관계의 중요성

직장 내 인간관계는 업무능력 만큼이나 직장생활의 성패를 결정하는 중요한 요소이다. 직장 내에는 단순히 상사와 동료 및 부하가 있는 것이지만, 각자는 서로 다른 환경과 배경을 가지고 있고, 지위와 나이가 분리되어 있으며, 업무와 관련하여 서로 경쟁관계에 놓이는 경우도 많기 때문에 앞에서 살펴본 직장예절에 더욱 주의하여 서로를 대해야 한다.

직장의 업무란 혼자서 모두 처리할 수 있는 것이 아니다. 통상적으로 자신이 맡아 처리하는 부분이 있지만 다른 직원들이 이어서 하거나 협의하여 진행되는 경우가 대부분이다. 이렇게 직장의 관계는 업무적으로 긴밀히 유대관계를 맺고 있기에 개성과 인격이 제각각일지라도 그러한 개성, 인격, 성품을 원만히 조화시켜 나가지 않으면 안 된다. 무엇보다도 자신이 회사의 동료나 부하가 맘에 들지 않는다고 마음대로 바꿀 수 없으므로 자신과 관련된 부서의 모든 사람들과 좋은 관계를 유지해 나가야 한다. 그렇지 못하면 대인관계의 어려움으로 자신이 직장을 그만둘 수도 있다. 직장에서 유능한 사람이란 꼭 일처리를 잘하고 성과를 내는 사람만을 뜻하는 것은 아니다. 능력이 우대되는 사회이기는 하나 그 사람이 다른 직원들과 원만한 관계를 맺지 못하고 충돌과 불화를 일으킨다면 결과적으로는 회사에 손해를 끼치고 자기 자신도 도태되게 된다(류영숙, 2010). 직장 내 인간관계에 따라 직장은 즐거운 일터가 될 수도 있고 반대로 서로 대립하거나 미워하는 갈등과 반목의 장이 될 수도 있다.

2) 에티켓의 개념

에티켓은 사전적으로 사교상의 마음가짐이나 몸가짐을 뜻하는데 우리말의 예의, 예절과 비슷한 의미를 갖는다. 예절이라는 단어는 사람이 반드시 지켜야 할 규범이라는 뜻의 '예'와 예의를 행동으로 옮기는 행위라는 뜻의 '절'이 합쳐진 단어이다. 서양에서는 예절을 에티켓과 매너로 표현한다. 에티켓은 사람과 사람 사이에 마땅히 지켜야 할 규범으로서의 형식적 측면이 강하고, 매너는 그 형식을 나타내는 방식으로 방법적 성격이 강하다. 그래서 에티켓은 "있다, 없다"로 표현하고 매너는 "좋다, 나쁘다"로 표현한다. 예를 들어 극장에서 휴대폰을 끄는 것은 에티켓이 있는 것이고, 휴대폰을 함부로 사용하는 것은 매너가 나쁜 것에 해당한다(도영태, 김순희, 2005; 류영숙, 2010에서 재인용). 아래에서는 에티켓과 예절을 같은 의미로 구별 없이 사용한다.

3) 긍정적 인간관계를 위한 에티켓

인간 사이의 화합이 중요함은 어떤 공동체에서도 공통되는 사실이다. 그러나 인간관계를 원만히 하는 것은 개인의 노력만으로 해결되는 것이 아니고 공동체 구성원의 상호 배려를 토대로 형성된다. 그렇다 하더라도 직장에서 긍정적 인간관계를 유지하기 위해서는 지켜야 할 몇 가지 원칙이 있다(문소윤, 2005).

첫째, 직장 내의 인간관계에서 감정이 상하는 일이 있을 때 서로 인내하도록 노력해야 한다. 대화를 통해 합리적인 방법으로 문제를 해결해야 한다.

둘째, 상대방에게 겸손하고, 상대방을 공경하고 배려하는 마음으로 대해야 한다. 이러한 마음과 자세를 지닐 때 서로에 대한 신뢰가 쌓이고 건전한 동료의식이 형성된다.

셋째, 건전한 경쟁은 권장하되 일방적인 욕심이나 허세를 부리지 않아야 한다. 욕심이나 허세는 시기와 질투를 유발하기 쉽다.

넷째, 원칙과 기준을 잘 지키며 공과 사를 분명히 구분해야 한다.

06 CHAPTER

직장인의 갈등이해와 해결

배울내용

1. 갈등의 개념
2. 직장인의 갈등
3. 개인 간의 생활양식 차이의 이해

학습목표

1. 갈등의 개념을 숙지하고 갈등 상황이 일어나는 과정을 설명할 수 있다.
2. 자신이 경험했던 갈등 상황을 떠올려보고 교재에서 제시된 갈등해결 단계를 활용하여 갈등해결 방법을 설명할 수 있다.
3. 생활양식 진단을 통해 자신의 생활양식 유형을 찾아내고 이에 맞는 적절한 행동을 취할 수 있다.

개요

우리는 세상을 살아가면서 수없이 많은 고민에 빠지게 된다. 그 예로 동료와의 사소한 의견충돌이나, 가족관계에서 오는 갈등과 같은 자기 외적 갈등뿐만 아니라 자기 자신이 어떤 것을 선택해야만 하는 자기 내적 갈등도 있다. 이와 같이 갈등은 인간생활에서 필연적으로 존재하고 있다. 따라서 본 장에서는 우리 주변에서 일어나는 갈등에 대해 살펴보고 이를 효과적으로 해결하기 위한 다양한 방법들을 중심으로 다루어보고자 한다.

1. 갈등의 개념

1) 갈등의 정의

인간은 출생 후 갈등의 연속선 상에서 살아가게 된다. 태어나 양육자와의 갈등, 형제자매와의 갈등, 학령기에서는 또래 및 선생님과의 갈등, 연인과의 갈등 및 직장에서의 갈등, 자녀와의 갈등을 경험하면서 살아가는 것이 그 예이다. 즉, 개인생활 및 직장생활에서 갈등은 매우 보편적이고 심각한 문제이다. 갈등을 잘 관리하고 어떻게 해결하느냐에 따라 인생의 성공 여부가 결정된다고 해도 과언이 아니다.

갈등을 하나로 정의를 내리기는 어렵다. 왜냐하면 다양한 관계와 상황 속에서 갈등이 유발되고 있기 때문이다. 그러나 일반적으로 갈등이란 목표, 가치 또는 사건이 부조화하거나 배타적인 상황이라고 정의되고 있으며, 일반적으로 의견이나 이익의 차이에 기인되는 불일치로 정의되고 있다. 따라서 갈등은 생각이나 의견, 성격이나 행동, 목표나 기대치(이익을 포함함)의 차이, 불일치 또는 부조화가 있는 상황이라고 할 수 있다.

이러한 갈등의 정의에는 경쟁, 투쟁이나 싸움, 말다툼, 방해, 혼란 등과 같은 부정적 상호작용이나 영향을 미치는 상황들을 의미하며, 가족 간의 갈등으로 인한 말다툼, 폭행, 심지어 살인과 법적 소송들이 여기에 포함된다. 또한 지역 간의 갈등과 국가 간의 갈등도 포함되는 개념이다.

갈등은 일반적으로 타인과의 관계에서 주로 발생하기 때문에 가까운 개인적 관계들에서 매우 흔하게 나타날 수 있다. 예로 가까운 친구 사이에서도 때때로 의견 차이와 그로 인한 말다툼으로 서로 괴로워한다. 심지어 사랑과 행복을 꿈꾸며 시작하는 연인들 사이에서와 결혼한 부부간의 사이에서의 갈등은 매우 보편적이며, 이런 갈등으로 인해 당사자 및 자녀들의 신체, 정서적 및 사회적 피해는 심각한 수준에 이르고 있다. 또 다른 예로 현대사회에서 매해 10만쌍 이상이 이혼을 하며, 예전에는 사별에 의한 한가족이 많았지만 현대에는 이혼에 의한 한가족이 증가되며, 결과적으로 재혼가정이 증가하고 있는 것이 그 예이며, 또한 가정폭력이 50%가 넘어서고 있다는 점이 개인적 관계에서 갈등이 흔하게 일어나고 있다는 점을 뒷받침하고 있는 증거라고 할 수 있다.

갈등은 또한 직장을 포함하는 다양한 집단들 속에서도 매우 보편적으로 일어나는 현상 중의 하나이다. 직원들 간의 의견불일치나 말다툼, 부하와 상사 간의 갈등, 노조측과 경영자측 간의 갈등 등은 집단 내에서 일어나는 대표적인 갈등의 예이다. 우리는 노사 갈등으로 인한 파업으로 회사원들과 경영자들이 고통을 경험하게 되고, 그 결과 엄청난 경제적 손실을 입는다는 것을 다양한 매체와 경험을 통해 알고 있다. 이처럼 노사 간의 갈등이 양쪽 모두에 엄청난 손해와 상처를 준다는 사실을 알면서도 그들은 서로 양보하지 않고 타협하지 않으려고 한다. 극단적인 경우에는 회사가 파산하고 노사 간에 모두 경제적 · 정신적 충격을 받게 되는 경우도 흔하다.

이와 같이 우리의 개인생활과 아울러 직장생활에서 갈등이 보편적이라는 증거들은 인간의 삶에 있어 갈등은 매우 보편적이고 일반적인 현상이라는 것을 지지한다. 즉, 갈등은 인간의 삶에 있어 피할 수 없는 현상이다. 특히 집단 내에서 일어나는 갈등이 하나의 불가피한 현상이 되는 이유는 집단 내의 사람들이 서로 영향을 주고 있기 때문이다. 이것을 집단에서 사람들의 상호의존성(interdependency)이라고 한다. 사람들은 생각이나 의견(정보 상호의존), 이익이나 이해관계(결과 상호의존)에서 타인들에게 영향을 준다. 이러한 상호의존성은 사람들 간에 생각이나 의견 그리고 이익에 있어서 불일치나 차이를 내포하기 때문에 갈등이 사람들의 관계에서 필연적이라는 결론을 내리게끔 만드는 요인이다.

지금까지 갈등의 정의를 살펴보았는데, 갈등이 인간의 삶에서 나타나는 필요한 요인이라면 갈등을 경험할 때 어떻게 갈등을 관리하고 해결하느냐가 성공적인 삶을 살아가도록 하는 데 매우 중요한 요인이라고 할 수 있다. 따라서 지금부터는 갈등이 발생하는 상황과 갈등을 관리하고 해결하는 방안들에 대해 살펴보고자 한다.

2) 갈등의 유형

갈등은 개인 자신 혼자의 내부에서 경험하기도 하며, 나아가 애인, 부부 및 부하와 상사와 같이 두 명의 개인들 사이에서 존재하는 것도 있고, 개인과 집단, 집단과 집단 사이에 존재하는 등 다양하게 존재할 수 있다.

(1) 개인 내 갈등

대학을 졸업하고 좋은 직장을 구하기 위해서는 대학생활에서 전공 혹은 원하는 직장에서 요구하는 자격증과 경력을 쌓아야 한다는 것을 알면서도 지금 당장 놀고 싶은 욕구와 갈등을 경험하곤 한다. 이처럼 개인의 생각이나 의견, 욕구나 목표 및 행동 사이의 불일치나 부조화가 존재하는 상황을 개인적 또는 심리적 갈등이라고 한다. 이러한 개인 내 갈등은 개인의 적응 및 정신건강에 영향을 주는 것으로 밝혀지고 있다. 예로 부모의 잔소리에 대해 충동적으로 반항하는 말을 하고 후회하는 청소년의 경우, 부모의 잔소리로 인한 고통이나 좌절에 기인된 공격욕구의 표현과 부모에 대해 순종하고 효도하라는 도덕적 가치나 목표 사이의 부조화가 일어난 상태라고 할 수 있다. 이러한 청소년의 경우 심한 죄의식과 그로 인한 심리적 고통으로, 개인의 정신건강과 신체건강을 해칠 수 있다.

(2) 개인 간 갈등

우리는 누구나 대학생활에서 친구와의 의견이 맞지 않아 서루 다투고 마음 아파하며, 연인과의 사소한 싸움으로 관계가 끝이 나는 경험을 한 번쯤은 경험했을 것이다. 이처럼 두 사람의 생각이나 의견, 성격이나 행동, 욕구나 가치가 차이 있거나 부조화한 상황에서 발생하는 갈등을 개인 간 갈등이라고 한다. 즉, 두 명의 친구, 연인 및 부부 사이에서 발생하는 갈등이 그 대표적인 예라고 할 수 있다. 최근 재산문제로 인한 형제간의 싸움, 데이트 폭력 및 가정폭력 등의 현상들은 개인 간 갈등이 매우 심각하다는 것을 보여주고 있다.

(3) 개인과 집단 간 갈등

집단의 욕구 및 가치가 개인의 욕구 및 가치와 불일치하거나 부조화를 경험할 때 개인과 집단 간 갈등이라고 한다. 대표적인 예로 학교생활에서 나약한 한 명을 대상으로 집단 따돌림을 시키거나, 집안의 전통이나 가문을 이어서 의사나 학자가 되라는 가족들의 압력에 반항해서 예술 분야를 택하는 청소년, 직장인이 회사의 분위기나 월급이 자신의 개인적 기대 수준이나 취향과 맞지 않을 때 경험할 수 있는 갈등들이다.

(4) 집단과 집단 간 갈등

집단과 집단 간에 가치나 이익 또는 생각들이나 이데올로기가 불일치되거나 부조화를 경험할 때 나타나는 갈등이다. 그 예로 회사 내에서 부서와 부서 간의 견해 차이, 부서와 회사와의 갈등, 회사들 간의 경쟁, 지역주민들 간의 경쟁(예: 영·호남 간 갈등), 국가들 간의 불화와 전쟁이 집단과 집단 간 갈등의 대표적인 예라고 할 수 있다.

지금까지 분류한 갈등의 유형 외에도 다양한 분류를 통해 예로 갈등의 근원(예: 의견이나 이익), 갈등의 표면화(숨겨져 있는 것과 표면적인 것), 갈등의 표현(예: 냉전과 열전) 등의 차원들에 따라 여러 가지 갈등으로 구분되기도 한다.

3) 갈등의 과정

갈등은 순간적이거나 일시적인 것도 있지만 인생의 다른 과정들처럼 한동안 또는 심지어 평생 동안 지속될 수 있는 과정도 있을 수 있다. 갈등이 진행되는 과정은 일반적으로 상황분석단계, 좌절단계, 언어화단계, 행동단계, 상대방의 반응단계 및 결과단계의 6단계로 구분할 수 있다. 갈등은 이 여섯 단계의 성질에 따라서 결과가 달라질 수 있다. 갈등의 과정을 자세하게 살펴보면 다음과 같다.

(1) 상황분석(analysis)단계

어떤 상황이 발생하면 먼저 그 상황에 대해 분석을 시도하게 된다. 이러한 분석은 상황에 대한 개인의 지각을 의미하며, 상황에 대한 진술이나 정의의 형태를 지니게 된다. 예로 학점을 잘 받지 못한 경우 '지난번 발표에서 자신의 실수로 교수가 자신을 싫어하게 되었고, 그 결과로 좋은 점수를 받지 못했어' 혹은 직장에서 낮은 근무평가점수를 받은 직원이 '상사가 자신을 불공정하게 대우하고 자신을 싫어함에 틀림없어'라고 생각하는 경우이다. 이러한 상황에 대한 정의가 그 개인에게 매우 중요한 상황이라면 그 당사자는 좌절, 당황, 분노 및 불안 등 부정적인 정서를 경험하게 된다.

(2) 좌절(frustration)단계

상황분석단계에서 부정적으로 상황을 진술하거나 정의를 하게 되면, 다음으로 좌절을 경험하게 된다. 즉, 좌절은 타인이 자신의 목표를 방해하고 있다고 지각할 때에 나타난다. 또한 승진을 하지 못하거나, 손해를 보거나, 반대되는 의견을 듣거나, 자신의 재산이나 소유물을 빼앗길 때 등 개인의 욕망이나 소망이 성취되지 못할 때 좌절을 경험하게 된다.

(3) 언어화(verbalization) 또는 개념화(conceptualization)단계

이 단계에서는 개인의 문제와 상황 및 고민되는 문제를 더욱 상세하고 명확하게 시도하려고 노력하게 된다. 예로 낮은 성적을 받은 학생이 교수가 자신을 싫어했기 때문이라고 정의한다면 교수에게 성적 이의신청을 하게 되고, 교수는 성적산출 지침을 가지고 학생이 받은 점수에 대한 근거를 제시할 것이다. 또한 승진에서 누락된 사원이 상사의 불공정한 근무평가 때문이라고 정의한다면 자신의 불만을 상사에게 이야기하게 되고, 상사는 근무평가의 기준들을 이야기함으로써 갈등의 상황을 기술하게 될 것이다.

(4) 행동(behavior)단계

개인은 갈등 상황에 대한 언어화나 개념화를 통해 상황에 대한 주관적 정의나 결론에 도달하게 된다. 갈등 상황에 대한 정의는 대개 부정적 의미를 지니는 것이 일반적이며,

그 결과 개인은 이러한 상황에 대해 부정적 행동으로 반응하게 된다. 이러한 행동적 반응은 갈등과정에서 매우 중요한 역할을 하며, 그 사건과 관계된 타인들에게 많은 영향을 미치게 된다. 예로 승진에 누락된 사원이 소리를 지르고, 물건을 던지면서 해결하려고 한다면 갈등은 더욱 심각해질 것이다. 이와 반대로 사원이 상사와 싸우고 논쟁하는 대신, 상의하고 협력하고, 상황을 이해하려는 행동을 보이는 경우는 갈등이 감소되거나 해소될 수 있다.

문제 상황에 대해 주의 깊게 듣고, 토의 및 상대방을 이해하려고 노력하는 것보다는 싸우려는 경향이 높은 경우를 충동적 접근이라고 한다. 일반적으로 갈등에 대해 이해하려는 노력보다 논쟁 및 소송하기를 더 좋아하는 경향을 가지고 있다. 따라서 갈등 상황에서 충동적 접근보다는 갈등 상황을 원만히 해결하기 위한 긍정적 의사소통, 객관적 이해 및 건설적인 방향으로 해결하려는 자세와 노력이 필요하다.

(5) 타인들의 반응(response)단계

이 단계에서 갈등당사자들 중의 한쪽의 행동에 대해 타인들의 반응이 일어난다. 타인들의 반응이 유화적이고 우호적인지 아니면, 논쟁적이고 적대적인지의 여부에 따라 갈등의 결과가 좌우될 수 있다. 예로 상사로부터 낮은 근무평가를 받은 사람이 상사와 갈등을 해결하기 위한 행동을 했을 때, 주위에 있는 동료가 낮은 근무평가를 받은 사람의 일상적인 행동에서 낮은 평가를 받을 만큼 자신의 주어진 일을 제대로 하지 않았다고 평가하는지, 혹은 근무평가 지침에 의한 평가가 아닌 상사의 편협된 시각으로 그 직원 혹은 다른 직원을 평가하고 있는지에 대해 판단함으로써 갈등의 결과는 달라질 수 있는 것이다.

(6) 결과(outcome)단계

이 단계는 최종적으로 갈등이 해결되는 것이다. 갈등의 성공적 해결은 갈등당사자들에 대해 만족한 해결을 의미하며, 비성공적 해결은 그들에 대해 불만족한 해결을 의미한다. 만족한 해결은 문제가 해결 혹은 종결되어 당사자들의 관계가 개선되는 것을 포함한다. 불만족한 해결은 문제가 해결되지 않아 갈등 상황이 계속되고 당사자들의 관계가 개선되지 않거나 계속 악화상태에 있는 것을 포함한다. 예로 낮은 근무평가 점수를 받은 직원이 상사에게 문제를 제기했을 때 상사가 자신의 잘못을 인정하고 재평가하거나, 근무지침에 의한 평가의 설명을 듣고, 자신의 평가점수를 인정하고 추후 좋은 평가를 위해 노력을 하게 된다면 만족한 해결이라고 할 수 있다. 하지만 상사가 자신의 평가를 재수정하지 않고 직원의 무례함을 지적하면서 더 심한 갈등 상황을 경험하기도 하며, 직원이 자신이 받은 평가점수를 인정하지 않고 변화 없이 동일한 행동을 반복하면서 상사의 명령에 불복종하게 된다면 그것은 만족하지 않은 해결을 의미하게 된다.

4) 갈등해결의 단계

앞에서 지적했듯이 우리의 개인생활과 직장생활에서 갈등의 경험은 불가피한 것이기 때문에 무엇보다 갈등에 효과적으로 대응하기 위해서는 갈등해결 방법을 배우고 익히는 것이 중요하다.

갈등해결의 가장 이상적인 목표는 갈등의 당사자들이 모두 만족하고 이익을 얻도록 하는 것이다. 그리고 이러한 목표는 모두가 이익을 얻는 이익-이익(win-win)의 접근에 의해 최대로 달성될 수 있다. 갈등해결 접근은 갈등의 양측 당사자들에 대해 이익을 독립적으로 얻게끔 해주는 것이 아니라 모두가 이익을 얻는 것, 즉 이익의 통합적 획득을 돕는 데 있다. 따라서 갈등의 당사자들이 협력적으로 노력함으로써 갈등을 유지시키기보다 갈등을 해결하도록 하여 더 많은 이익을 얻도록 돕는 것이 필요하다.

갈등해결은 일반적으로 분석(analysis), 직면(confrontation) 및 해결(resolution) 단계로 구분할 수 있는데, 각각의 해결단계에 대해 자세하게 살펴보면 다음과 같다(홍대식, 2011).

(1) 분석단계(analysis stage)

갈등해결의 첫 번째 단계인 분석단계는 다시 두 가지 수준의 단계로 구분할 수 있다. 즉, 갈등관리 전략단계와 갈등의 근원을 결정하는 단계이다. 먼저 갈등관리 전략단계에는 지시(dictation), 중재(arbiration), 중개(mediation) 및 협상(negotiation)으로 분류된다. 지시는 당사자들이 비이성적이거나, 너무 화가 나 위협적이거나, 원활하게 의사소통하지 못하는 등 갈등을 해결할 기술을 가지고 있지 못할 때 제시할 수 있는 전략 중의 하나이다. 예로 두 형제가 하나의 장난감을 가지고 놀려고 싸움을 하거나, 직원 둘이서 동일한 기간에 휴가를 가려고 할 때, 부모나 직장 상사가 해결책을 지시하는 경우이다.

중재는 부모, 상사, 외부 자문가 등이 갈등의 양측 당사자들의 주장을 듣고서 해결책을 지시하거나 제시하는 것이다. 중재의 장점은 갈등을 신속하게 해결시킬 수 있으며, 양측이 자기주장을 할 수 있는 기회를 가질 수 있다는 점이다. 하지만 단점으로는 외부의 통제에 의해 갈등이 해결되기 때문에 해결책에 대해 당사자들의 통제나 관여가 낮으며, 따라서 결정에 대해 승복하지 않고 갈등이 지속될 수 있다는 점이다.

중개는 갈등의 당사자들이 갈등을 감소시키고 자의적 합의를 도출할 수 있도록 중립적인 제삼자가 갈등해결에 개입하게 되는 비위협적 과정을 의미한다. 즉, 중개자는 의사소통의 촉진자로서, 당사자들의 상호 주장을 듣고 해결책을 결정하게끔 도와준다. 따라서 중개자는 중개과정 동안에 중립적 자세를 취하는 것이 매우 중요하다. 그리고 갈등의 주체인 당사자들이 이성적이고 어떤 해결책에 이르기를 원하고, 갈등의 주체자들과 중개자 사이에 신뢰감이 형성되어 있으며, 시간적 제약이 적을 경우에 효과적으로 사용할 수 있는 방법 중의 하나이다.

협상은 협상될 수 있는 목표들이 있고, 당사자들이 중요하지 않은 것을 포기할 의사가 있으며, 좋은 의사소통기술을 갖고 있고, 이익-이익(win-win)의 관점에서 상황에 임할 때에 효과적인 방법 중의 하나이다. 협상에서는 양측이 자기들의 주장들(예: 임금인상 비율)을 제시하고, 상호 수용 가능한 타협에 이를 때까지 서로의 주장들을 조정해 나가면서 갈등을 해결하게 되는 과정이다.

그리고 분석단계의 다른 수준의 단계는 갈등의 근원을 결정하는 단계이다. 이 단계는 앞에서 제시한 네 가지 갈등관리 전략 중의 하나를 선택 혹은 결정한 후 이루어지게 된다. 즉, 이 단계에서는 갈등의 당사자들은 갈등에 대한 각자의 지각과 목표에 초점을 두며, 문제의 근원이 무엇인지를 확인하면서 가능한 해결책을 제시하도록 하는 것이다. 예로 조직에서 한 팀원은 아침에 자주 지각을 하는 것이 문제가 되는 경우, 팀원들은 문제의 지각에 대한 견해들과 해결책들을 제시하여 갈등을 해결하려고 노력하는 것이다. 갈등의 해결이 갈등의 근원에 달려 있는 경우가 많기 때문에 이 단계는 매우 중요하다고 할 수 있다.

(2) 직면단계(confrontation stage)

이 단계는 갈등 당사자들이 갈등의 해결단계로 이동할 수 있도록 돕는 중간 단계의 역할을 수행하게 된다. 즉, 갈등의 해결을 위해 대화를 시도하는 단계로서, 갈등 당사자들은 개인적 문제와 목표보다 공동의 문제와 목표의 관점에서 문제를 기술하도록 한다. 예로 "이것이 바로 우리의 문제이고 우리의 목표입니다"라고 시도하도록 직면시킨다. 이런 의미에서 이 단계는 공동적 또는 상호적 문제기술단계(mutual problem description stage)라고도 불린다. 그리고 이 단계에서는 갈등 당사자의 각자 생각을 명료화시키기 위해 "내가 사실을 제대로 이해하고 있는지를 알아보기 위해 몇 마디 질문을 해도 되겠습니까?", "당신의 말의 의미를 제대로 이해하고 있는지를 알아보기 위해 질문해도 되겠습니까?", "당신의 주장에 따를 경우에 내가 부딪치는 문제를 제시해도 되겠습니까?" 등과 같은 질문을 사용하도록 하여, 비위협적인 방법으로 갈등을 해결할 수 있도록 그 기초를 제공한다.

(3) 해결단계(resolution stage)

모든 갈등이 100%로 해결될 수는 없지만 서로 협동을 통해 문제를 해결하려는 노력은 갈등의 해결 가능성을 높이게 된다. 이와 같은 협동적 문제해결에는 여섯 가지의 단계가 있다.

첫 번째 단계는 갈등의 당사자들이 존재하는 문제를 정확하고 명확하게 인식하는 것이다. 즉, 이 단계는 주로 분석단계에서 이루어지기 때문에 당사자들에 의한 각자의 지각들에 관한 솔직하고 정직한 대화가 요구된다. 따라서 여기서는 갈등의 문제를 이해하기 위해서는 갈등 상황에 관련된 사실적 정보를 가능한 한 많이 수집하는 것이 중요하다. 정보를 수집할 때는 구체적이고 명확한 용어로 기술하여야 효과적으로 갈등을 해결할 수 있다.

두 번째 단계는 갈등의 원인에 대해 결정하는 것이다. 문제에 대한 분석과 직면의 단계를 통해 갈등의 원인과 상호 해결할 문제를 명료하게 제시하는 것이다.

세 번째 단계는 해결을 위한 대안들을 제시하고 해결책의 대안들에 대해 토의를 해보는 것이다. 문제에 대한 해결책은 이제까지 사용했던 해결책일 수도 있고, 일상의 평범한 해결책일 수 있으며, 과제에 성공적이었던 해결책일 수 있다. 이 모든 가능성들을 포함하여 가능한 한 많은 대안을 생성해내는 것이 중요하다. 즉, 이 단계에서는 문제를 해결할 수 있는 다양한 대안들이나 아이디어를 도출하고 토의를 하게 된다. 이때 브레인스토밍(brainstorming)을 활용하는 것이 도움이 된다. 브레인스토밍은 갈등 당사자들이 가능한 모든 해결책을 자유롭게, 그리고 어느 누구의 비판없이 제시하는 활동을 의미한다. 모든 당사자들이 아이디어를 제시한 후에, 각각의 아이디어에 대해 토의하고, 아이디어를 더욱 효과적이게끔 만들기 위해 수정하는 활동을 통해 이상적인 해결책에 도달할 수 있도록 돕는 것이다.

네 번째 단계는 최선의 해결책을 선택하는 것이다. 즉, 당사자들은 상호 만족하는 최선의 해결책을 선택한다. 해결책을 선택하기 전에 해결책에 대한 대안들을 탐색하고 나면, 그 다음으로 해결책에 대한 이득이 무엇인지, 해결책이 실행되기 위해 필요한 요인은 무엇인지, 해결책을 실행할 수 없게 만드는 방해요인들은 무엇인지를 파악한 후 최선을 해결책을 선택하는 것이 중요하다.

다섯 번째 단계는 합의된 해결책을 실행하는 단계이다. 즉, 합의된 해결책을 사용해서 문제를 해결하는 것이다. 이 단계에서는 실현 가능한 대안을 선택하고 실행하기 때문에 실행하기 전 구체적인 계획을 세운 다음 실행하는 것이 중요하다.

마지막 단계는 해결책의 효과를 검증하는 것이다. 즉, 선택된 해결책이 실제로 문제를 해결했는지를 확인하는 것이다. 만약 선택된 해결책이 문제를 해결하지 못했다면 다른 해결책을 선택하고, 계획을 짜서 실행하고, 다시 평가를 해보는 절차를 반복해서 문제를 해결하게 된다.

2. 직장인의 갈등

우리의 인생에 주어진 수많은 시간 중 1/3은 잠을 자며, 나머지 2/3 중에서 가장 많은 시간을 차지하고 있는 것 중의 하나가 노동을 하면서 보내는 것이다. 즉, 직장생활을 통해 보내는 시간이 많다. 다시 말해 20대 초반에 직장을 구해서 60세까지 직장생활을 한다면, 최소 40여년의 시간 동안 일을 하면서 보내게 된다. 예전에는 한 번 직장을 구하면 평생직장이라는 개념이 강했지만, 최근에는 인간의 육체적 · 정신적 체력이나 건강과는 상관없이 정년퇴직까지 지속하기가 어려워졌는데, 이것은 IMF의 한파로 인한 조기퇴직이나 기업의 구조조정에서 오는 해직 또는 명예퇴직 등 평생직업의 개념이 깨지고 말았기 때문이다. 직업을 갖게 됨으로써 경험하게 되는 갈등은 다양하다. 즉, 직무시간, 직무환경, 직장에서의 인간관계 등이 직장인의 갈등요인이 될 수 있다. 직장인을 신입사원, 중견사원, 장년사원, 노년사원으로 구분하여 각 시기에 경험할 수 있는 갈등에 대해 살펴보면 다음과 같다.

1) 신입사원

취업 초기인 신입사원 시기에는 인간관계나 상하 동료관계에서 부적응이 생기고 이것이 갈등의 요인이 된다. 신입사원들이 경험하는 대표적인 갈등요인은 다음과 같다.

- 어려운 취업시험에 합격하고 장래의 희망과 기대 속에서 회사에 출근을 하게 되지

만 업무에 대한 미숙함과 낯선 환경으로 인해 무엇을 해야 할지 모르는 상태는 직장인으로서 무력감과 우울을 경험하면서 불안이 엄습하여 안정감을 잃게 된다.

- 직무에 익숙해지지 않고 쉽게 피로감을 느끼며, 직장의 직무에 적극적으로 대응하지 못하며, 실무적 노하우도 없다.
- 어려운 환경을 극복하고 대학교육을 마친 후 신입사원이 된 사람도 있지만 과보호 아래 고난도 모르고 성장한 사람도 있다. 그들은 강한 의지도 없고, 좌절이나 실패를 경험하지 못했기 때문에 자신의 약점에 대한 지적에 심한 두려움을 느끼고, 자기방어를 위한 완전주의자인 성향의 사람은 대인관계도 원만치 못하고, 결국 인간관계에서 고립되는 경향을 경험할 수 있다.
- 직장조직의 원만한 운영과 기능을 발휘하기 전의 신입사원시절은 상사의 지시를 피해의식으로 받아들이기 쉽고 반항적이기 쉽다. 이런 사람일수록 상사를 두려워하고 공격적 감정을 갖기 쉬우며 면담을 피하고 상사의 호의도 왜곡하기 쉽다.

2) 중견사원

취입 후 몇 년이 지나면서 기업의 목표나 직무내용도 파악하고 실무도 숙달되어 후배직원도 지도할 수 있으며, 중견사원으로서 직장에서 기대를 받는 시기에 이르게 된다. 이 시기에는 적극적으로 일도 하고, 자기 취미도 살릴 수 있으며, 인생관과 가치관도 확립되며 폭넓은 자기 능력을 축적하게 되어 비교적 직무 갈등이 적은 시기라고 할 수 있다. 중견사원이 경험하게 되는 갈등은 다음과 같다.

- 일반적으로 중견사원의 시기에 결혼을 하게 되는데, 부부간의 사랑의 성숙, 자녀의 출생, 정신적 여유 등은 자아정체성 확립 정도에 따라서 직무와 더불어 유용한 스트레스가 되기도 하며, 반대로 자신에게 해로운 스트레스로 작용하기도 한다. 다시말해 만일 직무에서 삶의 보람을 찾고, 직무에 충분히 적응되며, 자부심을 가질 때와 반대로 직무가 다양하여 충분한 교재시간도 갖지 못하고, 상호 이해가 결핍된 채 결

혼한 경우라면 결혼 후 성격차, 인생관, 가치관의 차이가 현저해서 부부간의 불화가 생기고 직무와 더불어 직무 갈등이 증가된다. 이런 상황에서 승진에 실패한다면 부부갈등, 가정파괴 등 정신적 불안은 직무 갈등의 누적을 가지고 오게 되며, 최악의 경우 도박이나 알코올 및 약물중독에 빠질 수 있다.

- 조직에서는 구조조정 등은 중견사원에게도 불안감을 주고 직무의 고도화와 복잡화에 대응하지 못하고 직장 부적응 상태에 빠지기 쉽다. 또한 직장생활을 중단할 경우 경제적 불안과 사회적 지위의 추락은 물론 전직이나 재취업의 기회에서도 좌절하게 된다.

3) 장년사원

중고령의 장년사원은 매우 심한 격변과 불안을 경험하게 되는 시기이다. 장년사원은 같은 업무인데도 보수가 좋지만 경제 여건에 따라 감봉이 이루어지기도 하며, 자녀의 성장에 따른 교육비의 증가로 경제적 스트레스를 경험하기도 한다. 이 시기는 직장과 가정의 양면에서 모두 갈등을 경험하게 되는 시기이다. 장년사원이 경험하게 되는 갈등은 다음과 같다.

- 장년사원은 지나치게 직무에 충실한다든지, 융통성이나 취미가 없고, 대인관계에서도 다소 고립적이어서 직무를 삶의 보람으로 살아가는 타입의 사람이 승진하거나 배치전환하여 직무에 충분히 대응하지 못한다면 열등감, 자기혐오감 등이 높아지고 출근해도 일이 손에 잡히지 않고 불안하고 초조해져서 출근을 무서워하게 된다.
- 직무의 고도화와 복잡화를 따라가지 못해 갈등을 경험하게 된다.
- 직무 갈등이 원인이 되어 심신증(心身症)이 나타난다. 심신증이란 정신적 인자가 어느 정도 발증이나 경과에 관여한 신제적 질환의 총칭이다. 과도한 갈등은 발병에 영향을 미치는 스트레스병은 관리직에 많이 나타나므로 매니저병이라고도 한다.

4) 노년사원

우리나라는 현재 법관이나 교육공무원 등 특수직의 정년퇴임은 65세이고, 일반사무직은 61세이다. 일반기업체의 정년은 보통 55세이다. 하지만 우리나라의 평균수명은 길어져 20여 년을 더한 80세가 넘었다. 그러므로 정년 후 20여 년을 어떻게 보낼 것인가가 큰 문제이고 그것이 갈등의 원인이 되기도 한다. 노년사원이 경험하게 되는 갈등을 살펴보면 다음과 같다.

- 일반적인 경우 정년퇴직 후 일을 할 수 있는 직장이 있다면 직무나 사회연대감에서 보람을 느끼면서 생활할 수 있다.
- 산업구조의 근대화 및 정보화 사회는 정년 전의 습득한 기술이나 경험이 무용지물이 되어서 재취업을 어렵게 하거나 취업이 되어도 적응하는 데 어려움을 경험하도록 한다.
- 직무에만 매달려 살아온 남자의 경우, 정년 후 생활에 무료함을 느끼게 만들며, 이 시기에 상처를 통해 배우자가 사망한 경우 퇴임 후의 노후생활에 비참함을 느끼게 되는 경우가 흔하다.

지금까지 신입사원, 중견사원, 장년사원 및 노년사원에서 경험할 수 있는 갈등에 대해 살펴보았다. 우리는 직장생활을 통해 삶의 의미를 찾으려고 한다. 그러나 현대에는 '일 중독증'으로 정신과에서 진단을 받는 경우가 많다. 일 중독증은 업무 때문에 생기는 갈등을 잘 관리하지 못할 때 발생하는 병리현상으로 현대사회가 만들어 낸 사회적 성인병이다. 일 중독증에 걸리는 사람들은 대개 운동을 게을리하고 담배와 술을 많이 하고 일이 제대로 진행되지 않을 때 강한 분노와 증오감을 느낌으로써 혈청 콜레스테롤 수치가 높고 심장 박동이 증가되어 고혈압 등 심혈관계 질환에 걸릴 가능성이 크다. 그러므로 각 시기별로 나타나는 갈등에 대해 잘 알고, 자신의 능력에 맞는 일을 결정하고, 일을 하는 일정을 적절하게 잡고, 여가활동을 통해 신체와 정신에너지를 축적하는 방식으로 생활패턴을 바꾸는 것이 무엇보다도 중요하고 필요하다.

3. 개인 간의 생활양식 차이의 이해

많은 다양한 갈등들이 개인들 간에 존재하며, 그것들은 갈등의 당사자들이나 외부 관찰자들이 쉽게 확인할 있는 것과 확인하기 어려운 것들의 다양한 범위에서 나타나게 된다. 즉, 갈등의 원인은 매우 다양하다. 다양한 원인 중에서 갈등의 원인으로서 먼저 자원에 대한 경쟁으로 인한 갈등이다. 특정한 직위에 승진하려고 노력하는 직장인이나 군인들, 일류대학에 진학하려는 수험생들, 정부예산을 더 확보하려는 정부의 각 부처들, 심지어 강대국들의 영토확장과 자원확보에서 보는 것과 같이 자원에 대한 무한하고 강한 소유욕구는 갈등원인 중의 하나이다. 둘째, 목표의 차이에서 갈등이 유발되기도 한다. 집단들이나 조직들 내에서, 개인들이나 하위집단들과 전체 집단의 목표들 사이에서 차이가 있을 수 있다. 한 집단 내에서 멤버들 사이에 목표의 차이들은 집단 내 갈등을 일으키고, 하위집단들 사이의 목표의 차이들은 집단 간 갈등을 유발하게 된다. 셋째는 의사소통의 문제이다. 의사소통은 인간관계의 핵심적인 요인이다. 의사소통이 없이 이루어질 수 있는 관계는 없다고 해도 과언이 아니다. 따라서 의사소통에서 문제나 장애가 있게 되면 관계가 제대로 이루어질 수 없고, 이것의 심한 결과는 갈등의 발전과 심화이다. 많은 경우 개인적 및 직업적 갈등은 좋지 못한 의사소통에 기인한다. 넷째는 성격차이에 의해 갈등이 유발된다. 일상생활과 직장생활에서의 많은 갈등이나 의견불일치들은 사람들의 성격적 차이나 충돌로 인해서 서로 싫어하기 때문에 발생되는 경우가 흔하다. 사람들의 성격적 속성들, 선호들, 흥미들, 가치들 및 여러 가지 스타일상에 차이가 있을 수 있다. 이러한 차이들은 부정적 관계들을 일으켜 긍정적이거나 호감 있는 개인관계나 직장 내 관계를 유지시킬 수 없게 되지만 관여된 사람들은 흔히 자기들이 왜 서로 싫어하는지를 명확하게 이해하거나 설명하는 데 어려움을 경험하게 된다.

1) 자신의 생활양식 진단해보기

이상의 갈등의 원인들 중 의사소통은 5장에서 기술한 효율적인 의사소통기술을 잘 사용하는 것과 관련이 있다. 그리고 지금부터는 성격적 차이에 의해 발생할 수 있는 갈등에 대해 다루어 볼 것이다. 성격 차이에 의한 갈등이라는 것은 실제로 타인에 대한 이해가 부족하기 때문에 발생되는 경우가 대부분이다. 먼저 아래의 사례를 살펴보자.

위 사례에서 제시되고 있는 과장의 경우, 고지식하고, 성질이 불 같고, 욕을 잘 하는 사람으로 기술되고 있다. 분명한 사실 중의 하나는 이러한 과장의 성격에 대한 묘사는 부하직원들에 의한 것이라는 점이다. 성격은 좋고 나쁨이 없는 것이다. 성격이라는 것은 개인과의 행동양식의 차이에 의한 것으로 자신의 행동양식과 유사하면 좋은 성격이라고 말하고, 자신의 행동양식과 다르면 나쁜 성격이라고 말한다. 이런 점에서 심리학자인 아들러(Adler)는 개인들의 생활양식을 6가지 유형으로 구분하고 있다. 각 유형에 대해 이해하고 유형에 대한 대처방법을 익힘으로써 대인관계에서 발생되는 갈등을 낮출 수 있을 것이다.

먼저 표 6-1을 통해 자신의 생활양식을 이해해보자. 30개의 질문에 대해 "예", "중간", "아니요" 가운데 자신에게 해당되는 답을 선택한다. 여기서 중요한 것은 오른쪽에 쓰여져 있는 숫자나 글자를 신경쓰지 말고 자신에 대해 직감적으로 응답하는 것이다.

[표 6-1] 생활양식 진단 질문지

번호	항목	예	중간	아니요	
1	사랑을 표현할 때는 역시 물질이나 금전이 오가야 한다.	4	2	0	가
2	무슨 일이 생길 때마다 누군가가 도와줄 것을 기대한다.	4	2	0	나
3	의식하지 못하는 사이에 타인에게 지배적인 태도를 보이거나 고압적으로 굴 때가 있다.	4	2	0	다
4	규칙이나 순서가 제대로 정해져 있지 않으면 안심하고 일할 수가 없다.	4	2	0	라
5	자주 원대한 꿈을 꾸거나 거창한 계획을 세우는 데 비해서 실행하는 일은 거의 없다.	4	2	0	마
6	상사의 칭찬이나 높은 평가를 크게 기대하지 않는다.	4	2	0	바
7	친구를 잘 사귀지만, 비교적 오래가지 못한다.	4	2	0	가
8	다른 사람에게 무시당하는 것이 너무나도 두렵다.	4	2	0	나
9	다른 사람의 의견을 잘 들은 후 일을 진행하기보다는 내 페이스에 맞춰 끌고 가려고 한다.	4	2	0	다
10	약속한 시간은 무슨 일이 있어도 지켜야만 한다고 생각한다.	4	2	0	라
11	흥미로운 일에는 바로 뛰어들지만, 그렇지 않은 일은 정해진 기한이 끝나기 직전까지 손을 대지 않는다.	4	2	0	마
12	주위에서 뭐라고 하든 주어신 일이 끝나면 나만의 시간을 소중히 여기고 싶다.	4	2	0	바
13	나는 이해득실에 매우 신경 쓴다.	4	2	0	가
14	굳이 따지자면 응석받이로 자란 편이다.	4	2	0	나
15	아무것도 하지 않고 멍하니 있는 것이 괴롭다.	4	2	0	다
16	사람들과 너무 끈끈한 관계를 맺지 않는 편이 좋다.	4	2	0	라
17	사람들과 떠들썩하게 노는 것을 좋아하며, 도중에 이성을 잃을 때가 있다.	4	2	0	마
18	'나는 나, 남은 남'이라는 생각이 남보다 강한 편이다.	4	2	0	바
19	다른 사람이 나의 기대에 부응하지 않으면 화가나서 공격하기 쉽다.	4	2	0	가
20	다른 사람이 나를 보호해주는 것은 내가 약한 인간이기 때문이라고 생각한다.	4	2	0	나

번호	항목	예	중간	아니요	
21	이 세상은 결국 경쟁사회라고 생각한다.	4	2	0	다
22	굳이 따지자면 신중한 편으로, 다른 사람들 보다 실패를 훨씬 더 두려워한다.	4	2	0	라
23	규칙에 얽매이는 것은 갑갑하고 지루한 일이라고 생각한다.	4	2	0	마
24	스스로 스트레스를 받게 되는 일을 가장 피하고 싶다.	4	2	0	바
25	다른 사람의 주목을 끌거나 화제의 중심인물이 되면 만족스럽다.	4	2	0	가
26	주변 사람의 기분이 나쁘면 내 책임인 것처럼 느낀다.	4	2	0	나
27	평소에는 스스로를 유능하다고 생각하지만, 가끔 무력감을 느낄 때도 있다.	4	2	0	다
28	문장을 몇 번씩 고쳐 쓰거나 반복해서 읽지 않으면 신경 쓰여서 견딜 수가 없다.	4	2	0	라
29	축제나 이벤트가 있으면 몹시 흥분하는 편이다.	4	2	0	마
30	일을 할 때 다른 사람보다 높은 성과를 목표로 하지는 않는다.	4	2	0	바

출처: 황세정 역(2015), 만화로 읽는 아들러 심리학2, 까치글방, pp.84-85.

각 문항마다 "예"는 4점, "중간"은 2점, "아니오"는 0점으로 계산한다. 그리고 오른쪽 칸에 쓰여 있는 '가', '나', '다', '라', '마', '바'에 따라서 기호별로 점수를 집계한 후 표 6-2와 그림 6-1에 기호별 점수를 기록한다.

[표 6-2] 최종 합계

가	나	다	라	마	바
욕심쟁이 유형	어린아이 유형	인간기관차 유형	자기억제 유형	흥미탐구 유형	안락추구 유형

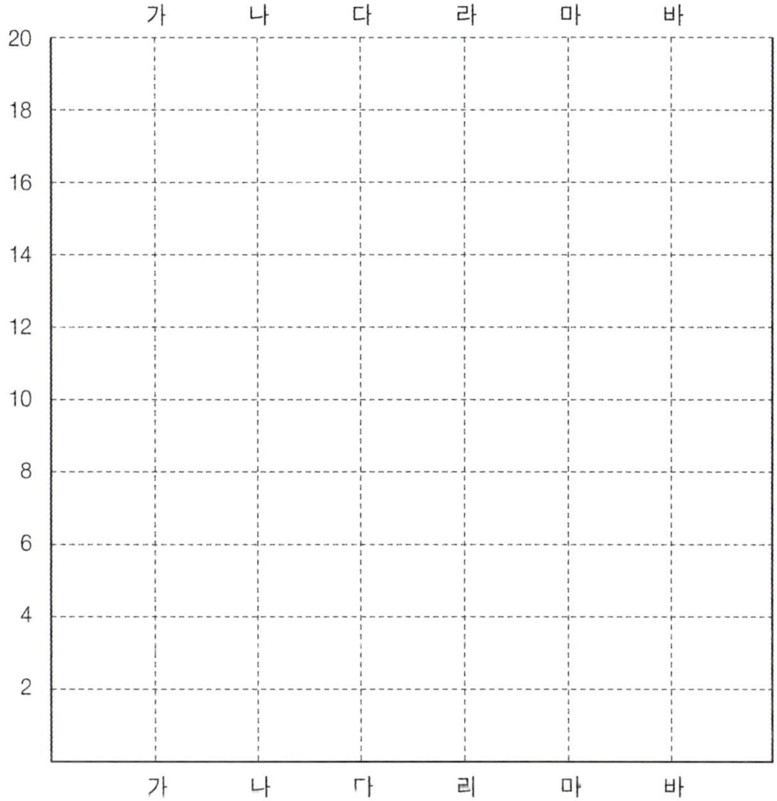

[그림 6-1] 생활양식 진단 그래프

각각의 기호는 여섯 가지 생활양식 유형에 해당된다. 그리고 실제로 진단했을 때 한 가지 유형의 점수가 눈에 띄게 높지 않고 여러 가지 유형이 비슷한 경우도 있을 것이다. 각 유형에 해당되는 생활양식과 특징 및 생활양식별 대처법은 표 6-3, 표 6-4와 같다.

[표 6-3] 여섯 가지 생활양식과 특징

유형	특징	내용
욕심쟁이 유형 (getter)	'남의 것은 내 것'이라고 생각하는 권리 주장형	'타인이 나에게 봉사하는 것은 당연하다'라는 자기이상이 있다. 주고받기(give and take) 중에서 받는 요소가 강하며, 자신의 이해관계에 민감하다. 금전, 물건, 타인의 관심 등에 집착하는 경향이 강하며, 무슨 일이든 손익을 따져 판단하는 편이다. 다른 사람에게 기대를 걸었다가 그 사람이 자신의 기대에 부응하지 못하면 화를 내는 측면이 있다.
어린아이 유형 (baby)	타인의 안색을 살피며, 사랑받으려고 하는 의존형	'다른 사람에게 보호받고 싶다'라는 자기이상이 있다. 말하자면 응석받이이다. 자신의 약한 면을 강조하여 다른 사람에게 도움을 얻거나 보호를 받는 경향이 있다. 적극적이고 능동적으로 나서는 법이 거의 없으며, 다른 사람에게 기대어 인생의 과제를 해결하려는 경향이 있다. 또한 다른 사람들에게 특별한 취급을 받고 싶어하는 측면이 있다.
인관기관차 유형 (driver)	타인에게 맡기지 못하고 저돌적이고 맹렬한 기세로 전진하는 유형	'나는 우월해야만 해'라는 자기이상이 있다. 이상이나 목표를 향해 맹렬히 돌진하는 노력파이다. 항상 1등을 하거나 중심인물이 되려는 경향이 강해서 주변 사람들이 따라가지 못할 때가 있다. 또한 다른 사람에게 지배적인 태도를 취하다 보니 공격적으로 굴 때도 있다
자기억제 유형 (controller)	감정을 겉으로 거의 드러내지 않는 완벽주의자	'나는 실패해서는 안 돼'라는 자기이상이 있다. 감정을 밖으로 거의 표출하지 않기 때문에 차가운 인상을 풍길 때가 많다. 시간을 엄수하며, 질서나 규칙도 충실히 지킨다. 반면 융통성이 부족한 면도 있다. 감정을 잘 드러내지 않는 만큼 감정을 필사적으로 억제하려고 들 때가 있다.
흥미탐구 유형 (excitement seeker)	관심이 생기면 바로 달려들지만, 용두사미가 되기 십상	'늘 즐겁고 설레는 삶을 살았으면 좋겠다'라는 자기이상이 있다. 호기심이 왕성하며 행사나 축제를 무척 좋아한다. 일부러 위험한 상황에 뛰어들려고 하거나, 도가 지나쳐서 규칙을 어길 때도 있다. 하지만 처음에만 잠시 흥분할 뿐, 금세 질리거나 싫증을 내서 주위 사람들을 당황시키기도 한다.
안락추구 유형 (armchair)	무슨 생각을 하고 있는지 주위에서 알아차리기 힘든 안락추구형	'편하게 있고 싶어'라는 자기이상이 있다. 주위 사람들을 '마음만 먹으면 제 실력을 발휘할 수 있을 텐데'라며 짜증을 내지만, 정작 본인은 신경 쓰지 않고 자신만의 방식을 고수한다. 귀찮거나 고생스러운 일, 책임이 막중한 일은 맡고 싶어하지 않으며, 성과도 뛰어나지 않은 편이다. 무언가 반드시 고집하는 일이 있지만, 주위 사람들은 그것이 무엇인지 알아차리지 못한다.

[표 6-4] 생활양식별 대처법

유형	자신	주변사람
욕심쟁이 유형 (getter)	• 동료의 신뢰를 얻을 수 있도록 행동한다. • 권리 주장은 적당히 한다.	• 권리 의식이 강한 점을 활용한다. • 공헌할 수 있는 기회를 제공한다. • 적절한 행동을 할 때 주목한다.
어린아이 유형 (baby)	• 스스로 나서서 역할을 맡는다. • '남이 나를 미워할 수도 있다'는 점을 받아들인다.	• 중재하는 역할을 맡겨본다. • 리더십 훈련을 시킨다. • 능력을 인정하고 있다는 사실을 전한다.
인관기관차 유형 (driver)	• '왜 그렇게 서두르는 거야?'라고 스스로를 돌아본다. • 경쟁하기보다는 협력할 수 있도록 의식과 행동을 전환한다.	• 리더십을 발휘하게 한다. • 참모 역할을 곁에 둔다. • 주도권 쟁탈을 피하게 한다.
자기억제 유형 (controller)	• 자신의 불완전함을 가끔은 허용한다. • 일을 하다가도 잠시 긴장을 풀고 휴식을 취한다.	• 일을 부탁할 때 기간과 정도를 구체적으로 말한다. • 피드백을 받는다. • 가끔은 무리하지 말고 즐거운 시간을 보내도록 권유한다.
흥미탐구 유형 (excitement seeker)	• 중간 점검을 게을리 하지 않는다. • 동료에게 피드백을 받도록 한다.	• 동료와 즐거움을 공유하도록 유도한다. • 아이디어를 존중한다. • 제멋대로 행동하지 않도록 어느 정도 통제한다.
안락추구 유형 (armchair)	• 주변사람의 기대를 확인한다. • 자신의 생각을 확실히 말한다.	• 같은 유형끼리 한 팀으로 묶지 않는다. • 그 사람만의 독특한 관점을 존중한다. • 부탁을 할 때는 구체적으로 범위를 좁혀서 말한다.

2) 복합적 유형 이해하기

표 6-1의 생활양식을 진단하는 검사에서 어느 한 가지 유형이 뚜렷하게 나타나지 않고, 두 가지 유형의 점수가 같거나 근소하게 차이가 나는 경우가 있을 것이다. 이런 점에서 다시 세 가지 복합적인 유형으로 구분하면 다음과 같다.

(1) 완벽주의자 유형(The perfectionist)

완벽주의자 유형은 자기억제 유형과 인간기관차 유형이 모두 강하게 나타나는 유형으로 '나는 완벽해야만 한다'는 자기 이상을 가지고 있다. 자신이 세운 목표를 향해 완벽하게 나아가고 싶어하며, 애매한 것을 참지 못하며, 자신과 관계자 모두에게 타협하지 않고 엄격하게 대한 경향이 있다.

(2) 수완가 유형(The go-getter)

수완가 유형은 욕심쟁이 유형과 인간기관차 유형이 혼재되어 있는 유형이다. 정치가나 연예인 중에서 많이 나타나는 유형으로 다른 사람들에게 주목을 받거나 권력과 부를 얻으려고 노력하는 유형이다. 다만 원하는 것을 얻지 못하는 순간 의욕을 상실하는 경향이 매우 강하다.

(3) 피플 플리저 유형(The people pleaser)

피플 플리저 유형은 항상 다른 사람을 기쁘게 하기 위해 노력하는 유형으로 어린아이 유형과 인간기관차 유형이 혼재되어 있는 경우이다. 윗사람과 아랫사람 사이에 끼어서 능력을 발휘하는 유형이며, '다른 사람에게 호감을 얻고 싶다, 미움 받고 싶지 않다'라는 생각이 있어 때로는 호감을 얻기 위해서라면 무슨 일이든 하겠다는 식으로 행동한다. 주위사람의 평가에 따라서 자신의 가치를 결정하기 쉬우므로, 마음에 둔 사람의 심기가 불편하면 자신의 책임으로 받아들이기도 한다. 특정 사람에게 유난히 호감을 사려는 행동을 하여 다른 사람들로부터 신뢰를 잃을 위험이 있다. 표 6-5를 통해 자신의 피플 플리저 유형에 얼마나 가까운지 파악해보자.

[표 6-5] 피플 플리저 유형

항목	상당히 그렇다	약간 그렇다	그렇지 않다
'호감을 얻고 싶다, 미움을 받기 싫다'라는 마음으로 행동한다.	2	1	0
상대방의 안색을 살피거나 상황을 지나치게 배려하며 행동하는 경향이 강하다.	2	1	0
상대나 주변의 칭찬, 찬사야말로 가장 큰 보상이라고 생각한다.	2	1	0
심리적인 평화와 안정을 추구하며, 불화를 일으키는 것을 극단적으로 싫어한다.	2	1	0
비판이나 거부에 대해 매우 민감하며, 비판을 받거나 거부를 당하면 자신의 존재를 부정당하는 듯한 느낌이 든다.	2	1	0
상대방에게 '안 된다'고 말하지 못해 어쩔수 없이 일을 떠 맡고 후회할 때가 있다.	2	1	0
원래 자신의 책임도 아닌 일을 자신의 책임처럼 생각하고, 책임을 다하지 못했을 때 불안감이나 죄책감을 느낀다.	2	1	0
책임을 과도하게 떠맡다 보니 다른 관계자가 이를 당연하게 여기거나 자신을 의존하게 되는 경우가 있다.	2	1	0
상대방이 마음에 들어하는 동안은 괜찮지만 마음에 들지 않는 듯한 태도를 보이면 자책하거나 심한 경우 상대방을 극단적으로 비난하고 공격한다.	2	1	0
누군가를 기쁘게 하고 싶어서 했던 말이나 행동을 또다른 사람에게도 똑같이 했다가 '신뢰가 가지 않는다, 누구에게나 잘 보이려고 한다'라는 말을 들은 적이 있다.	2	1	0
합계			
합계점수			

출처: 황세정 역(2015), 만화로 읽는 아들러 심리학2, 까치글방, p.95.

■ 합계점수가 14점 이상

당신은 상당한 피플 플리저이다. 상대방에게 호감을 얻고 싶어서 무리한 행동을 반복하느라고 괴로웠던 경험이 있을 것이다.

■ 합계점수가 8~13점인 경우

피플 플리저 경향을 다소 보인다. 좀더 자신감 있게 행동하고, 안 된다라고 확실하게 거절하는 것이 좋다.

■ 합계점수가 8점 미만인 경우

피플 플리저가 아닐까 걱정하지 않아도 된다. 지금처럼 대인관계를 유지하는 것이 좋다.

07 CHAPTER

현대사회의 노동과 직업환경의 변화

배울내용

1. 직업환경의 변화
2. 직업세계의 변화요인
3. 우리나라 노동시장 및 취업시장의 특징
4. 평생학습과 미래직업

학습목표

1. 시대별 직업환경의 변천과정을 열거하고 이에 따른 세부적 내용을 설명할 수 있다.
2. 현대사회 직업환경 특징과 원인에 대해 설명하고 한국 직업시장의 현황 분석을 통해 자신의 전공 관련 취업동향을 파악할 수 있다.
3. 우리나라 노동시장의 특징 및 취업시장의 동향을 파악할 수 있다.
4. 평생학습의 중요성을 인식하고 자신이 관심 있어 하는 직업군의 미래 전망에 대해 논리적 근거를 바탕으로 설명할 수 있다.

개요

현재 우리나라의 직업환경은 산업화와 IT의 발달로 급변하고 있다. 이러한 영향에 따라 직업도 다양하게 변화하고 있다. 따라서 본 장에서는 직업환경의 변화를 일으키는 다양한 요인들을 다루어보고 우리나라 노동시장의 특징 및 취업시장의 특징을 살펴보고자 한다. 또한 의학의 발달로 인한 평균수명 증가로 노령인구가 증가함에 따라 평생교육에 대한 관심이 증가하고 있어 이에 대한 내용도 함께 살펴보고자 한다.

1. 직업환경의 변화

그 사회를 대변하며 우리의 삶을 알게 해주는 지표인 직업은 산업발달이나 시대 상황에 따라 변하는 것이다. 시대에 따라 각광받거나 외면받는 직업이 있고, 새로이 생성되는 직업이 있는 반면 소멸되는 직업도 있다. 역사란 과거와 현재의 끊임없는 대화이듯이 직업의 변천은 시대의 흐름을 나타내는 거울이라고 할 수 있다.

국제노동기구에 의하면 산업혁명 당시 유럽에 약 400여 종이던 직업은 1974년에는 200,000만종으로 증가하였다. 우리나라의 경우 1986년 최초로 한국직업사전 통합본이 출간되었을 당시 직업 수는 8,900개 정도였으나 2014년 말 기준 '한국직업사전'에는 14,881개(본직업명 5,662개, 관련직업명 5,778개, 유사직업명 3,441개 포함)의 직업이 수록되어 있다(한국고용정보원홈페이지).

1940년대 광복 이후부터 현재까지의 직업에 대한 변화를 살펴보면 다음과 같다.

1940년대 광복 이후에는 타자기로 문서를 작성하였던 타이피스트가 인기 직업이었다. 자원과 물자가 부족해서 고물을 사고 파는 고물장수도 인기가 있었다. 도자기공이 만든 옹기장수도 쏠쏠한 수입을 얻었다. 1950년대 한국전쟁 직후에 모두가 가난하였던 시절 수도가 없어 집집마다 물을 길러다 주는 물장수도 있었으며, 거리에서 넝마를 줍던 넝마장수와 골목길에서 엿을 팔던 엿장수도 있었다. 1960년대 산업화 시대에는 여기저기 길이 뚫리고 버스가 폭발적으로 늘어나면서 만원버스에서 사람을 밀어 넣는 버스 안내원도 등장하였다. 지금은 전화번호를 누르면 상대방과 직접 연결이 되지만, 당시에는 전화교화원을 통해야만 상대방과 통화할 수 있었다.

어제도, 오늘도 직업은 이어져 내려온다.

예나 지금이나 사람들에게 꾸준한 인기가 있었던 직업은 변함없이 이어져 내려오고 있다. 변호사, 공무원, 교사, 은행원 등은 안정적인 수입과 함께 전문성을 강조하는 직업들로서 선망의 대상이 되어 왔다. 또한 매스컴과 대중문화의 발달로 대중들의 사랑을 받는 직업들이 주목받기 시작하였는데 프로듀서, 영화배우, 가수, 모델, 패션디자이너, 운동선수 등과 같은 직업이었다. 한편 공공의 안녕을 위하여 사회의 안전서비스 관련 직업인 경찰관이나 소방관 등이 주목을 받았고, 신체적, 정신적 건강에 대한 관심이 높아지면서 의사나 간호사, 재활치료사 등이 인기 직업으로 자리를 잡게 되었다.

바야흐로 21세기는 직업의 홍수시대이다. 정보, 통신, 금융 등이 발달하면서 펀드매니저, 웹마스터, 컴퓨터보안전문가 등 고도의 전문지식과 실무경험을 필요로 하는 신생 직업들이 생겨나기 시작하였다. 또한 고도화되고 세분화되는 산업사회에 발맞추어 직업도 점차 다양해지고 있다. 이러한 이유로 지금까지 없었던 새로운 직업이 등장하게 되었는데 눈으로 음식을 느끼게 하는 푸드스타일리스트, 향긋한 커피에 생명을 불어넣는 바리스타, 힙합문화의 중심 브레이크 댄스를 전문적으로 추는 프로비보이, 손 발톱의 좁은 공간에 무한한 예술을 뽐내는 네일 아티스트 등이 대표적인 예이다. 바쁜 예비 커플들을 대신하여 결혼식의 처음부터 끝까지 책임지는 힐링 직업 웨딩플래너와 환자의 마음을 알아주는 서비스와 환자와 병원을 연결시켜주는 직업인 병원코디네이터, 생활 속 날씨 정보부터 기업의 날씨 마케팅까지 시시각각 변하는 날씨를 추적해 맞춤형 날씨 정보를 제공하는 기상컨설턴트 등 시대와 세상의 흐름에 맞추어 수많은 직업들이 생겨나고 있다.

경제와 기술이 발전하고 하루가 다르게 변화하는 사회에서 매년 수많은 직업이 새로 생겨나고 있다. 시대의 생활상이 고스란히 담겨 있는 직업세계 속에서 우리가 선택하게 될, 혹은 선택하고자 하는 직업이 어디에 해당하는지 한 번쯤 생각해 보아야 할 것이다.

2. 직업세계의 변화요인

과거 1980년대까지의 우리나라 경제는 양적 성장을 거듭하여 왔다. 하지만 1990년대 후반 이후에 우리나라는 경제의 질적 성장과 글로벌 시대의 핵심 인재 양성이 국가핵심 정책과제로 대두되었다. 이에 따라 2002년에 우리나라는 국가경쟁력 강화를 목적으로 '인적자원기본법'을 제정하고, "인적자원이라 함은 국민 개개인 · 사회 및 국가의 발전에 필요한 지식 · 기술 · 태도 등 인간이 지니는 능력과 품성"으로 정의하였다.

한편 경제협력개발기구(OECD, 2011)는 세계 경제의 새로운 성장 원천으로서 지식기반 자본에 주목하고 있다. 또한 유럽평의회(EC, 2010)는 미래비전의 일환으로 미래직업이 요구하는 직업능력의 보유가 단기적 고용 가능성의 문제를 넘어서는 근본적인 문제이며, 창의성, 기업가정신과 같은 요소와 함께 미래경제성장을 이끌어 가는 중요한 요소로 인식하고 있다. 이와 같이 세계 각지에서 추구하는 인적자원정책의 목표는 개인의 행복한 삶을 위한 역량개발과 국가 · 사회적 발전을 위한 인적자원의 확보와 활용이라 할 수 있다.

이에 따라 개인 차원에서는 급변하는 환경과 증대되는 불확실성에 대응하기 위하여 사고의 유연성을 갖추고 장기적이고 미래지향적인 직업세계에 대한 준비가 필요하며, 지속적으로 학습할 수 있는 능력의 개발도 도모되어야 한다.

이와 같이 범세계적으로 새로운 인적자원의 능력개발과 직업에 관하여 관심을 가지게 된 배경은 인구구조의 변화, 세계경제의 체제변화, 과학기술의 융 · 복합화와 가속화, 지구환경의 변화 등이 그 요인으로 꼽히고 있다.

1) 인구구조의 변화

인구구조의 변화는 경제 및 산업구조, 사회현상, 일상적인 소비 등에 미치는 영향력이 매우 크다. 현재 세계 인구는 약 70억 명으로 추계되고 있으나, 30년 후인 2040년에는 88억 명으로 증가할 것으로 예측된다. 아시아, 중동 등 저개발 지역들의 인구는 지속적으로 증가하고 있으나, 일본, 서유럽 등은 지속적인 출산율 저하로 인해 인구가 감소되고 있는 추세이다.

우리나라의 경우 대다수의 선진국과 마찬가지로 수명은 늘지만 출산율은 떨어지고 있다. 현재와 같은 초저출산 현상이 지속될 경우 총인구는 2030년에 5,216만 명까지 성장한 후 2031년부터는 감소할 전망이며, 생산가능인구(15~64세)도 2016년 3,704만 명을 정점으로 2017년 이후로는 감소하고, 2017년에는 고령사회(65세 이상 고령자 비중이 전체인구의 14%)로 진입하여 고령인구가 유소년(0~14세)인구를 초과하는 인구역전 현상도 발생할 가능성이 있다(통계청, 2011).

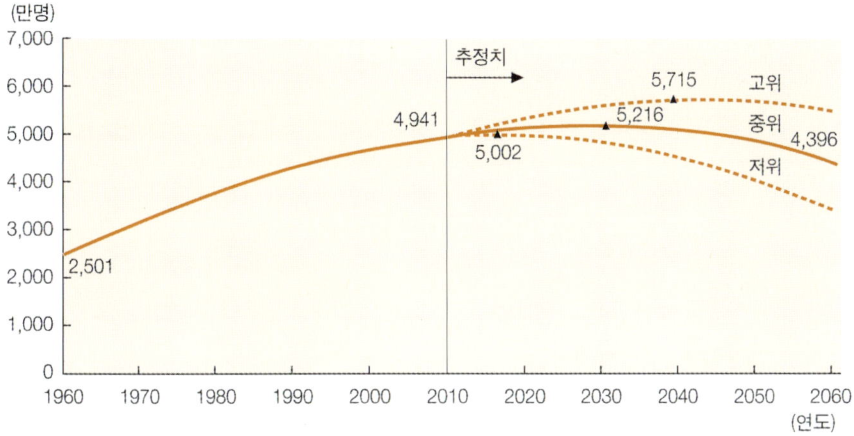

출처: 통계청, 장래인구추계 2010-2060.
* 중위가정-부통 수준의 출산율과 기대수명 및 국제순유입을 가정, 고위가정 높은 수준의 인구성장을 가정, 저위가정-낮은 수준의 인구성장을 가정.

[그림 7-1] 1960-2060년 인구 성장 가정* 총인구

인구피라미드는 2010년 현재 20대 이하가 전체인구의 37.3%, 30~50대는 47.2%, 60대 이상이 15.5%로 중간 연령층이 많은 종형 구조이지만 점차 아랫부분이 좁아지고, 윗부분(특히 고령)이 넓어지면서 2060년에는 20대 이하는 21.8%로 감소하는 반면, 60대 이상이 47.4%로 가장 큰 비중을 차지하는 역삼각형의 항아리 구조로 변화될 것으로 전망된다(통계청, 2011).

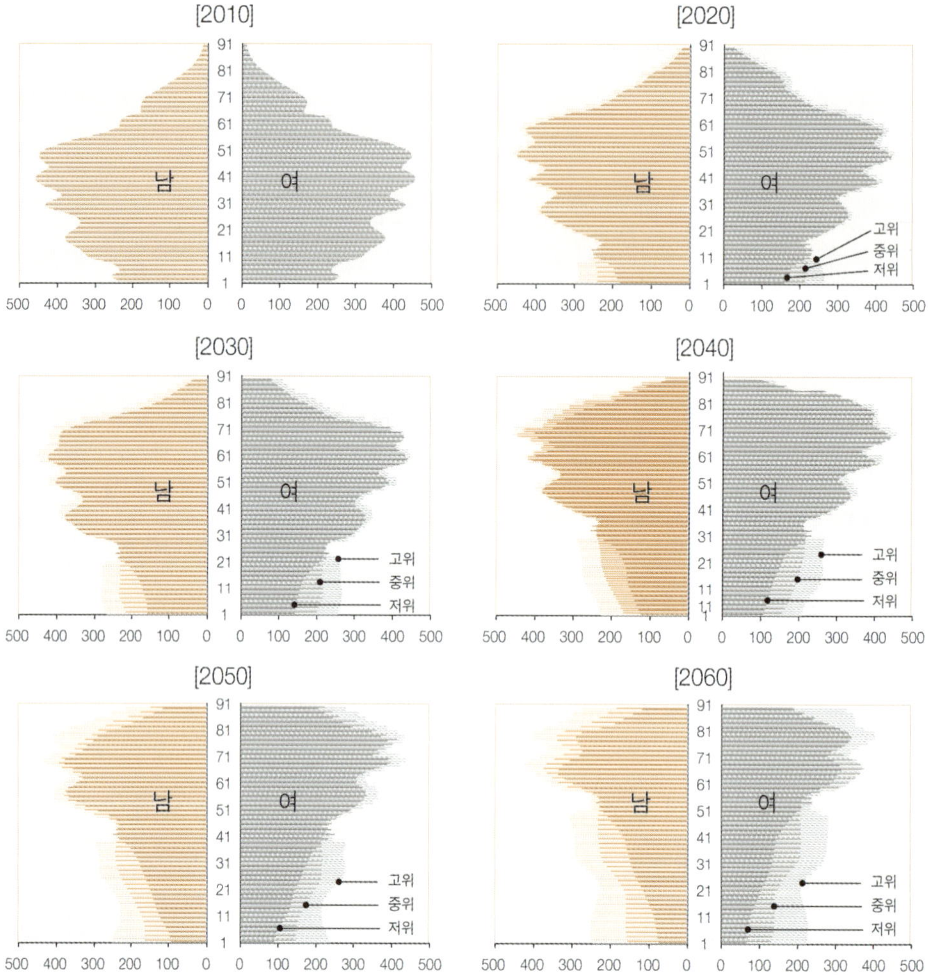

출처: 통계청, 장래인구추계 2010-2060.

[그림 7-2] 성 및 연령별 인구피라미드, 2010-2060

이러한 인구구조 변화는 노동력 구성을 변화시켜 고용 및 사회구조에 큰 영향을 미치게 된다. 저출산은 노동 공급량을 절대적으로 감소시킬 뿐 아니라 핵심 생산계층 감소와 고령자 증가로 노동력의 질 또한 하락하는 결과를 가져온다. 이러한 인구구조 변화는 우리 경제에 부정적 영향을 미친다. 생산가능인구 감소로 경제 활력은 둔화되지만 고령자 증가로 복지비용은 증가하여 세대 간 자원 형평성 문제를 둘러싼 갈등이 나타날 수 있다(한국고용정보원, 2014b). 한편 노령인구의 증가는 직업환경에 큰 영향을 미쳐 노인 대상 실버산업 관련 직업을 확대시킬 것으로 전망된다.

2) 글로벌 경제체제의 확장

세계 경제의 글로벌 체제 확장은 국가 간 경계가 무너지고 자본과 인력의 글로벌 유동성은 계속 강화되고 있다. 한국사회의 저출산 · 고령화 추세와 맞물려 한국으로의 외국인 유입은 더욱 가속화되고 있다. 2013년 현재 국내 체류 외국인은 157만 6천여 명으로 1990년 약 5만 명 수준에 비해 31배 이상 증가하였다.

한편 한국의 기업들은 기업활동에 유리한 지역으로 자본을 이동시켜 해외에 생산기지를 마련하고, 사람들은 해외에서 일자리를 찾는 일이 빈번해졌으며, 재화와 서비스의 교역량은 폭발적으로 증가하고 있다.

통계청의 「2014년기준 기업활동조사 보도자료」에 따르면 조사대상 기업 중 국외자회사(법인투자)를 포함하여 국외진출 중인 기업은 27.4%(3,393개)이며, 국외진출을 하고 있지 않은 기업(9,008개) 중 2.8%(255개)는 지사 · 공장(78.4%), 법인투자(23.5%), 기업이전(2.7%) 형태로 국외진출을 계획 중인 것으로 나타났다. 한편 한국무역협회의 통계자료를 보면 우리나라의 무역규모는 1960년에 수출 32,827천불과 수입 343,527천불이던 것이 2014년엔 수출 572,664,607천불과 수입 525,514,506천불로 늘어났다(한국무역협회, 2015).

더군다나 강대국들의 경제환경 변화에 대한 대처능력은 우리나라 산업의 구조변화를 더욱 촉진시키고 있다. 다양한 원천기술과 정보통신 관련 역량을 지닌 미국은 세계 경제의 패권을 지속적으로 유지하고자 노력하고 있으며, 전통적인 산업강국으로서 전 세계에 고부가가치의 부품 소재를 공급하는 일본은 경제부활을 꿈꾸고 있고, 세계의 공장이자 최대 수출국인 중국은 거대한 내수시장을 지렛대 삼아 첨단기술과 노하우를 확보해 나가려 하고 있다.

3) 사물인터넷의 급속한 성장과 융·복합 기술의 가속화

인공지능, 로봇, 정보통신기술 등의 발달은 인간의 삶을 편리하게 해주지만, 다른 한편 인간의 일자리는 기계로 대체되고 있다. 자동차 생산과 같은 제조업의 일자리뿐만 아니라 호텔과 같은 서비스 업종의 일자리까지 이제 인간이 기계와 경쟁해야만 하는 시대에 접어들었다.

21세기 과학기술의 발전은 정보통신, 생명, 나노 등의 융·복합 기술에 의해 더욱 가속화될 전망이다. 특히 생명, 정보통신기술과 융합된 나노기술은 기존 기술의 성능을 획기적으로 뛰어넘는 신소재 개발을 가능케 하여 다양한 분야의 패러다임을 변화시키고 있다.

신산업 창출로 인한 기존 산업의 구조변화, 새로운 직종의 탄생 등은 경제·사회에 지속적이고 근본적인 변화를 초래하고 있다. 기술변화의 가속화는 공정혁신에 의한 인력 대체와 제품혁신에 의한 새로운 영역이 확대되고 있다.

4) 기후·환경 변화와 에너지·자원 소비의 변화

자연의 자가조절 능력 한계를 넘어선 기후·환경 변화로 사막화, 홍수, 가뭄과 같은 자연재해와 생태계 변화의 악순환은 환경에 관한 규제를 강화시키고 있다. 세계 각 국가에서는 저탄소 사회를 지향하고, 온실가스 자체를 감축시키기 위한 노력이 진행되고 있다.

기후·환경 변화에 대응한 에너지 및 자원 소비의 변화는 지속적으로 진행될 것이며 글로벌 경쟁요소의 핵심사항이기 때문에 이와 관련된 새로운 일자리 창출은 직업세계 변화의 한 요인으로 꼽히고 있다.

5) 산업구조의 변화

산업구조의 변화는 노동인력의 수요 및 공급에 변화가 발생하는 것을 의미한다. 따라서 산업구조의 변화에 따라 비중이 높아지는 산업 분야와 관련된 직업의 종류는 늘어나는 반면, 비중이 줄어드는 분야의 관련 직업은 줄게 된다.

산업화의 진전은 사회적 분업과 기술적 분업을 진행시켜 기존의 직업을 소멸시키고 새로운 직업을 생성시킨다. 또한 사회적 분업과 기술적 분업의 진행은 많은 전문적이고 기술적인 직업을 만들고, 이러한 현상은 과학기술의 발전과 함께 개인 업무의 분담을 가져온다(이장희, 정병식, 2013).

2013~2023년 산업별 고용구조의 변화를 보면, 서비스업은 소득 증대에 따른 수요의 고급화와 다양화, 금융 거래의 발전, 여가활동의 증가 등으로 산업의 서비스화가 진행될 것으로 전망된다.

제조업 고용 비중은 2013년 16.7%에서 2023년 16.3%로 다소 낮아지지만 비교적 현 수준과 비슷할 것으로 전망된다. 농림 · 어업 6.1% → 4.8%로 감소, 도매 및 소매업은 14.6% → 14.4%로, 숙박 및 음식점업은 7.9% → 7.3%로 감소된 반면, 보건업 및 사회복지서비스업은 6.2% → 9.4%로, 사업시설관리 및 사업지원서비스업은 4.7% → 5.8%로 증가할 것으로 전망된다(한국고용정보원, 2014b).

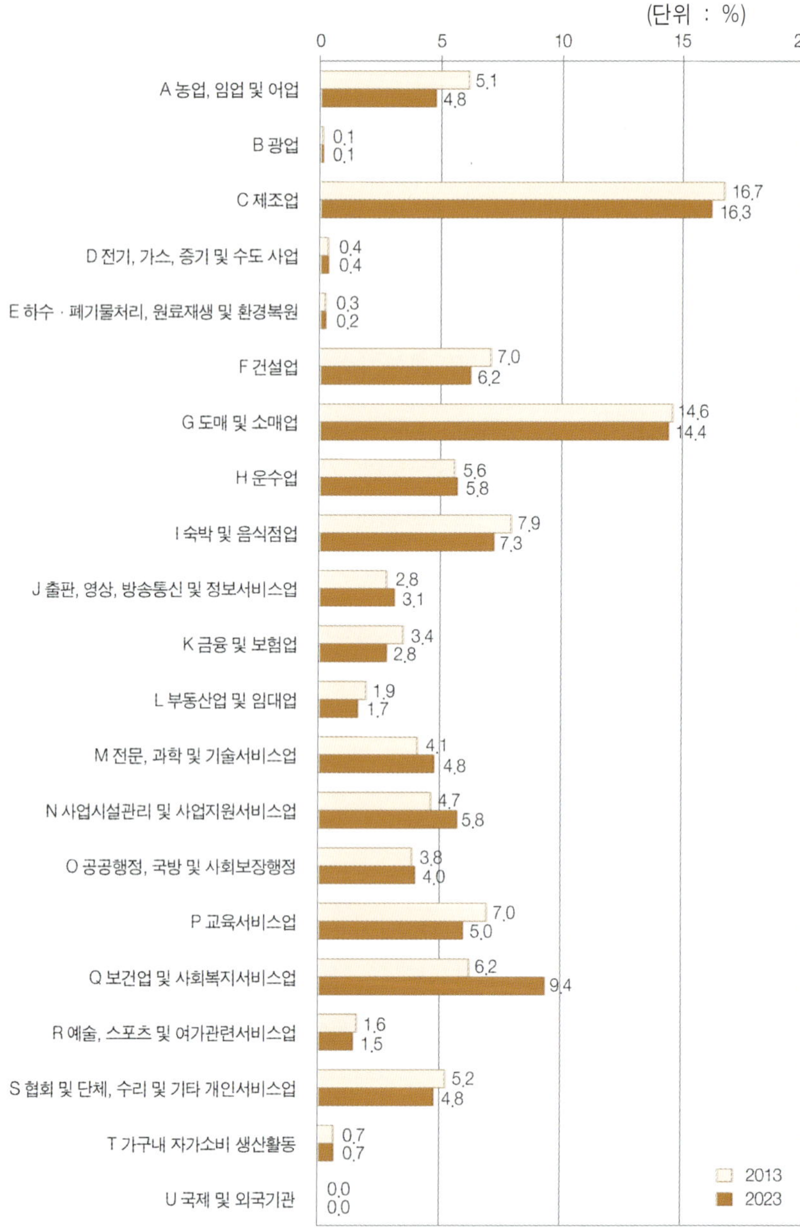

출처: 한국고용정보원, 중장기 인력수급 전망 2013-2023.

[그림 7-3] 산업 대분류별 취업구조 전망

3. 우리나라 노동시장 및 취업시장의 특징

1) 우리나라 노동시장의 특징

우리나라 노동시장은 경제성장, 산업구조의 변화, 고학력화, 고령화 등으로 빠르게 변화하여 왔다. 하지만 조직(기업)우선, 순환보직과 연공서열을 중시하는 아시아적 문화 특성을 지니고 있기 때문에, 신입사원을 채용할 때 학력과 나이를 먼저 고려하는 경향이 있고, 필기시험을 동반한 대규모 공개채용을 통해 잠재능력 위주로 인력을 채용하고 있다. 이러한 현상은 지도교수 추천이나 이전 직장 상사의 평가서와 구직자의 인터뷰가 취업에서 중요한 역할을 하고, 수시로 필요한 인력을 채용하는 서양과는 명백한 차이를 보이고 있다(박천수 외, 2010).

[표 7-1] 노동시장의 특성비교

구분		한국(조직)	독일(직무)	미국(성과)
채용	절차	• 지인우선	• 직무 설명에 기초	• 법률기초(동등기회)
	중점 사항	• 학력(학벌)과 나이 • 잠재적인 능력	• 전공(학과)과 경력 • 일자리 적합도	• 전공과 경력 • 직무수행능력, 업무적합도
	시기	• 신규인력 중심	• 빈 일자리	• 일자리 수요
업무분장		• 순환보직	• 직위고정	• 직위 · 직무고정
직무선호		• 극단적인 사무직	• 직무별 선호	• 직무/성과별 선호
승진		• 경력(내부평가)	• 새로운 직무 포착	• 심사 · 평가 후 승진
평가		• 다면(신뢰도 낮음)	• 책임자(신뢰도 높음)	• 책임자(신뢰도 높음)
전직		• 새로운 직장	• 새로운 직무로 이동	• 새로운 직무로 이동
급여	기준	• 기본급 + 성과급	• 연봉제	• 연봉제 기초성과급
	격차	• 학력과 경력	• 직무	• 직무 · 성과
	산정	• 근속연수	• 노동조합(연대임금)	• 성과평가가 중요
	승급	• 매년 자동 승급	• 자동승급 매우낮음	• 성과승급
장단점	충성도	• 기업충성도 높음	• 직무충성도 높음	• 성과지향성 높음
	전문성	• 일반능력 높음	• 직무전문성	• 직무전문성
	시장	• 내부 노동시장 발전	• 외부 노동시장 발전	• 외부 노동시장 발전

출처: 박천수 외(2010), 민간직업능력개발시장 실태분석 및 경쟁력 제고 방안(II), 한국직업능력개발원.

2) 우리나라 취업시장의 특징

다음의 내용은 일간지에 실린 글이다. 각자가 읽어보고 소감을 적은 다음 동료들과 토론을 해보자.

청년에게 공정한 출발선을 취업 9종세트?… 업무 무관·고비용 스펙 요구 없애야

■ 전략

청년 일자리 문제는 해결될 기미를 보이지 않고 있다. 전문가들은 단기적으로는 기업들의 채용 방식을 바꿔 청년들의 취업비용을 높이는 '스펙 경쟁'을 중단하고, 근본적으로는 좋은 일자리를 늘리고 노동시장의 이중구조를 철폐하는 대책이 필요하다고 지적하고 있다.

■ '취업 9종 세트'는 그만

취업을 위한 스펙 경쟁은 끝이 없다. '취업 3종 세트'(학벌, 학점, 토익점수)는 옛말이고, 지금은 '취업 9종 세트'(3종+어학연수, 각종 자격증, 공모전 입상, 인턴 경력, 봉사활동, 성형수술)가 떠오르고 있다. 김유빈 한국노동연구원 연구위원은 "대학은 기업이 요구하는 직무 역량 학습 기회를 제공하지 못하는 상태에서, 취업준비생들이 개인적으로 취업 준비활동을 하면서, 스펙은 또 다른 문지방 역할을 하고 있다"며 "이는 과도한 개인적 · 사회적 비용으로 이어진다"고 말했다.

문제는 이런 스펙이 정작 직무 역량과는 거리가 멀다는 데 있다. 2014년 취업포털 잡코리아가 기업 인사담당자 113명을 대상으로 실시한 온라인 설문조사에서, 현행 공채방식의 문제점에 대한 응답자 가운데 36.6%는 '고 스펙과 업무능력이 비례하지 않는다'고 답했다. 그럼에도 취업 준비생 개인으로서는 적어도 남들만큼은 스펙을 쌓아야 하고, 더 나아가 조금이라도 차별화하기 위해 더 많은 스펙을 쌓는 것 외에는 별다른 선택지가 없다.

일부 대기업을 중심으로 최근 몇 년 사이 스펙을 보지 않겠다는 '탈 스펙' 채용을 도입했지만, 취업준비생들의 현실은 달라진 게 없다. 취업준비생들은 "기존에 강조되던 스펙은 그대로 쌓고, 여기에 기업이 원하는 직무적합성에 맞춘 '탈 스펙 채용 대비 스펙'까지 갖추느라 짐만 늘었다"고 말한다. 은행권 취업을 준비 중인 이 아무개(24)씨는 "해외 연수나 자격증을 이력서에 쓰지 않도록 하는 곳도 있지만, 그래도 불안해 남들 다 따는 금융 관련 자격증 등 정도는 갖춰놨다"며 "이제는 블라인드 면접에 대비해 서비스 업종에 걸맞게 말하는 연습도 하고 있다"고 말했다. 기업들이 채용 과정에서 '도전정신'을 강조하면, 취업준비생들은 '해외봉사활동 스펙을 쌓아야 한다'로 받아들인다.

이에 따라 청년들이 '묻지 마 식 스펙 쌓기'를 하지 않아도 되도록, 기업이 공채 과정을 투명하게 공개하고 채용 기준을 정확하게 설명해야 한다는 지적이 나온다.

예를 들어 기업들이 국가고시처럼 "토익점수는 일정 점수 이상이면 된다"거나, "특정 직군에는 영어회화 능력에 가산점을 몇 점 준다" 등 구체적인 기준을 제시해야 한다는 것이다. 신윤정 청년허브 기획실장은 "기업이 채용 과정을 투명하게 공개해 어떤 요소가 채용에 어느 정도의 영향을 주는지를 밝히고, 불합격 지원자에게는 이유를 정확하게 설명해주는 등 불필요한 스펙 경쟁에 따른 사회적 비용을 줄이는 데 역할을 하도록 만들어야 한다"고 말했다.

〈한겨레신문 2016. 1.12〉

전 세계가 부러워하는 우리나라의 눈부신 경제발전에는 교육이 크게 기여하였다. 광복 이후 짧은 기간 동안 우리나라의 교육과 훈련은 양적 · 질적으로 엄청난 발전을 거듭하여 왔고, 우리나라의 교육제도에 대하여서도 세계적으로 부러운 시선을 받고 있다.

하지만 우리나라 교육제도는 상급학교 진학 준비에 맞추어져 있기 때문에 입시 위주의 교육이 주가 되고 있다. 사회에서 필요한 직업교육에 대하여서는 소홀하다는 점이 문제로 지적되고 있다. 그 결과 우리나라의 대학진학률은 세계에서 가장 높은 나라가 되어 이른바 '고등교육이 보편화'라는 말까지 등장하게 되었다. 이로 인해 고학력자인 대졸자가 대거 양상되는 학력 인플레 현상이 사회문제로 대두되고 있다. 또한 이러한 학력 인플레 현상은 고용없는 성장시대와 맞물려가면서 청년실업자는 지속적으로 늘어가고 사람들의 일자리도 급속히 줄어들고 있는 실정이다.

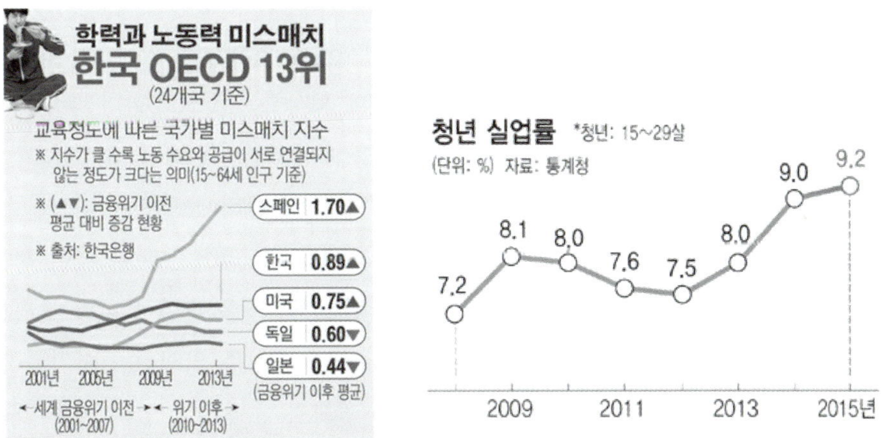

출처: 한국은행(2015.10.21), 주요국 노동시장의 미스매치 현황과 시사점.

[그림 7-4] 주요국 노동시장과 미스매치 현상

고용노동부의 발표에 의하면 2015년 15세에서 29세 사이의 청년실업률(실업자수/경제활동인구×100)은 9.2%로서 2011년 7.6%, 2012년 7.6%, 2013년 8.0%, 2014년 9.0%로 해마다 증가하고 있다(2016년 1.13 고용노동부 발표). 이러한 청년실업률 증가현상은 2000년 이래 최고이며, 이러한 원인에 대하여 고학력 등에 따른 일자리 미스매치에 기인하는 것으로 분석하고 있다.

전반적으로 우리나라 국민들의 학력 수준은 높아졌으나, 학력이 취업으로 연결되는 데에는 한계가 있음이 밝혀지고 있다. 2014년 대학졸업자 취업률은 4년제가 54.8%이고, 전문대학이 61.4%로 나타났다(교육부, 2014). 이와 같이 고등교육을 받았지만 취업으로 연결되는 비율이 낮은 것은 우리나라의 교육이 학문기 이후 취업희망자의 희망진로와는 다소 동떨어진 학문중심의 학습에 기인하는 것이라는 비판이 제기되고 있다. 학문중심 학습의 결과는 실제 산업현장이나 기업체에서 필요로 하는 지식이나 기술과 동떨어져 기업체에 경제적 어려움을 가중시키고, 기업현장에서 필요한 인력을 충원하는 데에도 어려움을 겪고 있다.

한편 한 통계조사에 따르면 신입사원의 교육·훈련에 소요되는 기간은 평균 18.3개월이며 소요비용은 평균 5천959만6천원으로 나타났다. 또한 신입사원이 교육·훈련기간 중에 퇴사하는 비율도 자발적 퇴사가 10.3%, 비자발적 퇴사가 3.2%나 된다고 한다. 즉, 대졸 신입사원 100명 중 14명은 입사 100일 이내에 퇴사하는 것으로 밝혀졌다. 비자발적 퇴사 이유로는 조직적응력 부족이 가장 큰 비율을 차지하였다(연합뉴스, 2013.11.21).

또한 학교를 다니면서 전공 관련 공부와는 별개로 취업 준비에 필요한 다양한 스펙(SPEC: specification) 쌓기에 전념하고 있는 것이 우리사회의 현실이다. 이와 같이 전공과도 무관한 무분별한 스펙 쌓기는 산업현장에서의 활용도도 낮을 뿐만 아니라 불필요한 시간과 과도한 비용이 발생된다. 또한 대학생들은 스펙 쌓기를 위해 졸업시기를 늦추는 사례가 빈번히 발생하여 입직연령도 늦어지는 결과를 초래하고 있다. 우리나라의 평균 입직연령은 25.6세로, 이는 경제개발협력기구(OECD) 평균인 22.9세보다 훨씬 늦은 것이다.

위에서 살펴본 바와 같이 우리나라 취업시장의 단점은 첫째, 입시 위주의 교육으로 직업교육에 대한 관심 부족, 둘째, 일자리의 양적, 질적 불일치, 셋째, 불필요한 스펙 쌓기로 인한 직무교육 소홀과 사교육비의 증가로 요약된다.

따라서 이러한 문제를 해결하기 위해서는 취업희망자의 소질과 적성에 맞는 직무교육이 우선되어야 하며, 학력과 직무자격을 일치시키는 것이 우선 과제라고 할 수 있다. 또한 취업희밍자는 자신이 하고 싶은 일을 선택하고, 이러한 일을 하기 위해서 갖추어야 할 능력이 무엇인지 파악하고 준비하여야 하며, 자신의 경력을 어떻게 개발하고, 어디로 나아가야 할 것인가를 파악하여야 한다. 이를 위하여 범국가적으로 개발한 것이 국가직무능력표준(NCS: National Competency Standards)이다. 국가직무능력표준에 대한 상세한 내용은 9장에서 다루기로 한다.

4. 평생학습과 미래직업

기술의 발달, 세계화, 인구구조의 변화, 사회적 변화, 산업구조의 변화 등 직업환경의 변화는 개인으로 하여금 스스로 자신의 능력을 적극적으로 계발하도록 변화시키고 있다. 변화하는 직업환경에 따라 새로운 미래직업이 나타나고 새로운 직업능력이 요구되는 것이다.

1) 평생학습

'평생학습'이란 형식이나 목적, 비용 부담 여부와 관계없이 개인의 생애에 걸쳐 이루어지는 다양한 학습 또는 교육훈련으로 정의된다(교육부). 평생학습은 아래 그림 7-5에서 보는 바와 같이 개인적 측면에서 건강 유지 및 자기계발에 도움이 되고, 직업적 측면에서 직무관련 업무능력 향상에 유용하며, 참여자의 사회 참여 및 인식에도 긍정적인 영향을 미치는 것으로 나타나고 있다.

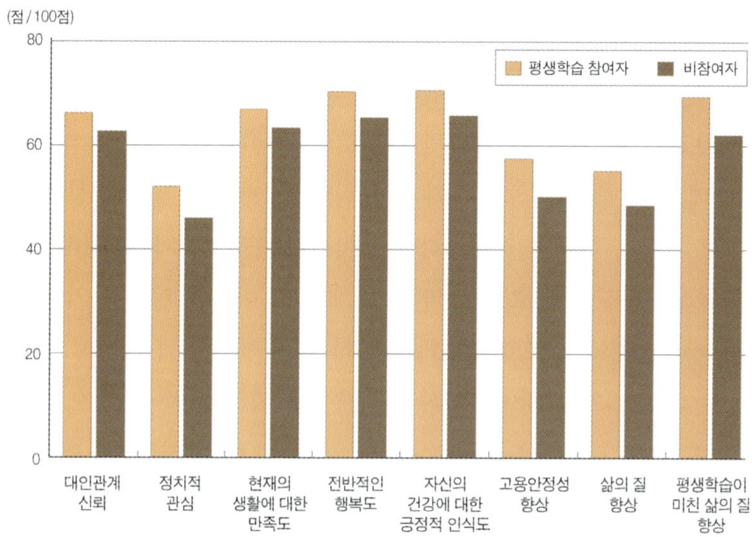

출처: 교육부, 교육통계서비스(http://kess.kedi.re.kr/stats)

[그림 7-5] 평생학습의 효과 - 사회 참여 및 인식

2) 직업전망

한국고용정보원이 발표한 「2015 한국직업전망」에 따르면 향후 10년간 직종별 직업전망은 다음과 같다. 총 196개 직업 중 13개 직업이 증가로 나타났으며, 83개 직업이 다소 증가, 68개 직업이 유지, 32개 직업이 다소 감소로 전망되었다.

(1) 증가

고용 증가가 전망되는 13개의 직업 중 물리 및 작업치료사, 임상심리사, 간병인, 사회복지사, 상담전문가 등 7개의 직업이 보건의료복지 관련직으로 나타났다. 인구가 고령화되고 소득 수준이 높아짐에 따라 의료 및 복지에 대한 수요가 증가하는 영향을 반영한 결과로 분석된다. 또한 모바일 및 인터넷 보급으로 인해 홈쇼핑 및 모바일 쇼핑 등이 증가하여 택배원의 고용도 증가될 것으로 분석되었고, 환경 및 안전에 대한 의식이 고취됨에 따라 환경공학기술자 및 산업안전 및 위험관리원의 고용도 증가할 것으로 전망되었다.

(2) 다소 증가

다소 증가 직업은 총 83개로 전체 직업 중 거의 절반에 이르는 직업이 다소 증가로 전망되었다. 산업 및 기술이 고도화됨에 따라 전문직 및 사무직의 대부분이 다소 증가할 것으로 전망되었으며, 경찰관, 소방관 등 공공안전서비스 직업과 의사, 한의사 등 의료관련 직업 다수가 다소 증가로 전망되었다. 생활 수준이 향상되면서 치료적 목적에서 예방적 차원으로의 의료서비스 수요가 증가하고, 고령화로 인해 노인성 질환자가 증가함에 따라 각종 의료 관련 직업이 향후 증가할 것으로 전망된다.

소득 수준이 상승하면서 여가나 문화에 대한 관심과 소비도 증가하고 있다. 또한 중국 및 동남아를 중심으로 한 한류열풍이 지속되며 방송 관련 산업도 상승하고 있어 대중가수, 무용가, 감독, 배우, 만화가 등 방송문화예술 관련 직종 상당수도 다소 증가할 것으로 전망되었다. 또한, IT 산업의 성장세가 지속되며 SW 관련 직업과 보안전문가 등 정보통신 관련직은 증가세를 지속할 것으로 전망되었다.

(3) 현 수준 유지

현 수준을 유지할 것으로 전망된 직업은 총 68개로 내수시장 위축에 따라 디자이너의 대부분이 포함되었다. 제품디자이너, 패션디자이너, 인테리어디자이너 등 디자인이 중시되는 사회로 진입하였지만 경기침체 및 기업의 경영악화 등으로 디자인 일자리는 증가하지 않을 것으로 전망되었다. 또한 항공을 제외한 운송 관련직 대부분이 유지로 전망되었는데, 인구감소에 따라 수송인원이 크게 증가하지 않으며 자동차 보유가구가 증가하여 기관사 및 운전원 등의 고용은 현 수준을 유지할 것으로 전망하였다. 기술의 발전으로 인해 기계화 및 자동화가 진행되며 매표원, 기계장비설치원, 기계조작원 등 기계로 대체 가능한 직종의 고용은 유지할 것으로 전망되었다.

(4) 다소 감소

다소 감소 직업은 32개로, 경기침체와 인구구조의 변화 등에 의한 영향을 받는 제조 및 건설관련 직업들이 대부분이다. 최근 금융업계의 구조조정 등으로 인력감축이 이뤄지고 있는 증권과 금융종사자와 침체가 장기화되고 있는 건설 관련 직종의 대부분은 고용이 다소 감소할 것으로 전망되었다. 또한 종사인원의 고령화, FTA 등을 통한 시장개방으로 경쟁력이 약화된 농림어업관련직도 다소 감소할 것으로 전망되었다.

[표 7-2] 향후 10년 직종별 고용전망

전망	직업명
증가 (13)	간병인 간호사 물리 및 작업치료사 법률사무원 사회복지사 산업안전 및 위험관리원 상담전문가 및 청소년지도사 임상심리사 직업상담사 및 취업알선원 택배원 행사기획자 홍보도우미 및 판촉원 환경공학기술자
다소증가 (83)	간호조무사 감독 및 연출자 결혼상담원 및 웨딩플래너 경영 및 진단전문가 경영지원사무원 경찰관 경호원 공예원 관세사 관제사 광고 및 홍보전문가 교도관 기계공학기술자 네트워크시스템개발자 노무사 대중가수 및 성악가 만화가 및 애니메이터 메이크업아티스트 및 분장사 무역사무원 무용가 및 안무가 미용사* 방사선사 방송 및 통신장비설치수리원 배우 및 모델 번역가 법무사 변리사 변호사 보육교사 보험 및 금융상품개발자 비파괴검사원 사서 및 기록물관리사 사회과학연구원 상품기획전문가(MD) 생명과학연구원 세무사 소방관 손해사정사 수의사 스포츠 및 레크리에이션강사 시민단체활동가 시스템소프트웨어개발자 아나운서 및 리포터 안경사 안내및접수사무원 애완동물미용사 약사 및 한약사 여행서비스관련종사자 연예인 및 스포츠매니저 영양사 영업원 웹 및 멀티미디어기획자 웹 및 멀티미디어디자이너 유치원교사 음악가 응급구조사 응용소프트웨어개발자 의무기록사 의사 인문과학연구원 임상병리사 장례지도사 재활용처리 및 소각로조작원* 전기 및 전자설비조작원 전자공학기술자 전통건물건축원* 청소원 및 가사도우미 청원경찰 치과기공사 치과위생사 치과의사 컴퓨터보안전문가 통역사 특수학교교사 판사 및 검사 피부미용사 및 체형관리사 학원강사 및 학습지교사 한의사 항공기객실승무원 항공기조종사 화물

전망	직업명
	자동차운전원 회계 및 경리사무원 회계사
유지 (68)	간판제작 및 설치원 감정평가전문가 건설기계운전원 건축가 및 건축공학기술자 경기감독 및코치 경비원 계산원 및 매표원 공업배관공* 교통설계전문가* 국악 및 전통예능인 금융 및 보험관련사무원 금형 및 공작기계조작원 기계장비설치 및 정비원 기업고위임원 기자 단순노무종사자 단열공 데이터베이스설계구축 및 관리기술자 물품이동장비조작원 미술가 바텐더 버스운전원 보험관련영업원 부동산중개인 비서 상하수도처리장치조작원* 생산관련사무원 섬유공학기술자 세탁원 및 다림질원 시각디자이너 식품가공관련기능종사자 식품공학기술자 및 연구원 악기제조원 및 조율사 영화연극 및 방송제작장비기사 운동선수 운송사무원 운송장비정비원 인테리어디자이너 임업관련종사자 자동차 및 자동차부분품 조립원 자동차정비원 자산운용가 작가 재료공학기술자 전기공학기술자 전기 및 전자기기 설치수리원 정보시스템운영자 제과제빵사 제조공정부품조립원 제품디자이너 조경기술자 조사전문가 주방장 및 조리사 지적 및 측량기술자 철도 및 전동차기관사 출판물전문가 캐드원 컴퓨터시스템설계 및 분석가 컴퓨터하드웨어기술자 큐레이터 및 문화재보존원 텔레마케터 토목공학기술자 통신공학기술자 통신장비 및 방송송출장비기사 투자 및 신용분석가 패션디자이너 항해사 화학공학기술자
다소감소 (32)	건설배관공* 건축목공* 귀금속 및 보석세공원 금속가공장치조작원 낙농 및 사육관련종사자 냉난방관련설비조작원 단조원 대학교수 도배공 도시계획전문가* 도장원 및 도금원 미장공 및 방수공 비금속광물가공장치조작원 사진가 상품중개인 및 경매사 상품판매원 식품제조기계조작원 어업관련종사자 용접원 이용사* 인쇄 및 사진현상관련조작원 직물재배종사자 전공 조적공 및 석공 주조원 중등학교교사 증권 및 외환딜러 철골공 철근공 및 콘크리트공 초등학교교사 택시운전원 판금원 및 제관원

출처: 한국고용정보원, 2015 한국직업전망.
*은 하위단위 세부 직업의 전망이 상이한 직업으로 세부 직업명칭으로 기술함

3) 미래직업

앞서 기술의 발달, 세계화, 인구구조의 변화, 사회적 변화, 산업구조의 변화 등 직업환경의 변화로 인하여 기존의 직업들이 축소되거나 사라지기도 하고, 기술의 발전 등으로 인해 없던 직업이 새로이 등장하기도 하며, 산업을 이끌어가는 주요 직업들도 변화하는 것을 보았다. 한국고용정보원에서 2012년에 발간한 「2012 한국직업사전(통합본 4판)」을 보면 우리나라의 총 직업 수가 11,655개로 2003년의 9,426개에서 2,229개가 늘어나 있다.

다음 표 7-3은 지난 2014년 3월 정부가 발표한 『신직업 육성 추진 계획』에 포함된 미래직업들을 소개한다. 구체적으로는 법·제도적 인프라 구축, 자격 신설 및 전문인력

양성, R&D 투자 등을 통해 정부가 육성하려는 직업들과, 이외 표 7-4와 표 7-5에서는 공공서비스 분야에 우선적으로 도입하여 민간시장에 자연스럽게 정착하도록 지원하는 직업, 중장기적으로 도입 여부를 검토할 직업 등이다. 다만, 이들 직업은 미래의 직업들로서 아직까지 제도적으로 보완할 부분들이 존재하고, 또한 일부 직업은 여전히 정착 가능성에 대한 추가적인 논의가 필요하다(한국고용정보원, 2014a).

[표 7-3] 정부 육성·지원 신직업

법·제도적 인프라 구축	민간조사원	법률이 허용하는 범위에서 의뢰인의 요청에 따른 각종 사실을 조사하거나 실종가족 또는 문건의 소재 등을 조사한다.
	전직지원전문가	퇴직 후 이·전직이나 창업을 희망하는 사람에게 제2의 직업을 추천하고 이에 대한 상담 및 컨설팅을 한다.
	산림치유지도사	숲이 가진 치유기능을 활용하여 산림 휴양 이용자가 건강을 유지하고 회복할 수 있도록 각종 산림치유 프로그램을 개발·보급해 지도한다.
기존 직업의 세분화 및 전문화	연구기획평가사	기술·시장 환경변화에 대한 통찰·분석에 숙달된 경험을 바탕으로 조직 내 새로운 R&D 과제를 선정, 관리방안을 제시하고 사업화 전략을 수립한다.
	연구장비전문가	과학기술 연구개발에 사용되는 전문장비에 대한 지식과 기술을 갖추고 장비 운용을 통해 데이터 산출, 해석 및 연구개발 활동을 지원한다.
	연구실안전전문가	연구실 특성에 맞는 안전점검 및 정밀 안전진단을 수행하거나 연구실 안전에 관한 기술적인 사항을 지도하고 조언한다.
	온실가스관리컨설턴트	온실가스 규제에 따른 경영자문, 업무 관련 대상자 교육, 온실가스 배출 감소를 위한 대응방안 또는 해결책을 제안한다.
	화학물질안전관리사	화학물질 등록 및 위해성 평가 대행, 유독물 위급시설의 관리계획서 작성 및 관리, 화학사고 예방 및 대응에 대한 업무를 한다.
	협동조합코디네이터	협동조합 설립부터 설립 이후의 경영, 회계, 인사, 홍보, 마케팅 등 전 분야에 대한 컨설팅을 제공하고 설립에 필요한 절차를 대행한다.
	소셜미디어전문가	기업의 SNS 계정을 개설·관리하여 기업의 마케팅 또는 고객관리를 실행하거나 고객의 의견을 수렴해 분석함으로써 기업의 의사결정 및 전략설정을 지원한다.
	지속가능경영전문가	경영에 영향을 미치는 환경문제, 사회문제, 기업윤리 등을 종합적으로 고려하여 기업의 지속가능성을 추구하기 위한 사업을 기획·개발·운영한다.
	녹색건축전문가	녹지 등 생태공간 조성, 에너지 효율, 친환경 자재 사용 등 녹

		색건축 인증기준에 적합한 건축물을 계획·설계·시공·평가한다.
	주거복지사	취약계층의 주거환경을 개선하고 주거복지 정보와 서비스를 연계해 제공한다.
	문화여가사	여가생활을 원하는 수요를 파악하고 맞춤형 여가를 설계하며, 지역 문화자원의 종합적 활용·기획, 문화복지·여가 정보 제공, 문화예술 사업 컨설팅·기획 지원 등의 업무를 수행한다.
R&D 투자 및 전문인력 육성	인공지능전문가	인간에 대한 이해를 바탕으로 컴퓨터와 로봇 등이 인간과 같이 사고하고 의사를 결정할 수 있도록 인공지능 알고리즘 또는 프로그램을 구현하는 기술을 개발한다.
	감성인식기술전문가	인간의 감성을 인지하여 반응하는 감성 맞춤형 제품 및 서비스를 제공하는 일에 종사하는 전문가를 통칭한다. 주로 감성 ICT 기술을 연구·개발·응용하는 업무를 수행한다.
	정밀농업기술자	농업 생산·관리에 GIS·GPS 등 최신기술을 접목한 과학적인 정밀농업으로 관련 연구 및 기술 개발, 기술 보급, 기술 적용 등의 업무를 수행한다.
	도시재생전문가	쇠퇴하는 도시의 정체성을 보존하면서 경제적·사회적·문화적·환경적으로 활성화시키기 위한 계획을 수립하고 지원한다.
	빅데이터전문가	빅데이터를 수집·분석해 처리하고, 의미있는 결과를 도출해 새로운 부가가치를 창출한다.
	홀로그램전문가	홀로그래피를 연구하고 개발하는 연구원 및 엔지니어를 비롯해 홀로그래피 기술을 활용하여 공연과 전시 등을 기획하고 운영하는 전문 인력을 말한다.
	BIM(빌딩정보모델링)디자이너	건축물의 설계·시공·유지관리 단계에서 BIM(Building Information Modeling)을 적용해 안전하고 친환경적이며 효율적인 시설물을 구현한다.
공공 서비스를 통한 직업적 기반 구축	임신출산육아전문가	임신 및 출산 여성을 대상으로 임신, 출산, 육아 전반에 필요한 각종 정보와 조언을 제공한다.
	정신건강상담전문가(자살예방전문요원)	지역사회 자살예방 상담 및 단기개입 서비스를 제공한다.
	정신건강상담전문가(약물중독예방전문요원)	알코올 또는 약물 중독으로 고통받는 사람들을 대상으로 상담 및 교육을 실시한다.
	정신건강상담전문가(행위중독예방전문요원)	행위중독에 대한 장단기 치료, 개입 및 재활, 상담서비스를 제공한다.
	과학커뮤니케이터	학교밖 과학교실강사, 방과후 과학탐구강사, 과학기자, 과학저술가, 과학전시물 해설사, 과학연극인처럼 과학기술을 대중과 쉽게 소통시키는 전문가를 통칭한다.

[표 7-4] 민간의 자생적 창출을 지원하는 신직업

기업컨시어지	기업의 임직원이 근무시간 동안 업무에 전념할 수 있도록 개인과 기업의 다양한 업무를 대행하는 서비스를 제공한다.
노년플래너	고객의 노후 건강관리법, 자손과의 인간관계, 노후설계 등에 대해 상담하고 관련 정보를 제공한다.
사이버평판관리자	개인이나 기업의 온라인 평판을 관리하고, 인터넷에 떠도는 나쁜 평판을 모니터링하여 긍정적으로 복구한다.
가정에코컨설턴트	가정을 방문해 전기, 가스, 수도 등의 에너지 사용 실태를 진단하고 에너지를 절감할 수 있는 방법을 안내한다.
병원아동생활전문가	질병이 있거나 병원 치료를 앞둔 아동의 두려움과 불안을 덜어줘 정서적인 안정을 돕는 식으로 아동 환자의 병원생활을 지원한다.
기업프로파일러	시장상황, 기업의 전략, 행동패턴 등을 분석해 기업의 미래 행동을 예측하고, 새로운 기업정체성의 설정 및 시장 내 전략 설정, 경쟁력 제고 전략 등을 수립한다.
영유아안전장치설치원	가정을 방문해 집 내·외부의 위험 요소를 탐색해 제거하고, 안전장치와 시설물 등의 설치 및 안전사고 예방법을 알려준다.
매매주택연출가	주택매매를 원활하게 하고 보다 높은 가격에 판매할 수 있도록 주택의 인테리어와 익스테리어 측면에서 컨설팅 및 연출을 한다.
이혼상담사	이혼을 고려하는 사람들을 대상으로 심리상담과 법적 절차, 이혼 후의 재무, 라이프플랜 등을 상담하고 이혼과정에 필요한 전반적인 사항을 컨설팅한다.
주변환경정리전문가	고객의 의뢰에 따라 쾌적하고 효율적인 생활 및 사무공간 구성을 위해 물건과 공간을 정리하는 서비스를 제공한다.
애완동물행동상담원	개·고양이 등 애완동물의 다양한 문제행동의 본질과 원인을 분석하고, 행동교정 프로그램을 설계하고 훈련한다.
신사업아이디어 컨설턴트	시장 트렌드에 맞춰 새로운 사업 아이디어나 비즈니스 모델을 발굴하고, 고객의 요구에 따라 사업 초기에 필요한 경영전략 및 마케팅 등을 컨설팅한다.
그린장례지도사	유가족들에게 친환경 장례방식을 설명하고 장례식과 매장을 친환경적으로 진행한다.
생활코치	사람의 대인관계, 경력, 건강, 일과 삶의 균형, 자신감 등의 분야에서 자신의 상황을 스스로 제어하고 관리할 수 있도록 지원하는 일을 한다.
정신대화사	외로움과 고독감을 느끼는 사람들을 대상으로 인생이 살아갈 가치가 있다는 걸 느끼게 하고 보다 행복한 생활을 할 수 있도록 정신적으로 지원한다.

[표 7-5] 중장기 검토 과제 신직업

수의사보조원 (동물간호사)	수의사가 수행하는 다양한 진단 및 시술을 보조하며 입원 동물의 간호 및 동물병원 관리업무를 수행한다.
분쟁조정사	분쟁이 발생했을 때 재판 전에 이를 중재·조정·알선하여 분쟁당사자들이 스스로 해결책을 찾아 분쟁을 해결하도록 돕는다.
디지털장의사	고객 또는 유족의 의뢰에 따라 고객 또는 유족이 남긴 인터넷 계정, 게시물, 사진 등을 삭제하는 서비스를 제공한다.

08 CHAPTER

현대 직업인이 갖추어야 할 소양

배울내용

1. 직업인의 윤리의식과 올바른 직업관
2. 직업기초능력과 창의성
3. 자아실현과 세계시민정신

학습목표

1. 직업윤리에 대한 중요성을 인식하고 자신이 희망하는 직업윤리에 대해 설명할 수 있다.
2. 직무를 수행하기 위한 기초직업능력을 제시하고 각 능력의 하위요소를 열거할 수 있다.
3. 세계시민의식의 중요성을 인식하고 한국인으로써 가져야 할 기본적인 세계시민의식에 대해 열거할 수 있다.

개요

21세기 현대사회의 특성 중 하나는 시공을 초월한 지식정보화 사회의 급속한 확산이다. 최근 IT와 인터넷을 통한 변혁은 직업환경과 직무활동이 지역한계를 초월한 글로벌 패러다임으로 전환과 신 직업윤리와 가치관의 재정립을 요구하고 있다. 현대의 직업 환경은 다양한 글로벌 네트워크로 연결되면서 지식과 정보의 융합을 통한 글로벌 리더로서 창의융합 인재를 필요로 하고 있다. 이런 맥락 속에 글로벌 직업인으로서 세계시민정신과 직업기초역량 그리고 직업윤리와 가치 등의 기본소양과 태도가 매우 중요한 관심사가 되었다. 따라서 본 장에서는 현대 직업인의 다양한 윤리와 가치관을 글로벌 시민정신의 관점에서 재정립하고 그 핵심능력을 살펴보면서 시대적 소명인 인재의 소질과 역량을 갖추기 위한 내용들을 다루어보고자 한다.

1. 직업인의 윤리의식과 직업관

현대를 살아가는 직업인이 갖춰야 할 올바른 직업윤리와 직업가치관은 무엇일까? 이에 대한 대답을 찾으려면 먼저 자신의 직업비전을 이해할 필요가 있다. 즉, '직업을 왜 선택하고 어떻게 행하고 무엇을 준비할까?'라는 진로비전을 구체적으로 세우는 노력이 필요하다. 그 과정에서 직업에 대한 핵심 가치관과 윤리의식 등의 직업사명들이 구체화되는 것이다. 현대사회의 직업인은 다양한 책임과 권한에 연계된 직업윤리가 필요하다. 다양한 관계 속의 복잡한 이해를 조정하는 윤리와 직업가치를 공유할 수 있어야 한다는 것이다. 현대인의 직업 그 중심에 바로 직업윤리와 올바른 직업관이 자리하고 있다.

1) 직업인으로서 가져야 할 직업의식

일반적으로 직업인이 가져야 할 직업의식은 다양한 방면에서 다양한 가치를 실현하는 태도로 나타난다. 그 구체적 직업의식을 살펴보기로 하자.

① 소명의식과 천직의식은 자신의 일이 신의 부름을 받아 맡겨진 것이라고 생각하는 태도다. 그 일이 자신의 능력과 적성에 적합하다 여기며 열성을 가지고 성실히 임하는 태도와 의식을 말한다.

② 직분의식과 책임의식은 자신이 하고 있는 일이 사회나 기업, 기타 타인을 위해 중요한 역할을 하고 있다고 믿으며 직업에 대한 사회적 역할과 책무를 충실히 수행하고 책임을 다하는 태도를 말한다.

③ 전문가의식은 다른 말로 프로의식이라 한다. 자신의 일이 이 분야의 지식과 교육을 밑바탕으로 성실히 수행해야만 해낼 수 있는 전문적인 일이라 믿고 직무를 수행하는 태도를 말한다.

④ 윤리의식은 자신의 직업이 사회적 가치와 공공의 이익을 보장하는 역할과 일이라고 믿는 의식과 태도를 말한다.

2) 직업윤리와 직업가치관

일반적으로 직업인에게 적용되는 기본가치인 책임감, 성실성, 정직과 같은 사회적 가치는 직업윤리와 연결된다. 직업윤리는 중요한 가치와 직업의 특성에 따라 약간씩 다르게 나타나기도 한다. 한국직업능력개발원에서는 직업윤리를 직무수행에 있어 원만한 직업생활을 위해 필요한 태도와 직업가치관이라고 하였다(한국직업능력개발원, 1999).

'가치관'이란 개인이 특정 상황에서 선택이나 결정을 내려야 할 때, 어떤 특정한 방향으로 행동하게 하는 원리나 신념체계를 말한다. 따라서 가치관은 아름다움과 추함 또는 옳고 그름에 대한 판단을 내리게 할 뿐만 아니라 어떤 방향이나 방식으로 행동을 이끄는 역할을 한다. 이러한 가치관은 단시간 내에 형성되는 것이 아니라, 어려서부터 접하는 환경과 사람들과의 만남에 의해 형성된다. 특히 동일시 기제가 발달하는 어린 시절에 개인은 부모나 좋아하는 사람들의 행동을 내면화함으로써 가치체계를 만들어 나간다. 그러므로 청소년 시절에 직업 멘토를 통해 직업윤리와 직업가치관을 내면화하는 경험을 해보는 것이 매우 중요하다.

'직업관'은 개인이나 사회가 직업에 대해 가지고 있는 다양한 가치관과 태도를 말한다. 개인이 가치명료화를 위해서는 ① 집단형성, ② 자신의 가치관 인식, ③ 가치갈등 상황의 명료화와 대안탐색, ④ 가치의 선택, ⑤ 가치존중 및 확신, ⑥ 가치관의 행동화 등의 여섯 단계를 통해 가치를 탐색하고 행동화하여야 한다.

3) 올바른 직업관과 종류

'직업가치관'은 개인이나 사회의 구성원들이 직업에 대해 가지고 있는 가치관이나 태도로서 사회변화에 따라 변화하면서 올바른 직업관으로 구체화된다. 먼저 올바른 직업은 행복한 개인의 삶과 더불어 사회발전과 복지에 도움을 주는 직업이며 다음과 같은 직업윤리를 확립하여야 한다.

직업은 사회에 봉사하는 의식을 실행할 수 있어야 하며 장인정신을 가지고 행하여야 한다. 또한 올바른 직업은 맡은바 소명과 사회적 책임 그리고 차별 없는 평등 가치와 의식이 필요하다. 특히 직무 관련 활동에서는 성실하고 책임감 있는 태도와 함께 정당한 방법으로 이윤을 추구하고 이익을 사회에 환원하는 경영 마인드가 필요하다.

직업관의 분류는 크게는 개인적 직업관과 사회적 직업관으로 나누어 볼 수 있다. 직업관의 범위에 따라 직업의 역할과 규모가 달라질 수 있다. 다음으로는 직업관을 직업 기능별로 보는 관점인데 주요 기능을 생계를 위한 것으로 보는 입장과 구체적인 소명을 위한 것으로 보는 입장으로 나눈다. 또 다른 관점은 맡은 바 일에 대한 직업목표를 중심으로 최종적인 결과에 집중하냐와 그 과정에 의의를 두는가로 나눈다. 마지막으로 직업의 획득과정에 따라 업적주의와 귀속주의형 직업관으로 구분되기도 한다.

[표 8-1] 직업관의 구분

유형1	O	X	유형2
생업적			소명적
직업을 생계유지의 수단으로 보는 입장			직업을 신(神)으로부터 부여받은 소명(召命)이라 보는 입장
결과지향적			과정지향적
직업을 돈이나 명예, 권력 획득의 수단으로 보는 입장			직업생활 과정에서 기쁨과 보람을 얻으려는 입장
물질지향적			정신지향적
직업을 통해 실현하는 목표를 물질에 두는 입장			직업을 통해 실현되는 가치가 정신적 만족과 행복감에 두는 입장
귀속주의적			업적주의적
직업생활의 중심을 사회집단의 소속에 두는 입장			업적을 쌓기 위해 직업생활을 한다는 입장
개인중심			집단중심
개인의 이익과 욕구를 우선하는 직업관			팀과 단체의 이익을 우선하는 가치관
나의 직업가치관은 어느 쪽일까? 더 많은 관련이 있는 곳에 ○표하여 자신의 직업관을 알아보자.			

앞의 표 8-1에서 보는 것처럼 직업가치관에 따라 개인은 다른 목적을 갖고 활동하게 된다. 최근 현대인의 직업관은 개인중심의 자아실현과 물질지향의 행복추구로 집중된다. 따라서 자신의 역량을 실현하는 직업인으로 개인과 사회의 소중한 가치를 추구하는 깊이 있는 넓은 직업가치관 정립이 필요하다.

4) 직업윤리

현대적 의미의 직업윤리란 무엇인가? 바로 직업인이 직업생활을 영위하면서 지켜야 할 직장과 직무에 따른 규범과 도리들을 말한다. 직업윤리는 시간과 공간에 따라 변화하는 직업가치관에 연계하여 나타나는데 크게 동양적 직업윤리와 서양적 직업윤리로 나누어 볼 수 있다. 먼저 동양적 직업윤리의 대표사상가인 공자는 유교적 가치 기준 속에 의롭지 않은 부와 재물은 가치가 없을 뿐 아니라 부끄럽게 생각하였다. 곧 도덕적 기준에 일치한 방법으로 부의 형성이 중요하다고 보았다. 그리고 인간은 본성이 악하므로 태생적으로 이익을 추구하게 되므로 사회적인 차원에서 직업직무에 윤리적 도리를 중시하는 노력이 반드시 있어야 한다고 주장하였다.

반면 맹자는 국가와 사회는 생계유지를 위한 수단으로써 생업을 보장할 필요가 있으며 노동의 질 차이에 따른 보상과 역할분담이 중요하다고 보았다. 사실상 그는 사회적 역할로서의 직업과 자아실현으로서의 직업이 겸비되어야 한다고 보았다(이상철, 2013).

한편 서양의 직업윤리는 근대적 의미의 소명적 직업가치와 윤리를 주창한 루터와 합리적 직업관으로 재화와 자본의 축적을 정당화하면서 재정의 윤리적 의무감이 필요함을 주장한 막스베버에 이르기까지 직업의 현대적 자본주의 가치와 윤리가 이어져 왔다.

동서양을 막론하고 사회는 한 개인에게 직업현장에서 일정한 직업을 가지고 급여를 받으며 사회와 지역에 기여하는 활동을 요구한다. 이러한 도덕적 책임을 크게 직업윤리(Professional ethics)라고 한다.

5) 직업윤리의 성격

직업인으로서 직업생활을 통해 행해야 할 직업윤리는 다음과 같은 일반적 성격을 갖는다.

(1) 직업윤리는 직업인이면 마땅히 해야 할 도덕적 가치관을 의미한다.
(2) 직업윤리는 직업인의 보편적 정신자세나 정당한 행위규범을 의미한다.
(3) 직업윤리는 보편적인 일반윤리에 포함되는 직업가치체계이다.
(4) 직업윤리는 일반적인 윤리의 특수형태로 사회적 공인을 얻어 적용한다.
(5) 직업윤리는 전 직업군의 일반윤리와 특수 직업군의 특수윤리로 나뉜다.

6) 직업인의 일반적 직업윤리

모든 직업에는 기본적이고 공통적으로 적용할 일반윤리들이 있다. 다음은 그 일반적 직업윤리에 대한 내용들이다.

(1) 환경의 변화에 대응하며 성장 · 노력하려는 성실성의 윤리가 있다.
(2) 직업의 다양한 주체들과의 공동체성 강화의 윤리가 있다.
(3) 주어진 업무의 결과에 최선을 다하는 책임의 윤리가 있다.
(4) 다양한 업무상 얻은 정보와 지식에 대한 기밀유지의 윤리가 있다.
(5) 직무상 얻은 정보나 지식의 공공성의 윤리가 있다.
(6) 다양한 관점과 문화를 수용하는 개방성의 윤리가 있다.

7) 직업윤리의 기본원칙

직업은 각각 특성에 맞는 기본적인 직업윤리 원칙이 있다. 이 원칙은 직업인으로서 의무의 규정에 속하는 경우가 많다(박동열 외, 2012).

(1) 공적인 지원과 자원을 사적으로 사용하지 말라.

(2) 업무의 공정성과 투명성을 유지하며 규정과 절차 기준에 의해 진행한다.

(3) 고객의 요구와 만족을 위해 최선을 다한다.

(4) 늘 프로의식을 가지고 전문가로서의 책무를 다하도록 한다.

(5) 업무와 관련하여 법규를 준수하고 정당하게 행동한다.

(6) 모든 업무에 정직하고 신뢰를 지킨다.

8) 직업윤리의 형태

현대인의 직업윤리에는 정보윤리, 환경윤리, 안전윤리, 생명윤리, 특수직 윤리로 나누어진다. 따라서 직업윤리에 대한 다양한 형태와 그 특성을 살펴보면 다음과 같다(정석용, 2010).

(1) 정보윤리

지식정보화 사회는 다양한 정보의 생산·활용에 대한 윤리가 요구된다. 지적재산권의 존중과 사이버상의 윤리적 활동 등은 정보윤리의 중요내용이다.

(2) 환경윤리

최근 글로벌사회 속에 지구생태계는 직업의 영역 속에서 인간을 중심으로 한 환경문제를 해결하는 기본적 가치와 윤리에 대한 관심이 높아졌다.

(3) 안전윤리

많은 재난현장 속에서 직업인의 윤리의식 문제는 생사와 문제해결의 중요한 단초가 되기도 한다. 이때 인간의 생사화복을 좌우하는 기초적인 기준이 바로 안전에 대한 직업인의 윤리의식이다.

(4) 생명윤리

최근 과학기술의 발전으로 인간의 존엄과 신의 영역을 침범하는 문제들이 자주 대두된다. 다양한 정보와 역량을 지닌 로봇이 개발되어 사람과 대결하고 유전자조작 동식물이 인간의 가치를 훼손하거나 생명존중에 대한 가치와 윤리를 근원부터 흔들고 있다.

(5) 특수직 윤리

많은 직업군들 중에 직업윤리와 함께 직접적으로 명확히 규정해야 할 특수직의 윤리들이 있다. 먼저 미래인재를 양성하는 교육 분야 직업인은 교육백년지대계(教育百年大計)를 위한 사도의 길을 가는 고차원의 윤리가 필요하다. 또한 공직자는 국민 세금으로 운영되는 국가 기관 업무를 청렴결백하게 수행해야 한다. 나아가 생명을 다루는 의료계 직업인은 히포크라테스 선서나 나이팅게일 선서를 기억하며 의료인으로서의 인명재천과 생명존엄의 직업윤리에 최선을 다해야 한다. 엄격한 직업윤리의식을 갖춰야 할 법조인은 자유민주주의 사회구현을 위한 공인의 소임을 다하는 것이다. 이 밖에도 공인의 입장에 있는 직업인인 연예인이나 기자 등은 언론과 활동을 통해 특수한 직업인으로서 윤리의식을 갖고 생활해야 한다.

9) 기업윤리와 기업선택 가치 이해

다음 표 8-2는 최근 기업의 10대 윤리헌장이다. 이 윤리조항을 잘 실현하는 기업을 찾아보면서 기업대표들의 경영에 대한 윤리의식을 점검하고 자신의 기업의 윤리관과 연결하여 살펴보자.

[표 8-2] 기업 10대 윤리헌장

1. 사회적 책임 완수 2. 정당한 이윤 창출과 사회 환원 3. 투명 조직과 경영 4. 공정한 경쟁 5. 대·중·소기업 간의 협력과 상생 6. 소비자와 고객의 권익 증진 7. 기업 구성원의 이익 향상 8. 환경친화적 기업 경영 9. 지역사회 발전의 기여 10. 국민에게 신뢰받는 기업
* 위 기업 10대 윤리헌장에 가장 어울리는 기업과 CEO는? * 왜 그렇게 생각하는가?

아래 표 8-3은 거창 고등학교 전성은 교장선생님이 직업선택을 위한 열 가지 가치에 근거하여 제자들에세 전한 식업선택 십계명이다. 이는 직업인의 가치와 직업선택의 기준을 명료하게 요약한 것이다. 아래 표 8-3에 제시된 10계명과 나의 직업선택의 가치기준과 비교하여 보자.

[표 8-3] 직업선택의 10계명

제1계명 월급이 적은 쪽을 택하라. 제2계명 내가 원하는 곳이 아니라 나를 필요로 하는 곳을 택하라. 제3계명 승진의 기회가 거의 없는 곳을 택하라. 제4계명 모든 것이 갖추어진 곳보다 처음 시작해야 하는 황무지를 택하라. 제5계명 앞 다투어 모여드는 곳이 아닌 아무도 가지 않는 곳으로 가라. 제6계명 장래성이 전혀 없다고 생각되는 곳으로 가라. 제7계명 사회적 존경 같은 건 바라볼 수 없는 곳으로 가라. 제8계명 한가운데가 아니라 가장자리로 가라. 제9계명 부모나 아내나 약혼자가 결사반대를 하는 곳이면 의심치 말고 가라. 제10계명 왕관이 아니라 단두대가 기다리고 있는 곳으로 가라.
위 10계명에 적극적으로 동의하는 것과 다른 의견인 것을 찾아보자. 왜 그렇게 생각하는가?

표 8-3에 나타난 깊은 의미는 현대인의 직업선택의 기준이 너무 쉽고 편한 곳으로 향하는 것과 물질적 욕구에 머물고 있음에 대한 경고와 직업의 미래의 실존적 가치를 중시하라는 것이다. 단편적인 예로 물질만능시대의 조류에 많이 노출된 현대 청소년들에게 시공을 초월하여 다시 한 번 곱씹어 볼 만한 내용이라고 보아진다. 위 계명은 장기적으로 잘 계획된 미래의 직업과 진로 비전에 맞는 길을 선택하는 것이 큰 틀에서 성공적이고 행복한 결과로 이어지게 된다는 것을 마음 깊이 새겨주는 참 스승으로서의 깨달음이다. 따라서 각 계명에 자신의 의견을 적용해 보자.

2. 직업기초능력과 창의성

우리는 누구나 한 가지 이상의 직업에 종사하여 성공적으로 직무를 수행함으로써 자기 자신의 꿈을 실현해 나가고자 한다. 하지만 이를 위해서는 일정 수준 이상의 직무와 수행능력을 갖추고 있어야 한다. 직무수행에 필요한 직업능력(vocational skills, competences)은 직업생활을 해나감에 있어 주어진 직무를 성공적으로 수행하는 데 요구되는 능력의 총체이다. 이는 직업기초능력(key competencies)과 직무수행능력으로 나누어 구분할 수 있다. 직업기초능력은 직업능력의 하위 구성요소로 대부분의 직종에서 직무를 성공적으로 수행하는 데 공통적으로 요구되는 지식, 기술, 태도, 경험 등을 말한다. 직무수행능력 역시 직업능력의 하위 구성요소로 특정 직종 또는 직업에서 직무를 성공적으로 수행하는 데 필요한 전문적인 지식, 기술, 태도, 경험을 말한다. 따라서 직업기초능력에 대해 살펴보고자 한다.

1) 직업기초능력의 필요성

물질과 에너지가 중요하던 산업사회와 달리 21세기는 지식정보가 개인, 사회 및 국가 경쟁력의 핵심요소이자 가치창출의 원천이 되는 지식기반사회다. 지식 · 정보의 폭발적인 증가, 정보통신기술의 급속한 발달, 탈산업사회화, 시공을 초월한 세계화 등의 복합적인 영향으로 여러 방면에서 후기 지식정보화 사회를 지나고 있다. 지식, 기술, 정보 등의 급격한 변화를 수반하는 지식기반사회에서는 환경변화에 적절하게 적응할 수 있는 기본적이고 기초적인 능력을 지닌 인적자원육성이 필요하다. 선진국의 경우 빠른 속도로 변화하는 신 산업현장에 대응하기 위해 현대 직업인이 지녀야 할 주요능력으로 직업기초능력을 다음과 같이 제시한다.

(1) 직업기초능력의 역할

최근 청소년의 진로 직업탐색과 교육과정에서 직업기초능력이 강조되고 있는 이유는 다음과 같다.

① 급격한 직업환경 변화에 적응할 수 있는 유연성(flexibility)이다. 직무수행에 필요한 전문적인 지식이나 기능을 기르는 것도 필요하지만, 앞으로 일어날 직업환경의 급격한 변화에 따라 요구되는 전문적인 지식이나 기능 역시 달라질 것이다. 그러므로 미래 직업세계에 보다 유연하게 적응하려면 직업에서 공통으로 요구되는 직업기초능력을 기르는 것이 중요하다.

② 미래의 직업세계에서도 필요한 능력을 기르는 교육의 전이(transference) 가능성이다. 앞으로의 직업세계 변화를 정확하게 예측하는 것이 불가능하다면 현재 진로교육에서 직업에 공통적으로 필요한 직업기초능력에 관심을 가지고 교육함으로써 급격한 변화에 적응할 수 있는 능력을 기를 수 있도록 해야 한다.

③ 직업기초능력은 이직, 전직 등의 직업전환에 필요한 직업능력이다. 앞으로 우리는 평생 동안 개인 및 주변여건에 따라 유사하거나 다른 직종으로 직업을 바꾸는 이직, 전직의 경험을 하게 될 것이다. 이와 같은 상황에서는 여러 직업에서 공통적으로 필요한 능력인 직업기초능력을 길러주는 것이 필요하다.

(2) 직업기초능력의 내용

직업기초능력을 도출하기 위한 연구(정철영 외, 1998)에서는 직업기초능력의 하위 영역을 의사소통능력, 수리능력, 문제해결능력, 자기관리 및 개발능력, 대인관계능력, 자원활용능력, 정보능력, 기술능력, 조직이해능력 등 9개 영역으로 제시하였다. 이 9개 영역의 구체적인 내용 및 영역과 하위요인은 다음과 같다.

① 의사소통능력은 업무수행과정에서 글과 말을 통하여 다른 사람이 뜻하는 바를 파악하고, 자기가 뜻하는 바를 정확하게 쓰거나 말하는 능력이다.
② 수리능력은 사칙연산, 통계, 확률의 의미를 정확하게 이해하고 이를 업무에 적용하는 능력이다.
③ 문제해결능력은 문제 상황에서 창의적이고 논리적인 사고를 통하여 적절하게 해결하는 능력이다.
④ 자기관리 및 개발능력은 업무를 원활히 추진하는 데 적절한 자질을 지닐 수 있도록 스스로를 관리하고 개발하는 능력이다.
⑤ 대인관계능력은 업무수행과 관련된 사람들과 원만하게 지내는 능력이다.
⑥ 자원 활용능력은 업무수행에 필요한 자원들을 알고, 이용 가능한 자원을 수집하여 실제 업무에 어떻게 활용할 것인지를 계획하고 할당하는 능력이다.
⑦ 정보능력: 업무와 관련된 정보를 수집, 분석, 관리하고 이러한 정보를 활용하는 능력이다.
⑧ 기술능력은 업무수행에 요구되는 기술을 배우고 적용하는 능력이다.
⑨ 조직이해능력은 국제적인 추세를 포함하여 조직의 체제와 경영에 대해 이해하는 능력이다.

이상의 직업기초능력을 세부 하위요소로 다시 연계하면 다음 표 8-4와 같다.

[표 8-4] 우리나라의 직업기초능력의 영역과 하위요소

직업기초능력	하위요소
의사소통능력	읽기능력, 쓰기능력, 듣기능력, 말하기 능력, 비언어적 표현능력, 외국어 읽기능력
수리능력	사칙연산이해능력, 통계와 확률에 대한 계산능력, 도표능력
문제해결능력	사고력, 문제해결능력, 대안선택능력, 대안적용능력
자기관리 및 개발능력	자원관리능력, 진로개발능력, 직업에 대한 건전한 가치관과 태도
자원 활용능력	자원확인능력, 자원조직능력, 자원계획능력, 자원할당능력
대인관계능력	협동능력, 리더십능력, 갈등관리능력, 협상능력, 고객서비스능력
정보능력	정보수집능력, 정보분석능력, 정보조직능력, 정보관리능력, 정보활용능력, 컴퓨터 사용능력
기술능력	기술이해능력, 기술선택능력, 기술적용능력
조직이해능력	국제 감각, 체제이해능력, 경영이해능력, 업무이해능력

출처: 정철영 외(1998), 직업기초능력에 관한 국민공통 기본교육과정 분석, p.184

(3) 직업기초능력으로서 직업윤리

최근 직업기초능력은 직업윤리를 영여에 포함시켰다. 여기에는 원만한 직업생활을 위한 마음가짐과 태도 및 올바른 직업관이 포함된다. 직업윤리는 일반적인 덕목인 소명의식, 천직의식, 직분의식, 책임의식, 전문가의식, 봉사의식과 같은 의식적 요소와 책임감, 성실성, 정직, 신뢰, 창의성, 협조성과 청렴과 같은 세부요소를 포괄한다.

실용주의에 입각한 직업기초능력과 직업윤리는 기업의 사회적 책임(Corporate Social Responsibility)과 2003년 정부의 공직자 윤리강령을 제정하면서 직업윤리는 직업의 기초능력으로 포함되는 계기가 되었다. 직업기초능력으로서 직업윤리의 하위능력과 세부요소는 다음 표 8-5와 같으며 이는 곧 기업이 바라는 직업인재의 소양과 자질로 연결된다. 특히 직업윤리는 크게 기초윤리, 근로윤리, 조직 공동체 윤리로 구분하고 개인내적, 대인관계적, 공동체 조직적인 직업인의 윤리규정을 위한 지침이 되도록 구체화하였다. 직업윤리의 하위능력과 세부요소는 표 8-5와 같다.

[표 8-5] 직업윤리의 하위능력과 세부요소

하위능력	세부요소	정의
기초 윤리	소명의식	직업윤리는 직업의 천직의식과 소명의식에서 출발해야 한다.
	창의성	직업의 지속적 성취를 위해서는 다름의 가치 속에서 문제를 해결하는 창의성을 가져야 한다.
근로 윤리	근면성	적극적이고 능동적인 태도로 규칙을 준수하고 부지런하며 적극적인 자세와 주도적인 활동을 하는 것을 말한다.
	정직성	신뢰를 형성하는 필수요소로 관행적으로 습성화된 부정과 타협을 하지 않는 것을 말한다.
	성실성	일관된 마음과 행동으로 인해 종국에 열매를 맺는 것을 말하며 말과 행동의 일치를 이루는 것이다.
공동체 윤리	봉사정신	남과 사회를 위해 자신의 이해를 따지지 않고 몸과 마음을 다하여 일하는 것으로 서비스정신의 개념이다.
	책임의식	모든 결과는 나의 선택과 결정으로 생각하는 태도로 기업의 주인의식에 연결되는 것이다.
	준법성	공동체와 사회의 가치를 실현하는 기준과 법을 준수하는 것으로 자기의 이해를 법과 제도 안에서 이루려는 것이다.
	직장예절	조직에서의 생활과 적응은 관계 속의 기본예절이므로 이는 조직 구성원 간의 사회성을 갖는 기본 행위이다.

2) 21세기 인재역량과 창의성

전국경제인연합회(FKI)는 '주요 국내 대기업이 바라는 인재상'을 조사하여 기업이 바라는 '인재가 갖추어야 할 10대 소양과 자질'을 제시하고 이에 따른 대학생의 행동지침을 제시하였다. 그 내용은 아래 표 8-6과 같다.

[표 8-6] 인재상과 준비역량

인재10대 소양과 자질	대학생의 역량 준비 지침
① 전문 지식과 폭넓은 교양구비 ② 국제 감각 외국어 구사능력겸비 ③ 진취적인 사람	① 전공 실력을 쌓아라. ② 경제, 경영과 다양한 교양을 습득하라. ③ 외국어 구사 능력을 키워라.

인재10대 소양과 자질	대학생의 역량 준비 지침
④ 도전과 성취의식이 있는 사람 ⑤ 유연한 사고와 창의적인 사람 ⑥ 올바른 가치관을 가진 사람 ⑦ 인간미 있는 사람 ⑧ 책임감 있는 사람 ⑨ 협력하는 사람 ⑩ 예의바른 사람	④ 해외 견문을 넓혀라. ⑤ '하자'는 마음 자세를 갖추어라. ⑥ 토론하고 협력하여 결론을 내라. ⑦ 소신과 함께 상대방을 존중하라. ⑧ 말에 책임과 예의바른 행동을 하라. ⑨ 튀는 생각을 구체화하라. ⑩ 결정에 적극 협력하고 성취하라.
좌측의 인재상과 함께 우측의 활동지침을 연계하여 자신의 역량을 확인해 보자.	

또한 대한상공회의소가 국내 매출액 상위 100대 기업의 인재상을 분석한 보고서에 따르면, 국내기업들이 최근 원하는 인재상은 '수퍼(S.U.P.E.R)맨'인 것으로 조사됐다. 바로 전문성(Specialty), 창의성(Unconventionality), 도전정신(Pioneer), 도덕성(Ethicality), 주인의식(Responsibility)이며 그 중 도전정신(88개사)을 꼽은 기업이 가장 많았다. 이어 주인의식(78개사), 전문성(77개사), 창의성(73개사), 도덕성(65개사) 순으로 나타났다. 열정(64개사), 팀워크(63개사), 글로벌 역량(53개사), 실행력(21개사) 등의 덕목이 뒤를 이었다(헤럴드경제, 2013). 실제 직업인의 인재상과 인재들의 소양과 자질은 기업환경과 시대별 직업관과 연관되므로 그 중요도와 우선순위가 조금씩 달라지게 된다. 하지만 최근 글로벌 경제의 저성장 기조는 생존목적의 변화를 위한 창의성과 도전정신, 그리고 전문역량을 갖추는 것이 직업인의 기본 소양이 되었다.

3) 직업인으로서 창의사고와 문제해결 능력

(1) 창의사고력의 대두

최근의 기업 인재상과 인재역량에서 공통적으로 높은 선호를 나타낸 것이 바로 창의성과 창의인재의 요구이다. 이처럼 인지심리학적 관점에서는 미래에 성공과 행복을 가져다 줄 최고의 열쇠로 창의성을 꼽는다. 1997년 영국정부는 창의성의 가치를 실현할 창의산업 특별위원회를 설립하고 GDP의 8%에 달하는 창의성 산업을 확산시켰고 전체

유럽 디자이너의 30%를 배출한 국가가 되었다. 그야말로 창의적인 인재가 국가의 부를 창출하는 것을 인지한 결과이다.

직업 분야에서도 교육 분야의 창의성은 매우 중요한 역량으로 다루어진다. 독창적인 연구와 탁월한 교수법을 위해서 창의적인 활동과 능력이 필요하기 때문이다. 미래인재의 핵심역량이 될 창의성은 다양한 사고를 다른 관점과 시각에서 출발하여 시너지를 이루는 결과의 핵심요소이다. 문제해결을 위한 탁월성, 유연성, 융통성과 정교성을 갖는 것과 함께 창의적 태도가 무엇보다 필요하다. 또한 창의성과 더불어 '집중'과 '몰입'은 창의성을 극대화시키는 요인으로 당면한 문제를 보다 효과적으로 해결하는 데 많은 도움이 된다.

(2) 창의적 직업과 창의성 개발

2015년 4월 25일자 월스트리트 한국판은 런던의 한 연구기관과 옥스퍼드대학교가 공동으로 발표한 '창의성 vs. 로봇'에 따르면, "현재 창의적인 것으로 간주되는 직업도 미래에는 창의적이지 않은 것이 될 수 있다"는 결론을 내렸다. 또한 이 연구에서는 가까운 미래에 자동화되지 않을 만큼 창의적인 직업을 찾았는데 미국 직업 702가지 가운데 '매우 창의적'으로 분류되는 직업은 21%였다. 이러한 미래 창의적 직업은 주로 예술가, 건축가, 웹디자이너, IT 전문가 등이 속했다. 반면 자동화에 취약한 직업은 단순 사무직, 콜센터 직원, 도서관 사서, 농부, 광부, 벌목꾼, 자동차 영업직, 호텔 직원 등으로 나타났다. 즉, 이러한 연구결과를 통해 창의력에 기초로한 직업은 자동화될 수 없다는 것을 알 수 있다. 따라서 향후 직업시장의 지각변동에 대한 준비를 위한 장·단기적 계획을 세우고 실행해야 한다. 결국 향후 미래의 직업은 '지식+기술+창의성'의 융합형인 영역파괴형 창조직업이 지배적일 것이다.

(3) 창의력에 대한 이해

이처럼 미래직업에서도 중요한 역량인 창의력에 대하여 살펴보자. 다음은 일반적으로 알려진 창의력과 관련된 상식에 대한 질의와 답변이다.

Q1. 지능이 높으면 창의력도 높다?
지능은 암기력과 논리적인 사고를 가능하게 하는 좌뇌의 영향을 많이 받는 반면 창의력은 감성적이고 직관적인 능력과 관련되는 우뇌의 영향을 받는다. 따라서 지능과 창의력이 반드시 비례하지는 않는다.

Q2. 창의적인 사람은 새로운 생각을 잘 해내는 사람이다.
다양하고 반짝이는 아이디어가 많아도 논리적 사고와 판단, 검증의 노력이 없으며 의미가 없다. 따라서 논리적 사고를 위해 과학적, 수학적 사고방식이 있어야 창의적인 사람이다. 즉, 관찰, 비교, 분석, 추리의 과정을 반복하며 사고를 발전시켜 나가야 한다.

Q3. 좋은 아이디어만 있으면 성공한다.
영감을 넘는 노력이 있어야 그리고 그 노력을 초월하는 즐거움이 있어야 아이디어는 완성된다. 창의인재는 좋은 아이디어를 현실화시키는 끊임없는 노력과 실패해도 다시 시작하는 용기와 끈기가 필요하다.

Q4. 창의성은 타고날 뿐 개발되지 않는다.
학자들의 논란이 있으나 대부분이 가능하다고 말한다. 실제로 창의력 교육기관들의 창의성교육 효과성검증에서 전후의 차이가 2배까지 나타나기도 하였다. 천재는 타고난 창의인성과 후천적인 창의성의 결과이다.

아래 표 8-7은 창의성을 발휘한 위대한 천재들이다.

[표 8-7] 세상을 변화시킨 인재

아인슈타인, 피카소, 에디슨, 모차르트, 리처드 파인만, 루이 파스퇴르, 갈릴레오, 미켈란젤로, 바흐, 월트 디즈니, 폴 세잔, 뉴튼, 장영실, 세종대왕, 스티브 잡스
* 이들의 공통점은 무엇일까? * 이들이 가진 역량을 기록하여 보자.

(4) 창의적인 사람들의 특성

창의력에 대해 학자들의 연구결과를 분석해 보면 창의적인 사람들이 갖는 공통적인 특성들은 표 8-8과 같다.

[표 8-8] 창의성의 특성

유창성	특정한 문제 상황에서 가능한 많은 양의 아이디어를 냄.
융통성	고전적 사고방식이나 시각 자체를 변화시켜 다양한 해결책을 찾음.
독창성	기존의 것에서 탈피해 참신하고 독특한 아이디어를 산출함.
정교성	다듬어지지 않은 기존의 아이디어를 보다 친밀한 것으로 발전시킴.
민감성	환경에 민감한 관심을 보이고, 이를 통해 새로운 탐색 영역을 넓힘.
자발성	문제 상황에서 아이디어를 자발적으로 산출함.
근면성	문제해결을 위해 다양한 정보를 수집하고, 해결될 때까지 지속적으로 시도함.
호기심	항상 주변의 사물에 대해 의문을 가지고 끊임없이 질문을 제기함.
개방성	세상의 변화를 열린 사고로 보고 그 주체가 되어야 한다는 태도를 지님.
정직성	자신이 관찰한 것과 생각한 것을 그대로 받아들이고 꾸밈없이 표현함.

표 8-8에서 보는 것처럼 유창성과 융통성, 독창성과 정교성은 창의인재의 기본 특성이며 민감성과 자발성, 근면성과 호기심, 개방성과 정직성은 창의인재의 기본태도를 말한다. 따라서 창의성은 이러한 특성을 기준으로 다양한 검사를 통해 창의성의 지수를 평가하게 된다.

(5) 창의력과 문제해결

다양한 당면문제를 창의적으로 해결하는 방안은 다음의 표 8-9와 같이 다른 시각과 창의사고가 필요하다.

[표 8-9] 문제해결을 위한 창의사고법

- 반대로 생각하면 어떨까?
- 순서를 바꾸면? 강약을 변경하면? 다른 더 좋은 소재는 없을까?
- 더 싸게, 더 쉽게, 더 빠르게, 더 완벽하게, 더… 하는 방법은?
- 더하면? 빼면?
- 결합하면 어떨까? 융합하면?
- 분리하면 어떨까?
- 다른 곳에 써 보면? 다른 것을 쓴다면? 바꿔 보면 어떨까?

- 집중하여 목표를 생각하고, 거듭 생각한다.
- 깊게 생각하는 습관을 갖는다.
- 나만의 아이디어를 활용한다.
- 다른 영역에서 아이디어를 빌린다.
- 전시회, 박람회, 토론장 등에 자주 참석한다.
- 자연에 관심을 갖고 관찰해본다.
- 현상, 모양, 동작, 기능, 냄새, 색깔 등
- 마음을 편히 한다.
- 자신감을 갖는다.
- 인내와 끈기로 기다린다.
- 메모하는 습관을 갖는다.
- 독서한다.
- 창의력 게임을 한다.

표 8-9에 나타난 다양한 창의성 개발의 내용을 참조하고 아래 창의력 게임을 통해 당면한 문제해결 사고를 확대하여 보자.

- 단어로 문장 만들기
  예) 김밥, 파랑색, 즐거움 3 단어로 문장 만들기
- 융합상상하기
  예) 방학과 연상되는 단어 10개 대기
- 빨리 단어 찾기
  예) 동음이의어 찾기
- '만약 ~라면'에 대답하기
  예) '만약 내가 미국의 대통령이라면?'

3. 자아실현과 세계시민정신

인간의 궁극적인 생애 목표는 자아의 온전한 실현이다. 많은 경우 사람들은 직업을 통해서 이를 실현하게 된다. 이처럼 다양한 직업인과 기업가들 중에는 성공적 자아실현을 통해 세계시민으로서의 시대정신을 일깨워 준 이들이 있다. 우리는 그들을 달인이라 한다. 다음 표 8-10은 시대적으로 직업적 달인들인 글로벌성공시대 주인공들의 성공지침을 핵심요소별로 요약한 내용이다. 본 실천지침을 통해 자신의 자아실현 실천지침을 세워보자.

[표 8-10] 직업인의 자아실현을 위한 실천지침

1. 즐김: 최선을 다해 노력하고 마음껏 즐겨라! 2. 사람: 사람(가족, 멘토, 파트너, 직원)이 곧, 답이다. 3. 혁신: 끊임없이 변화하고 도전하라. 4. 기회: 외로움, 두려움, 고생은 성장의 기회이다. 이때 포기하지 마라. 5. 정직: 정직을 바탕으로 신뢰를 쌓아라. 6. 다름: 차별화된 전략으로 남들과 다른 길을 걸어라. 7. 고객: 고객을 위하여 최선을 다하라. 8. 열정: 열정이 미래를 결정한다. 9. 현장: 현장에 길이 있고 답이 있다. 10. 비전: 꿈의 크기가 인생의 크기를 결정한다. 11. 실천: 생각에 머물지 말고 즉시 행동하라. 12. 긍정: 항상 긍정적으로 생각하라. 13. 선택: 정말 잘하고 사랑할 수 있는 일을 선택하라. 14. 겸손: 겸손하되 기죽지마라. 15. 공유: 내가 먼저 얻은 것을 다른 사람과 함께 나누어라.
* 지금 나에게 필요한 것은?

1) 세계시민의식과 직업인

최근 직업환경은 국내의 경제환경을 넘어 세계화라는 거대한 파고를 견딜 수 있는 다양한 직업인의 세계시민 정신이 필요하게 되었다. 직업을 통해 자신의 자아를 실현하듯 세계화 속의 글로벌 스텐다드를 통해 세계시민정신을 충족시키는 것이 중요한 현실이 되었다. 많은 직업이 다양한 문화와 가치관을 연계하게 되었고, IT와 인터넷 환경의 발전은 우리의 직업환경을 글로벌 1촌 환경으로 나아가게 하는 원인이 되었다. 이제 우리의 직업은 국내라는 작은 마을에 머무는 것이 아닌 세계경제환경에 영향을 주고받으며 세계시민정신에 연계되어 가고 있다.

'세계화'는 더 이상 역행할 수 없는 현 시대적 흐름이다. 세계시민으로서 이러한 세계화에 부응할 수 있는 보편적, 글로벌 소통능력의 함양이 요구되고 있다. 지금, 시대적으로 대학은 취업이라는 실용적 요소와 진리의 탐구라는 고전적 가치를 함께 실현해야 하는 딜레마에 빠져 있다. 결국 이를 해결하는 대안은 글로벌 소통능력에 근거한 세계시민의 육성과 더불어 인류문화의 보편적 가치를 추구하고 구현할 수 있는 정신과 규범 등을 함양하는 것이다. 또한 다양한 글로벌기업에 입사하거나 글로벌기업을 창업케 하는 것이다.

2) 글로벌 자아실현과 직업현황

우리의 현실을 지배하는 세계화는 개인, 지방, 지역, 국가, 세계 수준에서 기회와 위험의 요소를 동시에 안고 있다. 또한 다가올 미래에는 인류가 공동으로 해결하지 않으면 안 되는 여러 지구촌 문제들을 대두될 것이다. 이제 그 변화와 문제들에 어떻게 대처하며, 어떻게 주도할 것인지에 관한 과제는 특정한 일부에세 국한된 문제가 아니라, 세계시민들에게 부여된 보편적 과업이다. 특히 그러한 과업을 수행함에 있어 교양을 통한 직업과 진로교육의 가치와 역할은 그 어느 때보다도 강조되고 있는 실정이다. 이 시대적 상황은 융복합 지식교육을 통한 글로벌 진로 비전을 세우는 교육을 요구하고 있다.

3) 세계시민정신과 진로직업교육

오늘날에는 문화의 다원성과 고유성을 존중하는 세계시민정신에 대한 교육의 필요성이 대두되고 있다(노찬옥, 2001). 롤즈(Rawls, 1999)가 제시한 시민적 보편성의 덕목을 살펴보면, 타인의 고통감소에 대한 책임감, 절대 권리로서의 인권존중, 기본수요의 충족, 환경 보전 등을 세계시민정신의 핵심요소로 언급하였다. 사실상 복잡한 사회에서일수록 그 사회를 이끌어 가는 원동력은 시민의식이며 그 발전을 매개하는 것은 시민조직이다. 하지만 현대사회에서 시민의식은 기계주의, 합리주의, 형식주의, 이기주의, 물질주의 등의 제한적 특성을 지닌다. 이러한 특성으로는 자신이 속한 공동체에 소속감이나 전통을 기대하기란 매우 어렵다. 따라서 자신이 속한 지역공동체의 유지 향상을 위한 충실한 자기역할이 세계시민의식의 강조점이라 할 수 있다. 세계화는 기본적으로 세계가 하나의 촌락을 이루어서 살아간다는 지구 공동체의식과 관련이 있다. 즉, '지구촌'이란 지구 전체가 하나의 지역적 공간을 형성하여 온 인류가 함께 문제를 인식하고 해결하며 생활하는 공동체를 형성하였다는 것이다. 세계화란 전 인류가 공감할 수 있는 규범과 가치관 등의 보편적인 기준이 중요함을 의미한다. 따라서 글로벌 시대 직업인으로서 나아가야 할 방향은 다양한 인종, 종교, 문화 등에 유연하게 대처하고, 자신의 역량을 개발하여 글로벌 리더로서 인류평화에 기여할 수 있는 인재가 되어야 할 것이다.

나아가 글로벌시대의 직업인의 역할은 다양화된 환경에서 리더십을 발휘할 수 있는 사람이어야 한다. 직업인으로서 글로벌 리더가 되어 세계의 다양한 인종과 종교 문화에 대해 유연하게 대처하고 자신의 탁월한 역량을 세계 속에 깊이 있는 영향력을 끼치도록 하여야 한다.

4) 세계시민정신과 융합형 인재

〈글로벌 인재포럼 2013〉에 참석한 각 연사들의 이야기를 종합해보면 현재의 교육 제도와 시스템으로는 앞으로 변화하는 세상에서 생존할 수 없다는 결론에 도달한다. 그렇다면 미래의 대한민국에는 어떤 인재가 필요한 것일까? 정답은 바로 '융합형 인재'다. 융합형 인재란 단순히 여러 분야를 아는 것이 아니라 자신만의 새로운 방법으로 일하는 인재를 의미한다. 수많은 전통적인 직업이 사라지고 매일 새로운 직업이 만들어지고 있다. 급변하는 사회 흐름에서 생존하기 위해서는 기업은 기존의 전통적 경영방식만으로는 살아남는 데 한계가 있다. 조지아대학의 제이 로제프스키 교수는 미래 직업의 모습은 불확실성과 변화이므로 커리어 내비게이션, 혁신, 직업윤리 이 세 가지 측면에 대한 정비가 필요하다고 보았다. 따라서 정부 학계에서는 세계시민정신을 기초로 한 글로벌 융합형 인재 육성의 중요성을 인식하여 장·단기적 계획을 수립하고 이를 실행하기 위한 행·재정적 노력을 아낌없이 지원해야 할 것이다.

활동지-1 직업윤리 체크리스트

직업인들의 직업윤리를 평가하는 체크리스트입니다. 본인의 행동과 연계하여 평가하시기 바랍니다. 3점 척도 : 3-그렇다/ 2-보통/ 1-아니다.

구분	문항	평가	결과
1	나는 사람 사이의 도리를 알고 잘 지킨다.		직업 윤리 척도
2	나는 시대와 상황에 적합한 윤리규범을 알고 잘 대처한다.		
3	나는 업무 시 개인보다 직업인으로서 역할이 더 중요하다고 생각한다.		
4	나는 직업이 나의 삶에 큰 의미가 있고 중요하다고 생각한다.		
5	나는 세운 목표 달성을 위해서 규칙적이고 부지런한 생활을 한다.		근로 윤리 척도
6	나는 직장에서 정해진 시간을 지키며 생활한다.		
7	나는 개인의 이익보다 옳고 유익한 일을 하려고 한다.		
8	나는 일을 할 때 이익이 되더라도 윤리규범에 어긋나면 하지 않는다.		
9	나는 조직 내에서 속이거나 숨김없이 바르게 행동한다.		
10	나는 지킬 수 있는 약속만 말하고 꼭 지키려고 노력한다.		
11	나는 맡은 일에 긍지와 자부심을 느끼며 정성을 다해 처리한다.		
12	나는 건전한 직장생활을 위해 검소한 생활과 자세를 유지한다.		
13	나는 내 업무보다 다른 사람의 업무도 적극적으로 도와주는 편이다.		공동체 윤리 척도
14	나는 자신의 이익과 함께 국가, 사회, 기업의 이익도 중요하다고 본다.		
15	나는 조직에 어려움이 있으면 자율적으로 해결하려고 노력하는 편이다.		
16	나는 조직의 업무는 제한시간까지 처리하려고 하는 편이다.		
17	나는 조직에서 책임과 역할을 다하며, 권리보호를 위해 노력한다.		
18	나는 업무를 수행할 때 조직의 규칙과 규범에 따라 업무를 수행한다.		
19	나는 조직생활에서 공과 사를 구별하고 단정한 몸가짐을 하는 편이다.		
20	나는 질책보다는 칭찬과 격려 등의 긍정적 반응을 하는 편이다.		

평가: 평가가 끝나면 직업윤리(4문항), 근로윤리(8문항), 공동체윤리(8문항)에 해당하는 문항별 점수를 모두 합산한 후 점수가 낮은 항목에 대해 보완할 수 있는 구체적 계획을 수립해 본다.

출처: 국가직무능력표준 직업윤리 학습자용 워크북(http://www.ncs.go.kr)

09 CHAPTER

직업능력개발

배울내용

1. 국가직무능력표준(NCS)
2. 직업기초능력 및 직무능력 분류체계
3. 국가직무능력표준의 구성
4. 경력개발경로

학습목표

1. 국가직무능력표준(NCS)의 개념을 설명할 수 있다.
2. 국가직무능력표준(NCS)에서 제시하고 있는 각 분류(대분류, 중분류, 소분류, 세분류)체계를 바탕으로 자신의 직무를 확인할 수 있다.
3. 국가직무능력 분류번호를 보고 해석할 수 있다.
4. 국가직무능력표준 누리집 사이트에 접속하여 자신의 경력개발 경로를 찾을 수 있다.

개요

무한 경쟁이 치열해지는 가운데 세계 각 국가는 자국민의 직업능력개발을 위한 교육훈련을 개혁하고, 교육훈련 결과의 평가와 인증을 위한 자격제도의 획기적인 변화를 시도하고 있다. 이에 따라 각 국가에서는 자국의 교육훈련 및 자격제도를 국가 차원에서 통합적으로 체계화할 수 있는 국가직무능력표준(NCS : National Competency Standards)을 개발하고 있다. 이에 본 장에서는 국가직무능력표준에 대한 이해를 돕기 위해 국가직무능력표준의 개념, 개발배경, 구성, 활용 영역, 국가역량체계(NQF)를 중심으로 살펴보고자 한다.

1. 국가직무능력표준(National Competency Standards)이란?

1) 국가직무능력표준의 개념

'국가직무능력표준'이란 한 개인이 산업현장에서 자신의 업무를 성공적으로 수행하기 위해 요구되는 직무능력(지식, 기술, 태도)을 과학적이고 체계적으로 도출하여 표준화한 국가직무능력표준을 도식화하면 그림 9-1과 같다.

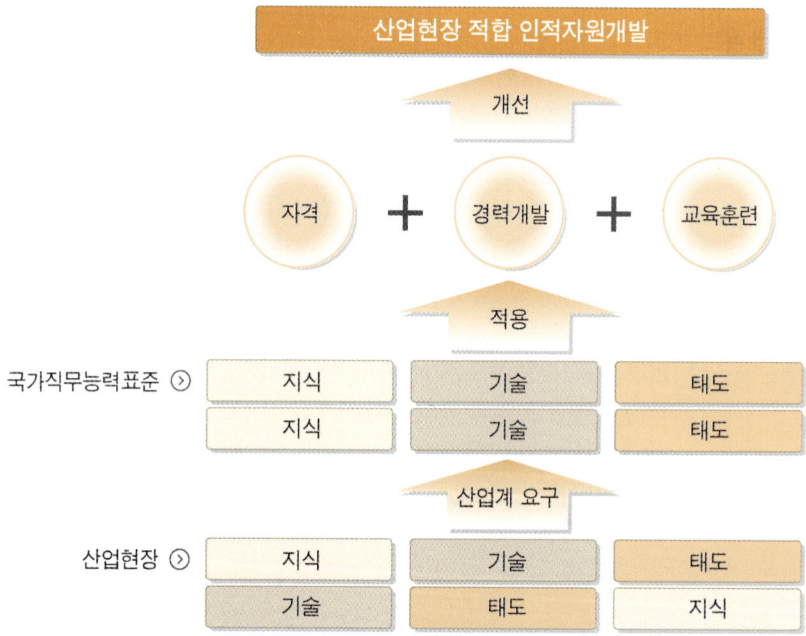

[그림 9-1] 국가직무능력표준 개념도

2) 국가직무능력표준 개발배경

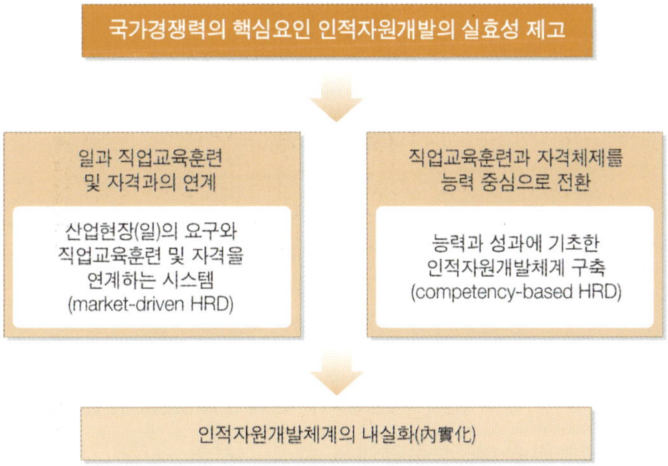

[그림 9-2] 국가직무능력표준의 개발배경

국가에서는 산업현장의 변화와 요구에 부응할 수 있는 인력을 체계적으로 양성하기 위하여 2002년부터 국가직무능력표준을 개발하고 있다. 이를 통하여 일과 직업교육훈련 및 자격을 연계하고 직업교육훈련과 자격체제를 능력중심으로 전환하여 인적자원개발의 실효성을 제고하고, 궁극적으로는 인적자원개발체계를 내실화하고자 하는 목적에서 개발에 박차를 가하고자 하는 것이다(http//www.ncs.go.kr). 국가직무능력표준의 개발배경을 도식화하면 그림 9-2와 같다.

3) 국가직무능력표준의 구성

국가직무능력표준은 한 사람의 근로자가 해당 직업 내에서 소관업무를 성공적으로 수행하기 위하여 요구되는 실제적인 수행능력으로 표현된다. 국가직무능력표준의 구성은 다음 그림 9-3에 제시된 것과 같이 직무수행능력과 직업기초능력으로 구분할 수 있다. '직무수행능력'이란 일을 하는 데 있어 필요한 능력을 말한다. 말 그대로 일을 해나가는 능력을 의미한다(HRD용어사전, 2010).

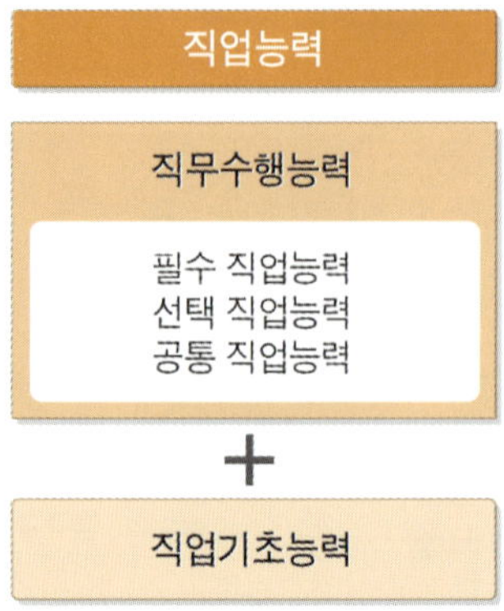

[그림 9-3] 국가직무능력표준의 구성

이러한 직무수행능력은 다시 필수직업능력, 선택직업능력, 산업공통직업능력으로 나누어지는데, '필수직업능력'은 해당 분야에서 특정 직무를 수행하기 위해 필요한 직업능력으로 해당 직업에 진입하기 위해 반드시 갖추어야 하는 직업능력이다. '선택직업능력'은 해당 분야에서 기업 간 업무범위, 장비 등의 차이점에 대한 유연성을 부여하기 위한 직업능력으로, 해당 직업에 진입하기 위해 반드시 갖추어야 할 직업능력은 아니나 기업체의 특성에 따라 갖추어야 하는 직업능력을 말한다. '산업공통직업능력'은 해당 분야에서 직업 혹은 직무에 관계없이 공통적으로 갖추어야 하는 능력이다.

다음으로 '직업기초능력'이란 직무를 수행하는 데 필요한 기본적이고 공통적인 직업능력으로 직무를 수행하는 데 기초가 되는 인지적, 정의적, 심체적인 능력을 모두 포함한다. 즉, 직업기초능력은 직종이나 직위에 상관없이 모든 직업 분야에서 직무를 성공적으로 수행하는 데 공통적으로 필요한 능력이라 할 수 있다.

4) 국가직무능력표준의 활용 영역

국가직무능력표준은 산업현장의 직무수요를 체계적으로 분석하여 제시함으로써 산업현장 · 교육훈련 · 자격을 연결하는 고리의 핵심토대로서의 기능을 한다. 국가직무능력표준의 활용 영역을 살펴보면 그림 9-4와 같다.

NCS의 활용 영역			
교육기관	개인	기업	자격시험기관
• 교육과정 개발 • 교재개발	• 평생경력 개발 • 자가진단 도구	• 직무기술서 • 신입채용 • 배치 • 승진	• 자격종목 설계 • 출제기준 • 시험문항 • 시험방법

[그림 9-4] 국가직무능력표준의 활용 영역

국가직무능력표준의 활용은 교육기관, 개인, 기업, 자격시험기관으로 구분할 수 있다. 먼저 교육훈련기관에서는 교육훈련과정, 직업능력개발 훈련기준 및 교재 개발 등에 활용되어 일자리 부조화를 해결하는 데 기여하게 된다. 다음으로 개인의 활용 영역에서는 취업 희망자나 근로자 개인은 자신의 경력관리 측면에서 경력개발을 위해 어떤 능력을 추가로 습득하여 장기적인 경력관리가 가능해진다. 국가직무능력표준을 활용한 모듈식 교육과정을 이수할 경우 해당 직종에 필요한 능력을 쌓게 된다. 이후 재직 중에 더 높은 수준으로 나아가기 위해서는 개인 스스로 직업교육훈련과 현장경험 등을 통해 다음 수준의 능력을 습득하여야 한다. 이때 재직자는 국가직무능력표준을 바탕으로 더 높은 수준의 것이 어떤 것인가를 확인하고 장기적인 관점에서 자신의 최종 경력목표 및 경력계획을 수립할 수 있다.

기업체에서는 신입사원채용과 사원들의 직무배치, 승진 등에 활용하게 되고, 기능사나 산업기사와 같은 자격시험기관에서는 자격종목을 설계하거나 출제기준, 시험문항과 시험방법개발에 활용하게 된다.

5) 능력중심사회와 국가역량체계

국가직무능력표준은 개개인이 습득하거나 지닌 능력을 인정하고, 비교 가능하며, 국제적 이동 인력에 대한 상호 인정으로 국제적 통용성이 확보되는 국가역량체계(NQF:

National Qualification Frame)를 구축하는 데 객관적인 기준점으로 활용될 수 있다.

지금까지 우리사회는 학력만이 노동시장에서 능력으로 인정받을 수 있는 기준이 되어 왔다. 이러한 사회 인식은 최종학력이라는 꼬리표가 평생 동안 따라 다니고, 산업현장에서 숙련된 기술은 학력으로 인정받을 수 없게 만들었다. 따라서 이와 같은 불합리한 사회현상을 해소하기 위해 정부에서는 능력중심 사회를 중심으로 하는 국가역량체계를 도입하게 되었다. 국가역량체계는 국가직무능력 수준을 바탕으로 인력의 이동을 자유롭게 할 수 있다. 즉, 최종학력뿐만 아니라 재직 중에 취득한 자격, 현장경험, 교육훈련결과 등의 등가성을 확인해 주기 때문에 이직 시에도 자신의 역량을 명확하게 산정받을 수 있다는 장점이 있다(나승일, 2014. 교육부차관 발표자료).

2. 직업기초능력 및 직무능력의 분류체계

1) 직업기초능력의 분류체계

국가직무능력표준에서 직업기초능력은 10가지의 개발 영역과 34개의 하위능력으로 제시되어 있으며, 자세한 내용은 표 9-1과 같다.

[표 9-1] 국가직무능력표준 직업기초능력 영역별 내용

하위단위	직업기초능력 하위 단위별 내용
1. 의사소통능력: 업무를 수행함에 있어 글과 말을 읽고 들음으로써 다른 사람이 뜻한 바를 파악하고, 자기가 뜻한 바를 글과 말을 통해 정확하게 쓰거나 말하는 능력	
문서이해능력	업무를 수행함에 있어 다른 사람이 작성한 글을 읽고 그 내용을 이해하는 능력
문서작성능력	업무를 수행함에 있어 자기가 뜻한 바를 글로 나타내는 능력
경청능력	업무를 수행함에 있어 다른 사람의 말을 듣고 그 내용을 이해하는 능력
언어구사력	업무를 수행함에 있어 자기가 뜻한 바를 말로 나타내는 능력
기초 외국어 능력	업무를 수행함에 있어 외국어로 의사소통할 수 있는 능력

하위단위	직업기초능력 하위 단위별 내용
2. 자원관리 능력: 업무를 수행하는 데 시간, 예산, 인적, 물적 자원들 중에서 무엇이 얼마나 필요한지를 확인하고, 이용 가능한 자원을 최대한 수집하여 실제 업무에 어떻게 활용할 것인지를 계획하며, 계획대로 이를 업무수행에 할당하는 능력	
시간관리능력	업무수행에 필요한 시간자원이 얼마나 필요한지를 확인하고, 이용 가능한 시간자원을 최대한 수집하여 실제 업무에 어떻게 활용할 것인지를 계획하고, 할당하는 능력
예산관리능력	업무수행에 필요한 자본자원이 얼마나 필요한지를 확인하고, 이용 가능한 자본자원을 최대한 수집하여 실제 업무에 어떻게 활용할 것인지를 계획하고, 할당하는 능력
물적 자원 관리능력	업무수행에 필요한 재료 및 시설자원이 얼마나 필요한지를 확인하고, 이용 가능한 재료 및 시설자원을 최대한 수집하여 실제 업무에 어떻게 활용할 것인지를 계획하고, 할당하는 능력
인적 자원 관리능력	업무수행에 필요한 인적자원이 얼마나 필요한지를 확인하고, 이용 가능한 인적자원을 최대한 수집하여 실제 업무에 어떻게 활용할 것인지를 계획하고, 할당하는 능력
3. 문제해결능력: 업무를 수행함에 있어 문제 상황이 발생하였을 경우, 창조적이고 논리적인 사고를 통하여 이를 올바르게 인식하고 적절히 해결하는 능력	
사고력	업무 관련 문제를 인식하고 해결함에 있어 창조적 · 논리적 · 비판적으로 생각하는 능력
문제처리능력	업무와 관련된 문제의 특성을 파악하고, 대안을 제시 · 적용하며, 그 결과를 평가하여 피드백하는 능력
4. 정보능력: 업무와 관련된 정보를 수집 · 분석하여 의미있는 정보를 찾아내며, 찾은 정보를 업무수행에 적절하도록 조직하고, 관리하며, 이를 업무수행에 활용하는 능력	
컴퓨터활용능력	업무와 관련된 정보를 수집, 분석, 조직, 관리, 활용하는 데 컴퓨터를 사용하는 능력
정보처리능력	업무와 관련된 정보를 수집하고, 이를 분석하여 의미있는 정보를 찾아내며, 의미있는 정보를 업무수행에 적절하도록 조직하고, 조직된 정보를 관리하며, 이러한 정보를 업무수행에 활용하는 능력
5. 조직이해능력: 업무를 원활하게 수행하기 위해 국제적인 추세를 포함하여 조직의 체제와 경영에 대해 이해하는 능력	
국제감각	주어진 업무에 관한 국제적인 추세를 이해하는 능력
조직체제이해능력	업무수행과 관련하여 조직의 체제를 바르게 이해하는 능력
경영이해능력	사업이나 조직의 경영에 대해 이해하는 능력
업무이해능력	조직의 업무를 이해하는 능력
6. 수리능력: 업무를 수행함에 있어 사칙연산, 통계, 확률의 의미를 정확하게 이해하고, 이를 업무에 적용하는 능력	

하위단위	직업기초능력 하위 단위별 내용
기초연산능력	업무를 수행함에 있어 기초적인 사칙연산과 계산을 하는 능력
기초통계능력	업무를 수행함에 있어 필요한 기초 수준의 백분율, 평균, 확률과 같은 통계능력
도표분석능력	업무를 수행함에 있어 도표(그림, 표, 그래프 등)가 가지는 의미를 해석하는 능력
도표작성능력	업무를 수행함에 있어 필요한 도표(그림, 표, 그래프 등)를 작성하는 능력
7. 대인관계능력: 업무를 수행함에 있어 접촉하게 되는 사람들과 문제를 일으키지 않고 원만하게 지내는 능력	
팀워크능력	다양한 배경을 가진 사람들과 함께 업무를 수행하는 능력
리더십능력	업무수행에서 다른 사람을 이끄는 능력
갈등관리능력	업무수행에 관련된 사람들 사이에 갈등이 발생하였을 경우 이를 원만히 조절하는 능력
협상능력	업무를 수행함에 있어 다른 사람과 협상하는 능력
고객서비스능력	고객의 요구를 만족시키는 자세로 업무를 수행하는 능력
8. 자기계발능력: 업무를 추진하는 데 스스로를 관리하고 개발하는 능력	
자아인식능력	자신의 흥미, 적성, 특성, 등을 이해하고, 이를 바탕으로 필요한 것을 인식하는 능력
지기관리능력	업무에 필요한 자질을 지닐 수 있도록 스스로를 관리하는 능력
경력개발능력	끊임없는 자기계발을 위해서 동기를 가지고 학습하는 능력
9. 기술능력: 업무 상황에서 다양한 기술을 비교하여 적합한 기술을 선택하고, 적용하며, 활용하는 능력	
기술이해능력	업무수행에 필요한 기술적 원리를 올바르게 이해하는 능력
기술선택능력	도구, 장치를 포함하여 업무수행에 필요한 기술을 선택하는 능력
기술적용능력	업무수행에 필요한 기술을 실제 업무수행에 적용하는 능력
10. 직업윤리: 업무를 수행함에 있어 원만한 직업생활을 위해 필요한 태도, 매너, 올바른 직업관	
근로윤리	업무에 대한 존중을 바탕으로 근면하고, 성실하며, 정직하게 업무에 임하는 자세
공동체윤리	인간 존중을 바탕으로 봉사하며, 책임 있고, 규칙을 준수하며, 예의 바른 태도로 업무에 임하는 자세

직업기초능력은 장기 진로계획의 목표를 달성하는 데 필요한 가장 기본적인 능력이라고 할 수 있다. 위 표 9-1에 제시된 내용을 바탕으로 자신의 직업기초능력을 진단해 보고, 보완해야 할 능력을 찾아 이를 증진시키기 위한 구체적인 방법을 모색해야 한다.

2) 직무능력의 분류체계

국가직무능력표준의 분류체계는 직무의 유형을 중심으로 국가직무능력표준의 단계적 구성을 나타내는 것으로 국가직무능력표준의 전체적인 로드맵을 제시한 것이다. 한국고용직업분류(KECO: Korean Employment Classification of Occupation)를 중심으로 한국표준직업분류, 한국표준산업분류 등을 참고하여 분류하였으며 '대분류(24) → 중분류(80) → 소분류(238) → 세분류(887)'의 순으로 구성되어 있으며 그림 9-5와 같다.

[그림 9-5] 국가직무능력표준 분류체계

대분류의 분류기준은 한국고용직업분류에 근거하여 직능유형이 유사한 분야로 구성되어 24개로 구분되어 있고, 중분류는 대분류 내에서 산업이 유사하거나, 노동시장이 독립적으로 형성되거나, 경력개발경로가 유사한 분야 80개로 구성되어 있다. 소분류는 중분류 내에서, 세분류는 소분류 내에서 직능유형이 유사한 분야로 구성되어 있는데, 소분류는 238개, 세분류는 887개로 각각 구성되어 있다. 국가직무능력표준의 분류체계 예시는 그림 9-6과 같다.

[그림 9-6] 국가직무능력표준 분류체계 예시

[표 9-2] 국가직무능력표준의 대분류

01. 사업관리	02. 경영・회계・사무	03. 금융・보험
04. 교육・자연・사회과학	05. 법률・경찰・소방・교도・국방	06. 보건・의료
07. 사회복지・종교	08. 문화・예술・디자인・방송	09. 운전・운송
10. 영업판매	11. 경비・청소	12. 이용・숙박・여행・오락・스포츠
13. 음식서비스	14. 건설	15. 기계
16. 재료	17. 화학	18. 섬유・의복
19. 전기・전자	20. 정보통신	21. 식품가공
22. 인쇄・목재・가구・공예	23. 환경・에너지・안전	24. 농림어업

각자 국가직무능력표준 홈페이지(http://www.ncs.go.kr)를 방문하여 각자의 전공이나 관심 분야의 대분류를 찾아서 세분류까지의 구성을 확인해 보자.

3. 국가직무능력표준의 구성

직업과 관련된 용어로 '직무(Job)'는 재화와 용역을 생산하기 위하여 수행되는 일의 체계 내의 특정한 단위로서, 한 명의 근로자가 수행하는 임무(Duty)와 작업(과업, Task)으로 구성된다. '작업(과업)'이란 한 개의 직무(Job)를 체계적인 방법에 따라 작은 단위로 나눈 단위로서 자체로 독립될 수도 있고, 측정이 가능한 행동의 범위를 말한다. 또한 하나의 작업(Task)을 수행하는 데 필요한 지식(Knowledge)과 기술(Skill), 태도(Attitude) 등으로 구성된 것을 작업요소(과업요소, Element)라고 한다. 이러한 작업요소 한 개로는 유용한 결과를 얻을 수 없지만, 몇 개의 과업요소가 합해지면 유용한 결과를 얻을 수 있는 것이다. 국가직무능력표준에서는 세분류가 직무에 해당되며, 작업을 능력단위, 작업요소를 능력단위요소라고 명명하고 있다. 국가직무능력표준의 구성은 그림 9-7과 같다.

[그림 9-7] 국가직무능력표준의 구성

1) 능력단위의 구성

한 개의 세분류(직무)는 여러 개의 대략 10개 정도의 능력단위로 구성되는데 한 개의 능력단위는 능력단위 능력단위분류번호, 능력단위의 정의, 능력단위요소(수행준거, 지식, 기술, 태도), 적용범위 및 작업상황, 평가지침, 직업기초능력으로 구성되어 있다. 능력단위를 구성하는 항목들에 대한 자세한 내용은 표 9-3과 같다.

[표 9-3] 능력단위 구성항목과 내용

구성항목	내용
① 능력단위분류번호 (competency unit code)	• 능력단위를 구분하기 위하여 부여되는 일련번호로서 12자리로 표현
② 능력단위명칭 (competency unit title)	• 능력단위의 명칭을 기입한 것
③ 능력단위정의 (competency unit description)	• 능력단위의 목적, 업무수행 및 활용범위를 개략적으로 기술
④ 능력단위요소 (competency unit element)	• 능력단위를 구성하는 중요한 핵심 하위능력을 기술

구성항목	내용
⑤ 수행준거 (performance criteria)	• 능력단위요소별로 성취 여부를 판단하기 위하여 개인이 도달해야 하는 수행의 기준을 제시
⑥ 지식·기술·태도(KSA)	• 능력단위요소를 수행하는 데 필요한 지식·기술·태도
⑦ 적용범위 및 작업상황 (range of variable)	• 능력단위를 수행하는 데 있어 관련되는 범위와 물리적 혹은 환경적 조건·능력단위를 수행하는 데 있어 관련되는 자료, 서류, 장비, 도구, 재료
⑧ 평가지침 (guide of assessment)	• 능력단위의 성취 여부를 평가하는 방법과 평가 시 고려되어야 할 사항
⑨ 직업기초능력 (key competency)	• 능력단위별로 업무수행을 위해 기본적으로 갖추어야 할 직업능력

2) 국가직무능력표준 분류번호 체계

국가직무능력표준은 능력단위에 대한 식별을 위하여 분류번호를 체계적으로 부여하고 있다. 분류번호는 대분류, 중분류, 세분류, 능력단위를 각각 2자리 숫자로 부여하고, 또한 국가직무능력표준의 개발연도와 버전을 각각 부여하고 있다. 국가직무능력표준 분류번호체계는 그림 9-8과 같다.

[그림 9-8] 국가직무능력표준 분류번호 체계

활동

1. 앞서 활동한 전공 및 관심 분야의 세분류(직무) 내의 능력단위를 찾아보고 각 능력단위의 정의를 확인해 보자.
2. 해당 능력단위에서 요구되는 직업기초능력은 어떠한 것인지 확인해 보자.
3. 능력단위는 어떠한 능력단위요소로 구성되어 있는지 확인해 보자.
4. 해당 능력단위를 구성하는 각 능력단위요소별로 수행준거를 확인해 보고, 수행준거에 따라 해당 일을 원활하게 수행하기 위해서는 어떠한 지식, 기술이 필요하고, 어떤 자세가 필요한지 확인해 보자.

4. 경력개발경로

국가직무능력표준을 활용하여 자신의 전공이나 관심 분야에 대한 경력은 어떻게 개발하고 어떠한 경로를 거쳐 자신의 평생경력을 쌓아갈 수 있는지 확인할 수 있다. 국가직무능력표준 누리집(http://www.ncs.go.kr)에 접속하여 회원가입을 하고 자신이 희망하는 분야를 찾아 평생경력개발경로를 찾아보자.

활동

◎ 분류선택

1. 분류 및 직급선택

경력개발지원 페이지로 이동하여 결정하고자 하는 분야의 대·중·소분류를 선택한다.

2. 평생경력개발경로조회

대·중·소 분류 선택이 완료되었으면 조회버튼을 클릭하여 해당 평생경력개발경로를 조회한다.

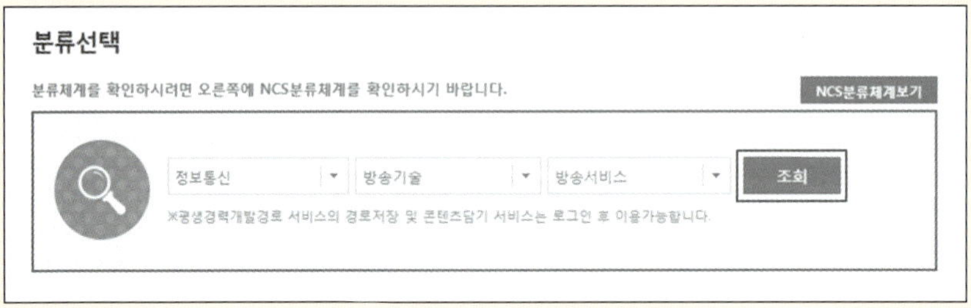

◎ 평생경력개발경로 화면 구성

1. 제목 및 분야별 조회 영역
   상단 영역은 현재 평생경력개발경로의 소분류명과 다른 소분류의 평생경력개발경로를 조회할 수 있다.
2. 기능 및 정보 영역
   우측 영역은 평생경력개발경로의 여러 기능과 직급에 관련된 콘텐츠를 볼 수 있다.
3. 직능명 영역
   중간 제목 영역은 소분류의 수준별 명칭을 볼 수 있다.
4. 세분류명 영역
   중간 왼쪽 영역은 소분류에 속해 있는 세분류별 명칭을 볼 수 있다.
5. 직급명 및 경로설정 영역
   중간 영역은 소분류에 속해 있는 직급별 명칭을 볼 수 있으며, 직급을 선택하여 경력개발경로를 설정할 수 있다.

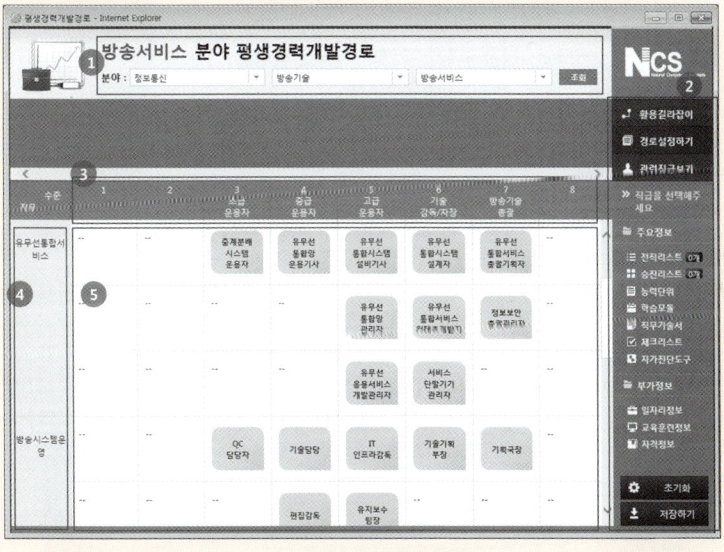

◎ 활용길라잡이

1. 평생경력개발경로 활용 길라잡이

[활용길라잡이]버튼을 클릭하며, 카툰으로 되어 있는 평생경력개발경로 사용법을 볼 수 있다.

◎ 경로설정하기

1. 직급선택

수준별로 나열된 직급 중 관심있는 직급을 클릭하면 아래 화면과 같이 경력개발경로를 설정할 수 있으며, 선택한 직급들이 상단 영역에 일렬로 표시된다. 또한 선택한 직급의 상단에는 처음 선택한 직급은 [시작], 수준이 올라가면 [승진], 같은 직급으로 이동하면 [전직]이 표시된다.

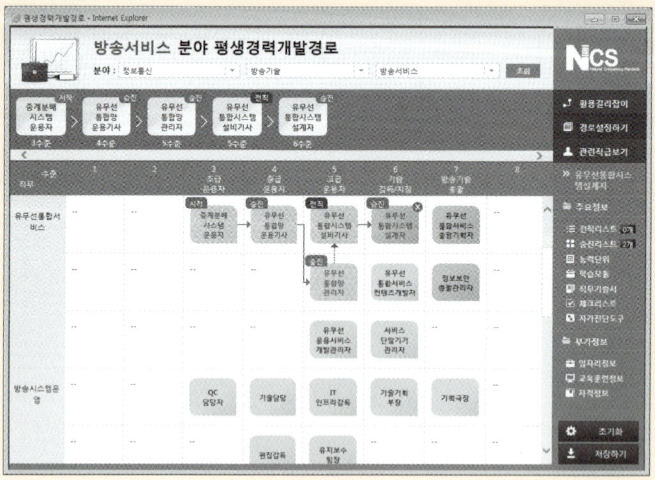

2. 이동 가능한 직급 표시

직급을 선택하면 선택한 직급을 기준으로 이동 가능한 직급이 표시되며, 표시된 직급만 선택이 가능하다.

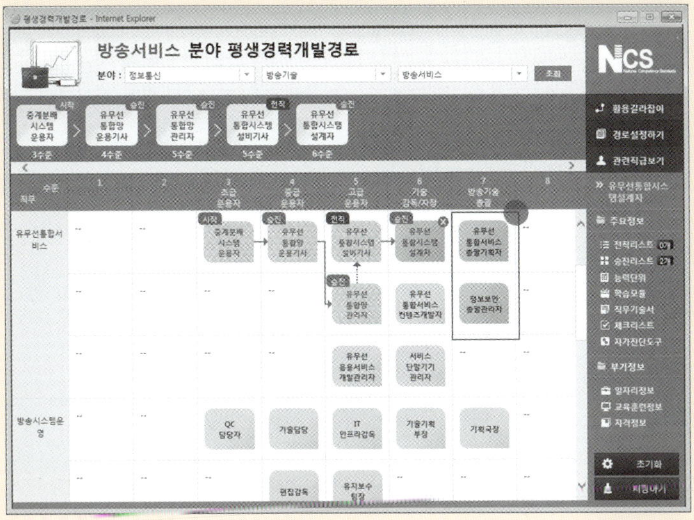

[주요정보 〉 전직 · 승진리스트]를 선택하면 이동 가능한 직급을 팝업창으로 볼 수 있으며, 설정 버튼을 클릭하면 직급을 선택한 것과 같이 경로가 표시된다.

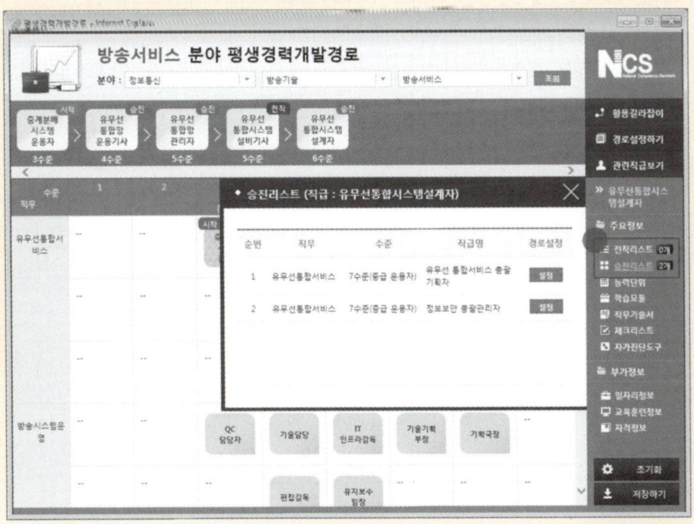

3. 설정경로 저장

경로 설정이 완료되었으면 [저장하기] 버튼을 클릭하여 설정한 경로를 저장한다. 저장된 경로는 [경력개발지원 〉 나의 경로] 메뉴에서 확인할 수 있다.

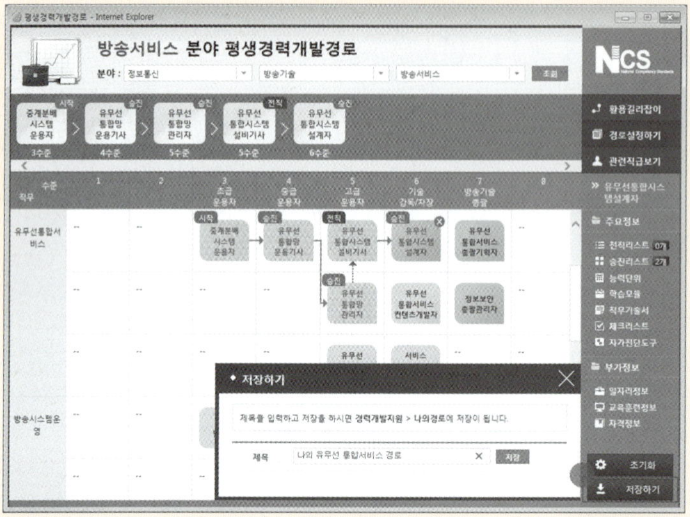

4. 설정경로 초기화

[초기화]버튼을 클릭하면 설정한 경로가 초기화된다.

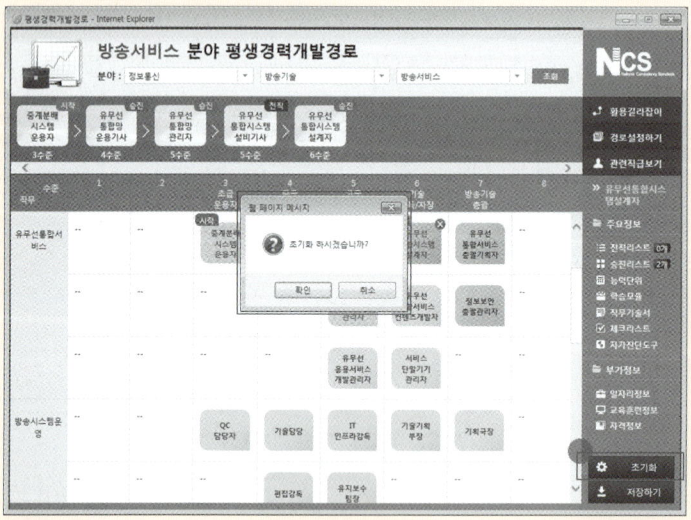

◎ 주요정보/부가정보

1. 주요정보 콘텐츠 보기

주요정보 영역의 [능력단위, 학습모듈, 직무기술서, 체크리스트, 자가진단도구] 메뉴를 클릭하면, 경력개발경로를 설정하면서 직급에 관련된 콘텐츠를 볼 수 있다.

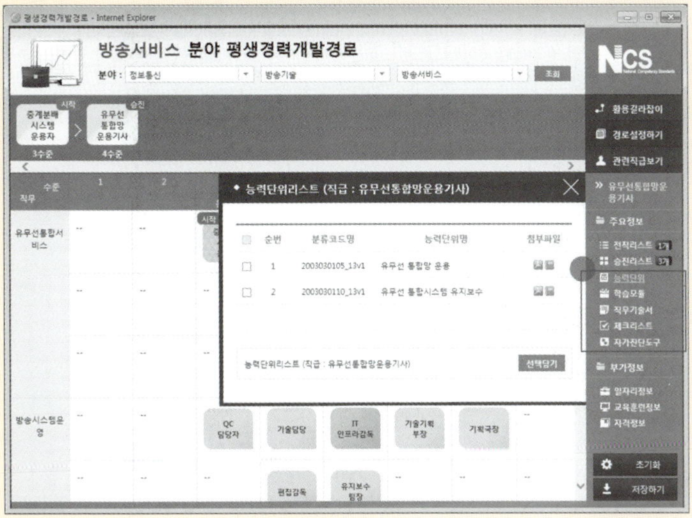

콘텐츠 좌측의 체크박스를 선택하고 [선택담기]를 클릭하면 콘텐츠를 저장할 수 있으며, 저장된 콘텐츠는 [My Page 〉 내서재]에서 확인할 수 있다.

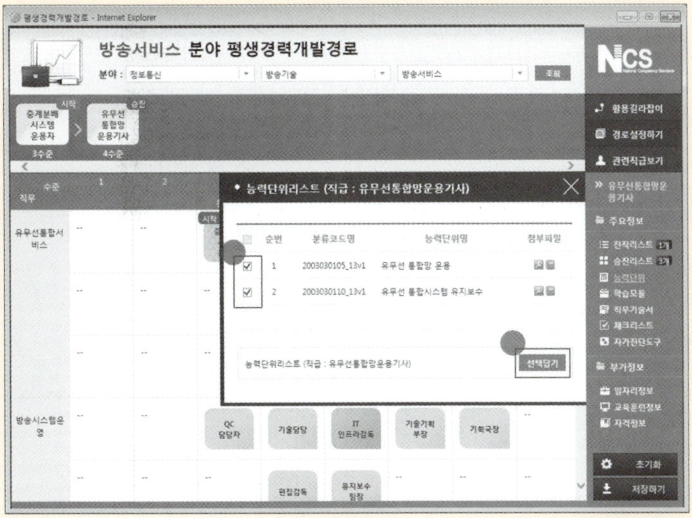

2. 부가정보 콘텐츠 보기
부가정보 영역의 [일자리정보, 교육훈련정보, 자격정보] 메뉴를 클릭하면, 선택한 직급에 관련된 일자리정보, 교육훈련정보, 자격정보 등을 볼 수 있다.

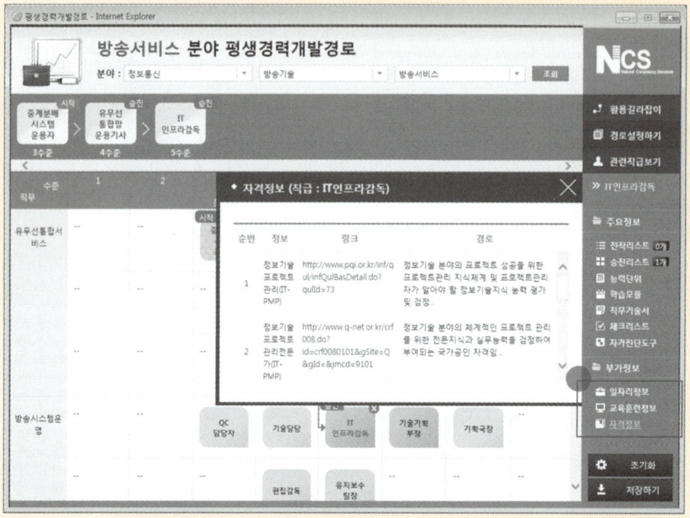

◎ 관련직급보기
1. 관련직급보기 기능
[관련직급보기] 버튼을 클릭하면 알림창이 나타나며, 확인 버튼 클릭 시 화면이 초기화 된다.

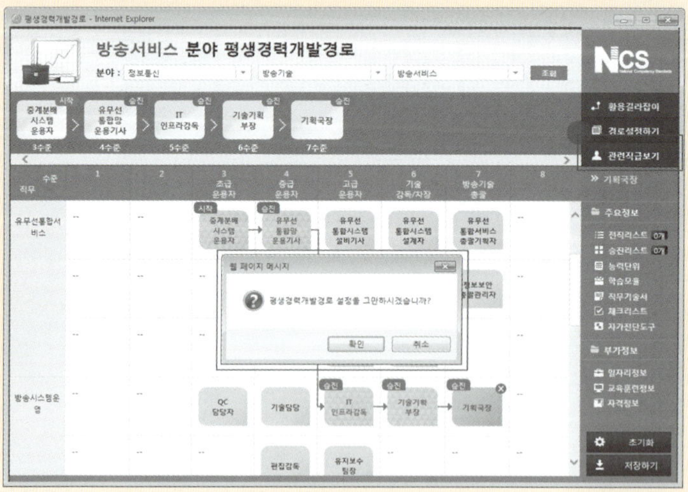

2. 직급선택

관련직급보기는 화면에 수준별로 나열된 모든 직급을 자유롭게 선택할 수 있다. 직급선택 시 선택한 직급은 상단에 [선택]이라고 표시되고, 선택한 직급을 기준으로 [하늘색 체크무늬]로 표시된 직급은 이전 단계 직급을 나타내며, [녹색]으로 표시된 직급은 승(저)직을 나타낸다. [주요/부가정보] 기능은 경로설정하기 기능과 동일하게 사용이 가능하며, 직급을 선택한 상태에서 [경로설정하기] 버튼을 클릭하면, 선택한 직급을 기준으로 경로를 설정할 수 있다.

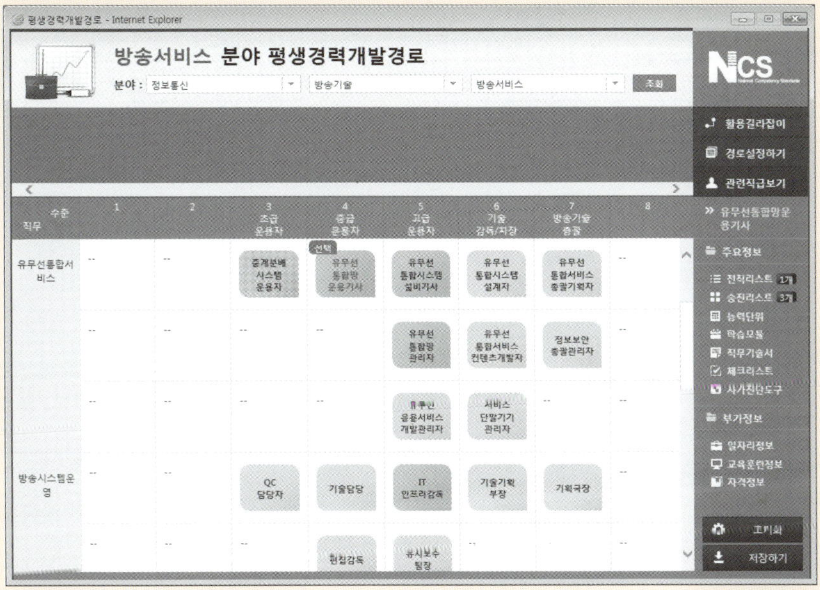

◎ 나의 경로 〉 평생경력개발경로

1. 저장된 평생경력개발경로 보기

   저장된 평생경력개발경로의 제목을 클릭하면 설정한 경로가 보여지게 되며, 경로의 수정 및 저장이 가능하다.

10 CHAPTER

취업준비 실무 1

배울내용

1. 취업준비전략
2. NCS 기반 능력중심 채용
3. 취업준비 단계

학습목표

1. 자신이 관심있어 하는 직무의 채용동향을 살펴보고 이를 통해 인사를 희망하는 기업의 채용 정보를 분석할 수 있다.
2. 취업준비를 위한 계획을 단계별(자기분석-직무선정-기업조사-서류준비-면접)로 수립할 수 있다.
3. NCS기반 능력중심 채용 준비를 위한 중장기적인 계획을 수립할 수 있다.

개요

자신이 하고 싶은 직업을 가지고 원하는 회사에 채용되어 일을 하는 것은 쉽지 않다. 21세기를 살아가는 청춘들은 단군 이래 최고의 스펙을 가졌다고 할 만큼 학점, 자격증, 외국어 능력, 해외 어학연수, 인턴경력 등을 갖추기 위해 치열한 20대를 보내고 있다. 그러나 최고의 스펙이 성공적인 취업으로 이어지는 것은 아니다. 급변하는 시대에서 채용의 새로운 변화를 잘 읽고 그에 따라 진로를 선택하여 자기 능력을 탐색하고 준비해 나가야 한다. 따라서 이 장에서는 취업준비를 위한 실무의 첫단추로서 새로운 채용변화에 따른 취업준비 전략을 수립하고 이를 토대로 성공적인 취업을 준비해 나가는 단계를 알아보고자 한다.

1. 취업준비 전략

취업을 위한 준비는 언제부터 해야 할까? 어릴 때 주변의 어른들에게서 커서 '무엇이 되고 싶니?'라는 말을 듣고 고민하기 시작했다면, 그때부터 취업을 위한 준비가 시작되었다고 볼 수 있다. 많은 진로교육전문가들은 진로교육의 시기를 유아기로 낮추어서 보고 있으며 유아기때부터 되고 싶은 것, 하고 싶은 것을 생각할 수 있는 탐색의 기회를 주는 것이 진로교육의 시작이라고 한다. 일생에서 살아가는 방향인 진로를 정하는 것은 어린시기부터 시작되어야 하며 이를 바탕으로 일생의 특정한 시기에 전문성을 바탕으로 경제 및 사회활동을 하는 직업을 가지게 된다.

성공적인 취업을 위해서는 전략이 필요하다. 특히나 급변하고 다양화되는 현대사회에서의 취업은 직업세계의 변화와 채용시장의 동향에 크게 영향을 받는다. 고용노동부는 2015년부터 130개 공공기관, 890개 기업이 국가직무능력표준(NCS) 기반 능력중심 채용 사업에 참여하는 것을 목표로 하여 채용방향의 변화를 이끌어내고 있다(고용노동부, 2015). 이에 잡코리아는 2016년 채용 트랜드로 '직무적합성'을 강조하며, 기존 스펙 위주로 선발된 'BEST PEOPLE'의 미비한 성과가 '직무역량' 중심의 'RIGHT PEOPLE'을 선발하는 채용방향으로 전환하게 되었다고 한다.

1) 취업준비의 시작은 '진로탐색'에서부터

다양한 방식의 진로나 취업을 모색하기 위해서는 진로탐색이 우선되어야 한다(정연순, 김선호, 이요행, 2014). 한국고용정보원(2010)에서 대학 취업준비생을 대상으로 실시한 대학 진로지도 실태조사에서 취업희망 직종이 없는 학생이 30%에 달하였으며, 취업희망 직종이 없는 이유는 내가 무엇을 잘 할 수 있을지 몰라서(58.4%), 내 전공으로 갈 수 있는 직종을 몰라서(9.6%), 직종에 상관없이 취업만 하면 되기 때문에(8.4%), 생각해 본 적이 없어서(7.5%)의 순으로 응답을 하였다. 취업희망 직종이 없는 학생들의 반 이상이 자신에 대한 이해가 없이 '남들이 모두 하니까'식의 무분별한 스펙 쌓기를 하면서 방향성 없는 취업준비를 하고 있다.

한국고용정보원(2015)에서는 대학생이 갖추어야 할 구직역량을 효과적으로 신장시키기 위한 체계적인 진로 및 취업지도를 위한 로드맵을 제시하고 있다. 취업지도 로드맵에 따르면, 저학년에는 취업의 전반적인 과정에 대해 이해하고 성공적인 취업을 위한 기초 작업으로서 자기이해, 목표설정, 계획수립 등에 대한 진로를 설계하고 고학년에서는 인적 네트워크 활용과 구직서류 작성, 구직의사소통에 이르기까지 취업역량을 강화하는 실전취업을 준비할 것을 제시하고 있다.

출처: 한국고용정보원(2015), (청년층 구직역량 강화를 위한) 대학교 취업지원 로드맵, 한국고용정보원, p.26.

[그림 10-1] 취업지원로드맵

진로탐색은 일생을 살아가는 방향을 탐색하는 일이며 직업의 탐색과 진로설계로 구체화된다. 집을 짓는 동안 실패를 줄이고 불필요한 자원낭비를 막기 위해서는 구체적인 설계도가 기본이듯이, 취업을 위해서는 자신에 대한 분석과 탐색을 바탕으로 목표를 설정하고 계획을 수립하는 진로탐색을 실시하고 이에 따른 취업준비가 무엇보다 필요하다. 따라서 기업에서는 필요한 직무를 중심으로 한 인력선발계획을 제시함으로써 취업준비생들은 기업에서 제시한 선발계획에 맞추어 필요한 능력과 역량을 쌓는 데 에너지를 쏟을 수 있을 것이다 .

2) 직무를 중심으로 한 취업역량 쌓기

취업의 최우선 순위를 기업에 두기보다 내가 할 수 있고 하고 싶은 직무를 중심으로 기업을 선택하고 취업역량을 쌓아가는 것이 필요하다(양정혜, 2014). 취업준비생이 이것저 것 많은 '스펙'을 갖추어 가는 것이 취업 경쟁력을 확보하던 시대는 끝났다. 최근 채용 시장과 취업준비현장에서는 직무중심과 직무적합성이 화두가 되고 있다.

정부에서는 필요 인원에 따라 스펙중심의 선발을 하고 회사중심의 지원으로 맹목적인 스펙을 쌓아 기업에게 자신이 우수한 인재임을 증명하는 채용방식이 변화되어야 한다고 강조한다. 이에 따라 기업은 필요 인력 중심으로 선발계획을 수립하여 직무중심의 선발을 하고 취업준비생들은 기업이 제시한 직무를 수행하는 데 필요한 능력과 역량을 쌓아 자신의 준비도를 증명하는 능력중심 채용방식으로 나아가야 한다는 것이다.

이러한 변화는 2015년부터 한국전력공사, 국민건강보험공단 등 130개 공공기관이 스펙 대신 국가직무능력표준(NCS) 기반 능력중심 채용의 도입으로 드러나고 있다, 또한 2016년에는 200여개의 공공기관으로 확대되고, 2017년에는 모든 공공기관으로 의무화할 예정이다.

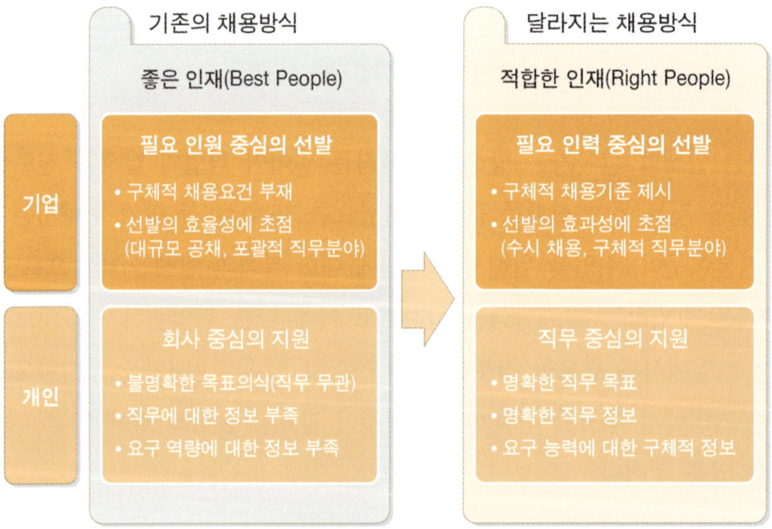

[그림 10-2] 채용변화

직무는 기업에서 특정 직책을 맡은 사람이 일상적으로 수행해야 하는 업무를 지칭한다(양정혜, 2014). 직무역량은 직무를 효과적으로 수행하여 탁월한 성과를 얻는 데 필요한 종업원의 내재적 특징으로 직무수행에 필요한 지식, 기술, 태도를 포함한 개념이다(김정우, 2015). 취업준비를 위해서는 '방향성 없는 최고의 스펙'을 갖추기보다는 기업이 채용하고자 하는 '직무에 맞는 역량'을 갖추어 나가야 한다. 따라서 직무에 맞는 역량을 갖추는 것이 취업준비의 핵심이자 전략이 된다.

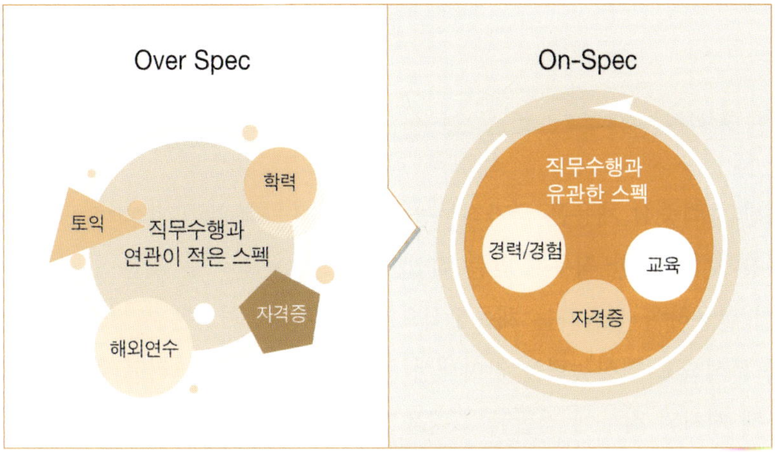

[그림 10-3] 스펙의 패러다임 전환

Tip. 취업을 위해 대학생활 동안 준비해야 할 것들

- 비전수립 : 꿈, 비전, 목표, 인생관, 직업관 등을 수립하기
- 자기탐색 : 흥미, 성격, 기질, 적성, 강점, 심리 등을 파악하기
- 직업탐색 : 직종, 업종, 직무에 대해 이해하기
- 직무능력 쌓기 : 학력, 학점, 자격증, 전공지식, 알바, 인턴, 해외연수, 동아리, 사회활동, 봉사활동 등 직무와 관련된 능력에 대해 경험하기

2. NCS 기반 능력중심 채용[3)]

NCS 기반 능력중심 채용은 산업현장에 적합한 인적자원을 개발하고 이러한 인적자원을 효과적으로 채용하는 시스템의 구축이다. 개인이 갖춘 능력과 산업현장에서 요구하

3) 본 절의 내용은 한국산업인력공단이 제작한 능력중심채용(http://www.ncs.go.kr/onspec/)의 사이트와 노동부에서 제작한 워크넷(http://www.work.go.kr/)의 취업도우미 사이트에서 발췌한 내용을 재구성 하였음.

는 능력의 불일치와 늘어나는 청년실업률이 국가의 인적자원 낭비로 이어진다는 반성에서 '학벌/스펙 중심 사회'에서 '능력 중심 사회'의 구현을 추진하고자 하는 국가의 정책이다. 또한 개발 완료된 NCS(국가직무능력표준)를 인력양성, 채용, 보상에 적극 활용하는 체제의 구축이기도 하다.

1) NCS 기반 능력중심 채용의 정의

NCS 기반 능력중심 채용은 국가직무능력표준(NCS : National Competency Standards)을 기반으로 현장에서 필요한 직무에 맞는 직업능력 스펙(On-spec)을 갖춘 인재를 NCS기반의 평가도구를 활용하여 선발하는 채용방식으로 정의된다. 기업은 NCS를 활용해 채용 희망 직무를 분석하고 핵심능력을 찾아내서 채용공고를 한다. 그리고 취업준비생은 채용공고를 통해 제시된 직무에 적합한 스펙을 쌓을 수 있도록 준비하게 된다. NCS기반 능력중심 채용을 도식화하면 그림 10-4와 같다.

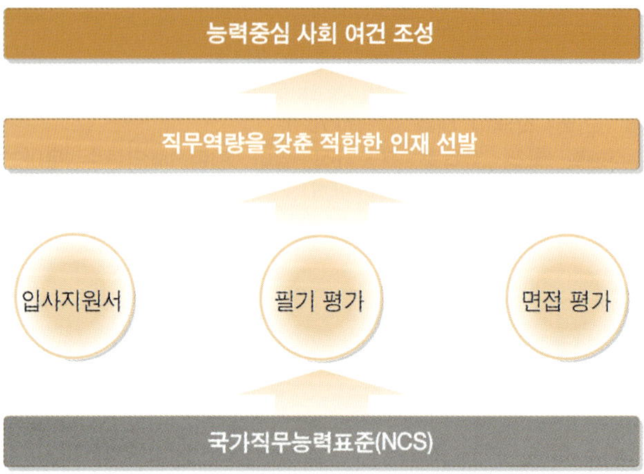

[그림 10-4] NCS 기반 능력중심 채용

2) NCS 기반 능력중심 채용의 목적

NCS 기반 능력중심 채용의 목적을 기업의 측면, 입사지원자의 측면, 사회적 측면에서 살펴보면 다음과 같다.

첫째, 기업의 측면에서는 적합한 인재(Right Person)를 선발할 수 있다. 기업 및 공공기관은 필요한 분야에 적합한 직무능력을 갖춘 지원자를 채용할 수 있다. 기업은 조직의 여러 분야에서 기업의 특성이 반영된 직무를 분석하고 이를 기반으로 취업지원자의 직무에 적합한 역량을 평가하여 능력을 중심으로 채용할 뿐만 아니라 인사관리 등 능력중심사회를 선도할 역할을 담당하게 된다.

둘째, 입사지원자의 측면에서는 불필요한 스펙이 아닌 직무에 적합한 능력을 개발할 수 있다. 이를 통해 목적과 방향 없는 스펙 쌓기로 인한 시간적, 금전적 비용의 낭비를 줄일 수 있다. 직무에 적합한 능력을 개발하기 위해서는 정확한 진로목표를 설정한 후에야 가능하며, 명확한 진로목표에 따라 지속적인 자기계발을 통해 개인 및 조직 경쟁력을 높이게 된다.

셋째, 사회적 측면에서는 스펙을 초월한 능력중심사회를 구현할 수 있고 국가의 경쟁력을 강화할 수 있다. 즉, 직무적합형 인재선발은 채용자인 기업뿐만 아니라 채용된 직원의 직무에 대한 만족도를 증가시켜 준다. 높은 직무 만족도는 조직에 대한 몰입도를 향상시켜 주고 높은 성과들을 창출하게 한다. 이를 통해 개인역량과 조직역량이 강화되고 국가경쟁력 강화의 선순환 고리를 마련하게 되는 것이다.

3. 취업준비 단계

기업의 채용절차는 취업준비를 위한 단계를 어떻게 구성해야 하는지를 안내해 준다. 채용절차는 기업에 따라 조금씩 차이가 있으나 대부분 서류전형, 필기전형, 면접전형으로 나누어 진행된다.

1) 취업준비 단계

진로교육에 바탕을 둔 취업준비에서는 기업의 채용절차와 함께 자기분석이 취업준비 단계에 포함된다. 진로교육전문가와 취업안내전문가들이 안내하는 취업준비 단계는 세부적으로 약간의 차이는 있으나 다음의 단계들을 공통적으로 제시하고 있다(양정혜, 2014; 이영희, 이복희, 이현길, 조정융, 김인기, 김종표, 2010; 오유식, 박기선, 2014; 정하선, 양정안, 곽민경, 정유나, 2014). 취업준비단계는 아래 그림 10-5와 같다.

1단계		2단계		3단계		4단계		5단계
자기분석	⇨	직무탐색	⇨	기업조사	⇨	서류준비	⇨	면접

[그림 10-5] 취업준비 단계

(1) 1단계 : 자기분석

성공적인 취업을 위해서는 스스로가 어떤 일을 하고 싶은지를 정하고 나의 인성적 특징과 어떤 역량을 갖추고 있는지에 대해 파악하는 것이 먼저 선행되어야 한다. 즉, 자신의 적성 및 강점에 대한 충분한 이해를 통해 인생의 목표를 수립하고 그 목표를 위해 자신의 적성과 자질을 극대화할 수 있는 직종을 탐색해야 한다(오유식, 박기선, 2014).

대부분의 대학에서는 성격검사, 적성검사, 진로준비도검사 등 자기에 대해 객관적으로 이해할 수 있는 다양한 검사 시스템이 갖추어져 있다. 대학의 조직인 학생생활연구소, 취 · 창업진로센터, 교수학습지원센터 등에서 이러한 검사들을 실시하고 있으니 적극 활용하여 자신의 성격과 적성 및 잠재능력 등을 파악한다. 또한 앞서 4장에서 살펴본 것처럼 고용노동부와 한국고용정보원에서 제공하는 워크넷 사이트(www.work.go.kr)에서 21종류의 직업심리검사가 제공되고 있어 자신에게 필요한 검사를 할 수 있다. 다음으로 자기에 대한 충실한 이해를 바탕으로 내가 무엇을 원하고 무엇을 하고 싶은지를 탐색한다. 크게는 인생을 어떻게 살아갈 것인지의 방향을 잡아보고 그 안에서 자신의 적성과 자질에 맞는 직업을 가지고 어떻게 살아갈지를 그려보자. 이러한 과정은 대학입학의 전공선택에서 어느 정도 정해지므로 현재 자신이 선택한 전공을 바탕으로 업종과 직종 및 직무를 탐색해 본다.

(2) 2단계 : 직무탐색

자기분석을 바탕으로 희망직업과 직종을 결정한다. 희망직업과 직종의 선택에서 가장 중요한 요건은 첫째, 자기이해를 바탕으로 자신의 적성과 자질에 맞는 직업과 직종을 선택하고, 둘째, 미래 직업세계의 변화를 고려하여 유망직업과 직종을 선택하는 것이다. 직업과 직종을 선택할 때 다양한 정보를 수집하고 분석하는 것이 필요하다. 관·민의 취업포털사이트에서 제공하는 직업정보뿐만 아니라 교수님이나 선배, 대학 내 취·창업지원센터, 멘토 등의 도움을 받을 수도 있다.

'직종'이란 사전적 의미로 직업이나 직무의 종류를 말하며, 전문적 의미로는 직무의 분류구분의 하나로서 직무의 종류가 유사하고 그 복잡함과 책임의 정도가 다르나 내용이 유사한 직무의 집합(최상복, 2004)을 말한다. 정부가 제작한 한국고용직업분류표에 따르면 우리나라의 직종은 24개로 크게 나눠지고 그 안에서 총 159개로 분류되고, 이는 세분류로 나누어지며 약 1,100여개로 구분된다.

직종을 선택했다면, 선택한 직종의 직무를 탐색하여 직무의 종류와 내용들에 대한 정보를 조사한다. 예를 들어 의사라는 직종에서 의사가 수행하는 직무들이 있고 이들 직무를 원활하게 수행하기 위한 능력들이 요구된다. 직무에 대한 탐색을 통해 어떤 직무능력들을 준비해야 하는지를 명확하게 알 수 있다. 직종들 중에서 자신에게 맞는 직업과 직업에 대한 직무수행능력에 대한 탐색은 노동부의 워크넷사이트의 한국직업정보시스템을 활용한다면 도움이 될 것이다.

Tip. 직업선택을 결정하는 방법(정철상, 2012)

첫째, 희망하는 직업을 무조건 나열해 본다. 최소한 열 가지 이상 나열한 후 3~4가지로 압축한다.
둘째, 직업선택에서 우선적으로 고려하는 자신의 가치가 무엇인지를 나열해 본다. 연봉, 비전, 성격, 역량, 취업 가능성, 복지환경, 근무시간, 대인관계 등이 있을 것이다.
셋째, 직업선택을 위한 결정항목을 최소 3가지에서 많게 10가지 정도로 주요항목을 취합해 본다. 100점을 총점으로 하여 각 항목마다 가중치를 주고 점수를 준다.
넷째, 점수를 취합해서 가장 높게 나온 직업을 1순위 직업으로 한다.

(3) 3단계 : 기업조사

직종과 직무의 결정이 끝났다면, 희망하는 기업들을 조사한다. 기업마다 독특한 문화와 특성이 반영되어 같은 직종과 직무에서도 약간의 차이가 있다. 기업 조사를 통해 기업의 주요 사업 내용을 이해하고 자신이 지원할 직무의 특성과 내용에 대한 정보를 탐색할 수 있으며 근무환경, 근무조건, 임금 등에 대한 정보도 얻을 수 있다. 기업 조사를 할 때 반드시 파악해야 할 정보로는 기업의 경영이념, 비전, 인재상은 꼭 검토해야 한다. 경영이념, 비전, 인재상은 기업이 가장 중요하게 생각하는 가치와 능력들을 집약해 놓은 진술로서 자신들이 채용하고자 하는 인재의 필수조건을 제시한 것이라 볼 수 있다.

기업에 대한 정보는 기업 홈페이지, 기업에서 간행하는 사보, 신문기사, 친구와 지인 등을 통해 얻을 수 있다. 기업에 대한 공식적인 정보를 얻을 수 있는 가장 좋은 방법은 기업 홈페이지를 이용하는 것이다. 기업 홈페이지에는 비전, 경영철학 및 이념, 인재상, 조직구성, 매출액과 순이익, 부채 상황 등 기업 재무에 대한 정보를 제공하고 있다. 이러한 정보를 통해 내가 원하는 직종이 있는지 그 직종의 직무는 어떠한지 등에 대해 구체적으로 탐색할 수 있을 것이다.

(4) 4단계 : 서류준비

기업조사를 통해 가고 싶은 기업을 선택했다면, 그 기업의 채용절차와 방식에 대해 알아야 한다. 기업마다 채용절차와 방식에서 약간의 차이가 있으므로 그에 따라 준비해야 한다. 거의 대부분의 기업에서는 서류전형을 실시하며, 서류전형은 모든 구직자들이 기업에 입사하기 위해 거치는 첫 번째 관문이 된다. 기업에서 요구하는 서류로는 이력서, 자기소개서, 졸업증명서, 성적증명서, 경력증명서, 자격증 등이 있다.

(5) 5단계 : 면접

서류전형을 통과했다면 면접전형을 할 수 있는 기회가 주어진다. 많은 지원자들을 일정의 기준으로 필터링하는 것이 서류전형이라면, 면접전형은 서류를 통해 드러나지 않는 구직자에 대한 정보를 얻고자 하는 방법이라 할 수 있다. 면접을 통해 건강, 복장, 태도, 인상 등에 대해 평가하고 질의응답 과정에서 이해력, 판단력, 표현력, 대인관계력 등의 내용을 평가하고 서류전형의 자료들을 확인하는 자료적 평가가 이루어진다. 아래의 표 10-1은 면접을 통해 평가하는 요소를 나타낸 것이다.

[표 10-1] 면접을 통해 평가하는 요소

인상적 평가요소	내용적 평가요소	자료적 평가요소
-건강 -복장 -태도 -협조성 -대화법 -호감 등	-이해력, 판단력, 표현력, 적극성, 안전성, 성실성, 사회성, 가능성 등 -일반상식, 인생관, 사회관, 직업관, 지성 등	-가족 상황 -부모님 직업 -경력 -특기 및 취미 -자격 등

출처: 오성환, 김용배, 최영선(2010), 취업성공과 진로디자인, 서울: 도서출판 두남, pp.247-249.

2) NCS 기반 능력중심 취업준비 단계

일반적인 채용과 NCS 기반 능력중심 채용의 절차는 채용공고, 서류전형, 필기전형, 면접전형으로 차이가 없으나 내용적 부분에서 차이가 있다. NCS 기반 능력중심 채용에서 직무능력을 공개하는 채용공고를 하고, 직무와 관련된 항목의 이력서 및 자기소개서의 서류평가와 직무능력 중심의 필기평가 및 구조화된 면접이 이루어진다. 그림 10-6은 NCS 기반 능력중심 채용이 기존 채용방식과 어떻게 다른지를 보여준다.

이 절에서는 NCS 기반 능력중심 취업을 준비하기 위하여 직무를 탐색하고, 기초능력을 확인하고, 채용공고문을 분석하여 직무별 요구능력을 확인하고, 서류준비, 필기시험준비, 면접준비의 단계를 제시한다.

기존 채용방식	NCS 기반 능력중심 채용
채용공고 행정직 ○명, 기술직 ○명 단순 정보 제공	**NCS 기반 채용공고** 채용 분야별 필요한 직무능력 사전 공개 (모집 직무별 '직무 설명자료' 첨부)
서류전형 직무와 무관한 항목 (가족사항, 학력, 학벌, 지역 등) 직무와 무관한 스펙 (해외봉사, 토익 등)	**NCS 기반 서류전형** 직무와 무관한 기재사항은 최소화, 직무 관련 항목 요구(직무수행에 필요한 교육 · 자격 · 경험 및 경력, 자기소개서) → 직업기초능력과 직무수행능력측정
필기전형 인성 · 적성 평가 지식 중심 전공 필기시험	**NCS 기반 필기전형** 직무능력 중심의 필기평가 → 직업기초능력과 직무수행능력 측정
면접전형 비구조화 면접 (취미, 성장배경 등 직무무관 질문)	**NCS 기반 면접전형** 직무능력 평가 중심 주조화된 면접 → 직업기초능력과 직무수행능력 측정

[그림 10-6] NCS 기반 능력중심 채용

(1) 직무 탐색하기

NCS(국가직무능력표준)에서도 대분류 24개, 중분류 77개, 소분류 277개, 세분류 857개로 체계화되어 있다. 한국산업인력공단에서 제작한 NCS 안내 사이트(www.ncs.go.kr)의 NCS · 학습모듈 검색의 분야별 검색에서 직무를 탐색할 수 있다.

Tip 직무탐색하기

1. www.ncs.go.kr에서 NCS · 학습모듈로 들어간다.

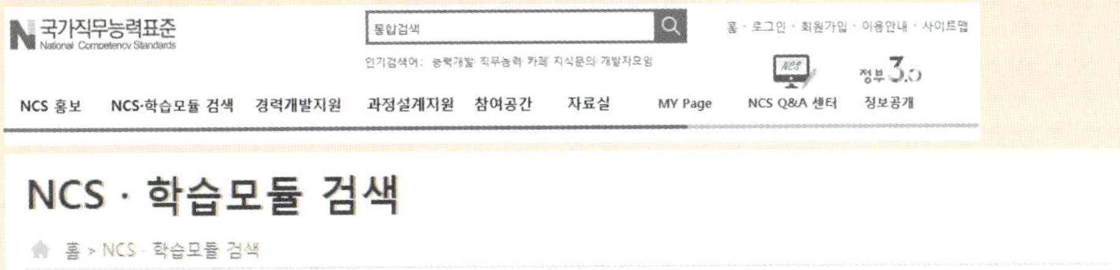

2. NCS · 학습모듈 분야별 검색으로 들어가서 분야를 선택한다.

3. 중분류〉소분류〉세분류〉능력단위를 선택하여 검색을 클릭한다.

(2) 직업기초능력 학습하기

직업기초능력은 직업인이 공통으로 갖추어야 할 능력으로 의사소통능력, 수리능력, 문제해결능력, 자기관리능력, 자원관리능력, 대인관계능력, 정보능력, 기술능력, 조직이해능력, 직업윤리의 10개 영역과 34개 하위 영역으로 구성되어 있다. NCS 사이트에서 직업기초능력에 대한 정보를 얻을 수 있다.

Tip 직업기초능력 학습하기

1. www.ncs.go.kr에서 NCS · 학습모듈로 들어간다.

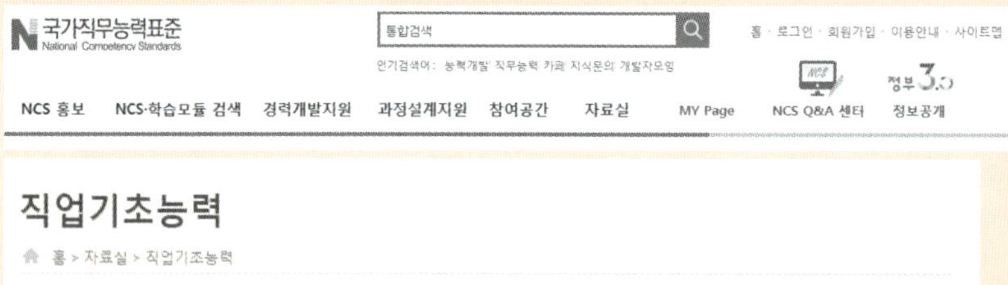

2. 직업기초능력으로 들어가서 선택한다.

3. 해당 능력의 자료를 다운로드하여 학습한다.

(3) 채용공고문 확인 및 분석하기

각 기업에서 알리는 채용모집 공고문을 통해 모집 분야, 채용인원, 지원자격, 근무조건, 전형일정, 우대 사항, 직무 설명자료 등을 확인한다. 채용 분야에 대한 직무 설명자료를 통해 필요한 지식 · 기술 · 태도 등의 내용을 명확하게 파악할 수 있다. 다음의 예시는 한국산업인력공단의 2016년 NCS 기반 채용공고에 포함되어 있던 '행정' 직무에 대한 직무 설명자료이다.

【NCS기반 채용 직무 설명자료 : 행정】

<table>
<tr><td rowspan="4">채용분야</td><td rowspan="4">행정</td><td rowspan="4">분류체계</td><td>대분류</td><td colspan="2">02.경영·회계·사무</td></tr>
<tr><td>중분류</td><td>01.기획사무</td><td>02.총무인사</td></tr>
<tr><td>소분류</td><td>01.경영기획</td><td>01.총무, 03.일반사무</td></tr>
<tr><td>세분류</td><td>01.경영기획</td><td>01.총무, 02.사무행정</td></tr>
<tr><td>공단 주요사업</td><td colspan="5">○ 능력개발, 자격검정, 외국인고용지원, 해외취업/국제교육협력, 숙련기술진흥/기능경기대회, 국가직무능력표준(NCS)</td></tr>
<tr><td>핵심책무</td><td colspan="5">○ (경영기획)경영목표를 효과적으로 달성하기 위한 전략을 수립하고 최적의 자원을 효율적으로 배분하도록 경영진의 의사결정을 체계적으로 지원
○ (총무)조직의 경영목표를 달성하기 위하여 자산의 효율적인 관리, 임직원에 대한 원활한 업무지원 및 복지지원, 대 · 내외적인 회사의 품격 유지를 위한 제반 업무를 수행
○ (사무행정)문서관리, 문서작성, 데이터 관리, 사무자동화 관리운용 등 조직 내부와 외부에서 요청하거나 필요한 업무를 지원하고 관리</td></tr>
<tr><td>직무수행 내용</td><td colspan="5">○ (경영기획)사업환경 및 경영실적 분석, 경영방침 및 계획, 예산 및 사업별 투자 관리 등
○ (총무)사업계획수립, 행사지원·부동산·비품·차량운영·용역·총무문서·총무보안 관리, 복리후생 및 업무지원 등
○ (사무행정)문서작성·관리 및 데이터 관리, 회의운영·지원 등</td></tr>
<tr><td>전형방법</td><td colspan="5">○ 직무능력평가 → 직무능력면접 → 인턴선발 → 인턴근무기간평가 → 최종정규직 전환</td></tr>
<tr><td rowspan="2">일반요건</td><td colspan="2">연령</td><td colspan="3">공고문 참조</td></tr>
<tr><td colspan="2">성별</td><td colspan="3">무관</td></tr>
</table>

교육요건	학력	무관
	전공	무관
필요지식	○ (경영기획)내·외부 환경분석 기법, 사업별 핵심성과 평가기준 및 전략기술 등 ○ (총무)개인정보보호법, 계약 및 구매관련 법, 단체협약, 매매 및 임차 표준계약서, 보안정보시스템 운영기준, 복리후생관련법, 부동산관련법, 사내 인력관리 규정, 자산관리 규정, 차량관리 규정, 협상방법론 등 ○ (사무행정)업무처리 지침 개념, 문서기안 절차 및 규정, 전자정보관리 및 보안 규정, 회의운영 방법 등	
필요기술	○ (경영기획)사업기획 및 보고서 작성 기술, 문제예측 및 대응방안 능력, 분석기법 및 통계 프로그램 운영기술, 의사결정 능력 등 ○ (총무)견적서 분석 및 계약서 작성 기술, 문서작성 능력, 문제해결 능력, 법규해석 능력, 벤치마킹 기술, 대인관계 능력, 행사 및 협상기술 ○ (사무행정)데이터 베이스 관리 능력, 문서분류 및 관리 능력, 사무기기 활용능력, 회의내용 이해 및 처리 능력 등	
직무수행 태도	○ (공통)객관적인 판단 및 논리적인 분석 태도, 사업파악 및 개선의지, 투명하고 공정한 업무수행의 청렴성, 문제해결에 적극적인 의지, 창의적인 사고 노력, 의사결정 판단 자세, 주인의식 및 책임감 있는 태도, 경영자원 절약 자세, 수용적 의지 및 관찰 태도, 다양한 정보수집을 하려는 태도, 고객 지향적인 사고, 데이터 특성 및 분석 기술, 업무규정 준수, 상호업무협조 노력, 회의처리 태도, 안전수칙 준수, 상황 판단력과 관찰력이 있는 자세 등	
필요자격	○ 경영 및 행정 관련 전문지식 및 경험 보유자	
직업기초 능력	○ 의사소통능력, 조직이해능력, 수리능력, 문제해결능력, 자기계발능력, 자원관리능력, 정보능력, 대인관계능력, 기술능력, 직업윤리	
참고 사이트	○ www.ncs.go.kr홈페이지 → NCS·학습모듈 검색	

(4) 직무별 요구 능력 확인하기

기업의 채용공고에서 제시된 직무별 필요능력을 확인하고 직무를 수행할 준비가 되었는지 자가진단을 한다. 직무능력 자가진단은 한국산업인력공단에서 제작한 NCS 안내 사이트(www.ncs.go.kr)의 경력개발지원의 직무능력진단에서 확인할 수 있다.

Tip 직무능력 진단하기

1. www.ncs.go.kr에서 경력개발지원으로 들어간다.

2. 분류선택에서 대분류〉중분류〉소분류〉세분류〉직급을 선택한다.

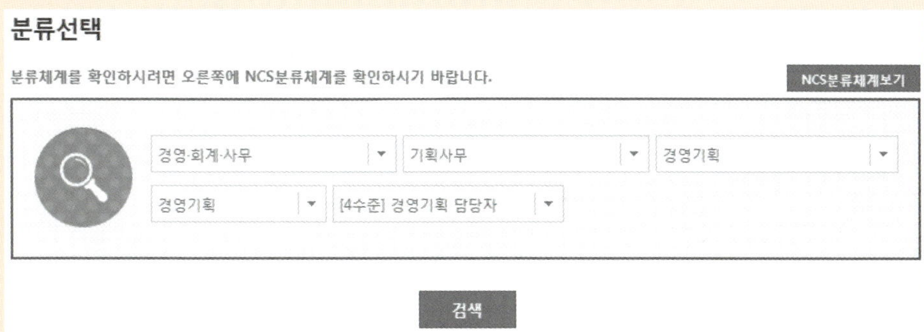

3. 체크리스트를 작성한다. 해당 직무의 직업기초능력과 직무수행능력의 문항을 체크한다.

체크리스트 작성

경영기획 담당자

직업기초능력

영역	문항	매우 미흡	미흡	보통	우수	매우 우수
의사소통능력	업무를 수행함에 있어 다른 사람이 작성한 글을 읽고 그 내용을 이해할 수 있다.	○	○	◉	○	○
	업무를 수행함에 있어 자기가 뜻한 바를 글로 나타낼 수 있다.	○	○	◉	○	○
	업무를 수행함에 있어 다른 사람의 말을 듣고 그 내용을 이해할 수 있다.	○	○	◉	○	○
	업무를 수행함에 있어 자기가 뜻한 바를 말로 나타낼 수 있다.	○	○	◉	○	○
	업무를 수행함에 있어 외국어로 의사소통할 수 있다.	○	○	◉	○	○

직무수행능력

영역		문항	매우 미흡	미흡	보통	우수	매우 우수
사업환경 분석	내부환경 분석하기	경쟁사 대비 자사의 핵심역량 분석을 위해 기업의 제품 또는 서비스의 강점과 약점을 파악할 수 있다.	○	○	◉	○	○
		자사의 내부인적자원요소, 자금력, 기술력, 조직력과 같은 내부역량분석을 할 수 있다.	○	○	◉	○	○
		자사의 사업구조를 파악하고 집중, 진입, 유지, 퇴출과 같은 전략수행의 기준을 설정할 수 있다.	○	○	◉	○	○
	외부환경 분석하기	기업경영에 영향을 미치는 외부 환경을 글로벌 거시환경과 국내 거시환경 측면에서 파악할 수 있다.	○	○	◉	○	○
		경쟁자를 정의하고 분류하며, 경쟁자의 강점과 약점을 정리할 수 있다.	○	○	◉	○	○
		고객을 정의하고 분류하며, 고객의 소비패턴변화를 파악하여 고객구매요인과 최종 소비자의 특성을 도출할 수 있다.	○	○	◉	○	○

4. 진단결과를 확인한다.

진단결과보기

경영기획 담당자 체크리스트 진단결과 **통과하였습니다.**
승진 **직급리스트**에서 **직급명**을 선택하시면 경로설정화면으로 이동합니다.

평가결과

영역	점수
직업기초능력(A)	84
직무수행능력(B)	282
합계(A+B/2)	183

(5) NCS 기반 서류 전형 준비하기

공고된 직무 설명자료를 기반으로 이력서를 작성한다. 이력서에는 모집 직무별로 요구되는 내용을 기입한다. 이력서의 내용에는 항목별로 지원자의 교육이수내용, 자격사항, 경험 및 경력사항 등을 해당 직무에서 요구하는 능력에 매치시켜서 강조하여 작성한다. 상세한 내용은 11장에서 다루기로 한다.

(6) NCS 기반 필기 전형 준비하기

채용공고에 제시된 필기과목을 파악하여 해당 유형을 준비하고, 직무 설명자료에 제시된 직업기초능력과 직무수행능력 등을 면밀히 학습한다.

직업기초능력 평가는 10개 영역 34개 하위 영역의 직무수행능력을 대상으로 '직업 상황', '기초직업능력', '행동중심'의 세 가지 척도를 기준으로 평가하며 객관식 문항으로 구성된다. 직업 상황은 산업현장에서 실제로 일어날 수 있는 직업적 맥락을 문항에 반영하여 평가하고 기초직업능력은 실제 직무수행에 필요한 기초능력을 평가한다. 행동중심은 특정 직무를 수행하고 있는 직업인을 대상으로 관찰 가능한 행동중심의 평가를 말한다.

직무수행능력 평가는 선발하고자 하는 직무의 직무수행능력을 갖추었는지를 실제 직무환경을 토대로 평가하며 서술형과 선택형으로 구성된다. 능력중심채용 사이트에 공개된 직업 기초능력 샘플문항과 학습자용 교재 등을 활용하면 도움이 될 것이다.

(7) NCS 기반 면접 전형 준비하기

NCS기반 구조화된 면접의 주요 유형은 경험면접 · 상황면접 · PT면접 · 토론면접 등이므로 이러한 유형에 대한 사전준비를 한다. 채용공고에서 구체적인 면접방법이 제시되면 그에 대한 명확한 준비를 한다. 직무 설명자료에 제시된 직업기초능력과 직무수행능력을 면밀히 학습하고 능력중심채용 사이트에 공개된 면접 기출문항을 참고하여 준비한다. 상세한 내용은 11장에서 다루기로 한다.

CHAPTER 11

취업준비 실무 2

배울내용

1. 이력서 작성하기
2. 자기소개서 작성하기
3. 면접 준비하기

학습목표

1. NCS 기반 입사지원서를 작성할 수 있다.
2. NCS 기반 자기소개서를 작성할 수 있다.
3. 성공적인 면접을 위한 자신의 이미지메이킹을 연출할 수 있다.

개요

일반적인 취업전형은 서류심사와 면접으로 이루어진다. 서류심사에서는 이력서와 자기소개서를 통해 지원자에 대한 기초적인 정보를 파악하며 면접에서는 서류를 통해 파악할 수 없었던 성품과 능력에 대한 정보를 총체적으로 파악한다. 이 장에서는 새로운 채용방향인 NCS 기반 능력중심 채용에 초점을 두고 이력서, 자기소개서 작성과 면접 준비에 대해 알아보고자 한다.

1. 이력서 작성하기

1) 이력서란?

이력서는 개인에 대한 개괄적인 기초자료이며, 구직자에게는 자신을 보여주는 최초의 서류이고, 채용자에게는 일정한 기준으로 구직자를 필터링해 주는 서류이다. 일반적으로 이력서는 인적사항, 학력사항, 경력사항, 자격사항, 기타 활동사항으로 구성되며 이력서의 양식은 기업에서 규정한 양식을 활용하면 된다.

NCS 기반 입사지원서는 일반적으로 말하는 이력서에 해당된다. NCS 기반 입사지원서는 직무와 관련된 교육, 자격, 경력 및 경험사항의 직무 관련 스펙을 중심으로 작성하도록 구성되어 일반적인 이력서와는 양식에서 차이가 있다.

2) 이력서 작성 시 기본사항

이력서는 구직자가 회사에 제출하는 최초의 서류이다. 이력서를 작성할 때 가장 기본적인 사항(양정혜, 2014; 정하선, 양정안, 곽민경, 정유나, 2014)을 꼭 검토하여 성공적인 취업의 확률을 높여보자.

첫째, 글자체는 평범한 바탕체 또는 보통체로 작성한다.

둘째, 빈 칸은 남기지 않는다. 해당이 없으면 '해당 없음', 미필이면 미필사유를 기록한다.

셋째, 글자크기는 10~11point가 적당하다.

넷째, 정보는 정확하고 일관성 있게 작성한다. 시간의 순서에 따라 정렬하고 연도 뒤에 점을 찍었다면 모든 연도에도 동일하게 점을 찍어 작성해야 한다.

다섯째, 띄어쓰기와 오탈자가 없도록 한다.

3) NCS 기반 입사지원서 작성하기

NCS 기반 입사지원서는 모집분야별 직무수행에 필요한 교육, 경력, 경험, 성과, 자격 등의 필요한 스펙을 기재할 수 있도록 구성되어 있다. 직무수행 역량과 관련이 없는 불필요한 정보는 기재하지 않고 직무수행 역량과 관련된 정보만을 제시하도록 하고 있다.

NCS 기반 입사지원서는 인적사항, 교육사항, 자격사항, 경력 및 경험사항의 4항목으로 구성된다(고용노동부, 한국산업인력공단, 2015). NCS의 요구지식과 기술의 직무수행 역량을 획득했는지의 여부는 교육사항을 통해 확인하고, NCS에서 제시된 자격은 자격사항을 통해 확인하며, 능력단위의 세부직무는 경력사항과 경험사항을 통해 확인할 수 있다. 인적사항은 아래 표 11-1에 제시된 바와 같이 성명, 주소, 연락처, 전자우편, 지원 분야 등의 지원자를 식별하고 관리하기 위한 최소한의 정보만 기재하도록 되어 있다.

[표 11-1] NCS 기반 입사 지원서 양식 - 인적 사항

1. 인적 사항					
* 인적 사항은 필수항목으로 반드시 모든 항목을 기입해주십시오.					
지원구분	신입( ) 경력( )	지원분야		접수번호	
성명		생년월일	(월/일)		
현주소					
연락처	(본인휴대폰)	전자우편			
	(비상연락처)				

교육사항은 다음 표 11-2에 제시된 바와 같이 직무수행에 필요한 지식, 기술, 태도를 갖추고 있는지를 확인하기 위하여 학교교육이나 직업교육 등에서 이수한 교육과정에 대한 정보를 기재한다.

[표 11-2] NCS 기반 입사 지원서 양식 - 교육 사항

2. 교육 사항

* 학교교육은 제도화된 학교 내에서 이루어지는 교육과정을 의미합니다. 아래질문에 해당되는 내용을 기입해 주십시오.

학교교육		
• [경영/경제/회계/무역] 관련 학교교육 과목을 이수한 경험이 있습니까?	예( )	아니오( )
• [통계] 관련 학교교육 과목을 이수한 경험이 있습니까?	예( )	아니오( )
• [경영전략/평가/성과관리] 관련 학교교육 과목을 이수한 경험이 있습니까?	예( )	아니오( )
• [인사/조직관리] 관련 학교교육 과목을 이수한 경험이 있습니까?	예( )	아니오( )
• [광고/홍보/매스컴] 관련 학교교육 과목을 이수한 경험이 있습니까?	예( )	아니오( )

'예'라고 응답한 항목에 해당하는 내용을 아래에 기입해 주십시오.

과목명	주요내용

* 직업교육은 학교 이외의 기관에서 실업교육, 기능교육, 직업훈련 등을 이수한 교육과정을 의미합니다. 아래질문에 해당되는 내용을 기입해 주십시오.

직업교육		
• [경영/경제/회계/무역] 관련 학교교육 과목을 이수한 경험이 있습니까?	예( )	아니오( )
• [통계] 관련 학교교육 과목을 이수한 경험이 있습니까?	예( )	아니오( )
• [경영전략/평가/성과관리] 관련 학교교육 과목을 이수한 경험이 있습니까?	예( )	아니오( )
• [인사/조직관리] 관련 학교교육 과목을 이수한 경험이 있습니까?	예( )	아니오( )
• [광고/홍보/매스컴] 관련 학교교육 과목을 이수한 경험이 있습니까?	예( )	아니오( )

* '예'라고 응답한 항목에 해당하는 내용을 아래에 기입해 주십시오.

교육과목명	주요내용	기관명	교육기간

직무능력 관련 자격 사항은 아래 표 11-3에 제시된 바와 같이 채용공고의 직무 설명 자료에 제시되어 있는 자격 현황을 토대로 해당 직무와 관련 있는 자격을 기술한다.

[표 11-3] NCS 기반 입사 지원서 양식 - 자격 사항

3. 직무능력관련 자격 사항(NCS내 환경분석내 자격현황 참고)

* 자격은 직무와 관련된 자격을 의미합니다. 코드를 확인하여 해당 자격증을 정확히 기입해 주십시오.

A. 국가기술자격	B. 개별법에 의한 전문자격
C. 국가공인민간자격	D. 기타자격

* 위의 자격목록에 제시된 자격증 중에서 보유하고 있는 자격증을 아래에 모두 기입해 주십시오.

코드	발급기관	취득일자	코드	발급기관	취득일자
* 그 외, [직무 혹은 직무관련 지식]에 관련된 자격증은 아래에 기입해 주십시오					
코드	발급기관	취득일자	코드	발급기관	취득일자

경력 사항은 표 11-4에 제시된 바와 같이 직무와 관련된 경력을 구성하고 면접 시에 참고자료로 활용될 수 있다. 위 항목에는 간단한 정보만 명시하며 구체적이고 자세한 내용은 표 11-7에 제시된 경력기술서에서 작성한다.

[표 11-4] NCS 기반 입사 지원서 양식 - 경력 사항

4. 경력 사항

* 경력은 금전적 보수를 받고 일정기간 동안 일했던 이력을 의미합니다. 아래의 질문에 대하여 해당되는 내용을 기입해 주십시오.

학교교육		
• 기업조직에 소속되어 [경영기획 (능력단위①)] 관련업무를 수행한 경험이 있습니까?	예(　　)	아니오(　　)
• 기업조직에 소속되어 [경영평가 (능력단위①)] 관련업무를 수행한 경험이 있습니까?	예(　　)	아니오(　　)
• 기업조직에 소속되어 [홍보 (능력단위①)] 관련업무를 수행한 경험이 있습니까?	예(　　)	아니오(　　)

'예'라고 응답한 항목에 해당하는 내용을 아래에 기입해 주십시오.

근무기간	기관명	직위/역할	담당업무

그 외, 경력 사항을 아래에 기입해 주십시오.

근무기간	기관명	직위/역할	담당업무

자세한 경력 사항은 경력기술서에 작성해 주시기 바랍니다.

직무 관련 기타 활동은 표 11-5에 제시된 바와 같이 금전적 보수 없이 행한 동아리 활동과 대외활동 등의 경험을 중심으로 작성한다. 구체적이고 자세한 내용은 표 11-6에 제시된 경험기술서에서 작성한다.

[표 11-5] NCS 기반 입사 지원서 양식 - 기타 사항

5. 직무 관련 기타 활동

* 직무 관련 기타 활동은 직업 외적인(금전적 보수를 받지 않고 수행한) 활동을 의미하며, 산학, 팀 프로젝트, 연구회, 동아리/동호회, 온라인 커뮤니티, 재능기부 활동 등이 포함될 수 있습니다. 아래의 질문에 대하여 해당되는 내용을 기입해 주십시오.

학교교육		
• [경영기획 (능력단위①)] 관련활동을 수행한 경험이 있습니까?	예( )	아니오( )
• [경영평가 (능력단위①)] 관련활동을 수행한 경험이 있습니까?	예( )	아니오( )
• [홍보 (능력단위①)] 관련활동을 수행한 경험이 있습니까?	예( )	아니오( )

'예'라고 응답한 항목에 해당하는 내용을 아래에 기입해 주십시오.

활동기간	소속조직	주요역할	주요활동업무

지금까지 입사지원서 양식에 대해 살펴보았다. 입사지원서에서는 지원자의 간단한 경력 및 경험사항에 대한 내용들만 제시되어 있기에 지원장의 세부적인 이력을 살펴보기에는 제한적이다. 따라서 이러한 점을 보완하기 위한 서류로 직무능력 소개서가 있다. 직무능력 소개서는 지원자의 역할, 행동, 성과 등을 구체적으로 나타낸 문서로 크게 경험기술서와 경력기술서로 구분된다.

먼저 경험기술서는 지원자가 수행한 활동내용, 소속된 조직에서의 역할 및 활동결과

에 대해 기술한다. 다음으로 경력기술서는 직무 영역, 활동, 경험, 수행내용, 지원자의 역할 및 구체적 행동, 주요성과 등을 작성한다. 경험 및 경력기술서 양식은 아래 표 11-6, 11-7과 같다.

[표 11-6] NCS 기반 경험 기술서 양식

경험 기술서
* 입사지원서에 기술한 직무관련 기타 활동에 대해 상세히 기술해 주시기 바랍니다. * 구체적으로 본인이 수행한 활동 내용, 소속 조직이나 활동에서의 역할, 활동 결과에 대해 작성해 주시기 바랍니다.

[표 11-7] NCS 기반 경력 기술서 양식

경력 기술서
* 입사지원서에 기술한 경력 사항에 대해 상세히 기술해 주시기 바랍니다. * 구체적으로 직무 영역, 활동/경험/수행 내용, 본인의 역할 및 구체적 행동, 주요 성과에 대해 작성해 주시기 바랍니다.

Tip. NCS 기반 입사지원서 양식

1. 인적 사항

* 인적 사항은 필수항목으로 반드시 모든 항목을 기입해주십시오.

지원구분	신입( ) 경력( )	지원분야		접수번호	
성명		생년월일	(월/일)		
현주소					
연락처	(본인휴대폰)	전자우편			
	(비상연락처)				

2. 교육 사항

* 학교교육은 제도화된 학교 내에서 이루어지는 교육과정을 의미합니다. 아래질문에 해당되는 내용을 기입해 주십시오.

학교교육		
• [경영/경제/회계/무역] 관련 학교교육 과목을 이수한 경험이 있습니까?	예( )	아니오( )
• [통계] 관련 학교교육 과목을 이수한 경험이 있습니까?	예( )	아니오( )
• [경영전략/평가/성과관리] 관련 학교교육 과목을 이수한 경험이 있습니까?	예( )	아니오( )
• [인사/조직관리] 관련 학교교육 과목을 이수한 경험이 있습니까?	예( )	아니오( )
• [광고/홍보/매스컴] 관련 학교교육 과목을 이수한 경험이 있습니까?	예( )	아니오( )

'예'라고 응답한 항목에 해당하는 내용을 아래에 기입해 주십시오.

과목명	주요내용

* 직업교육은 학교 이외의 기관에서 실업교육, 기능교육, 직업훈련 등을 이수한 교육과정을 의미합니다. 아래질문에 해당되는 내용을 기입해 주십시오.

직업교육		
• [경영/경제/회계/무역] 관련 학교교육 과목을 이수한 경험이 있습니까?	예( )	아니오( )
• [통계] 관련 학교교육 과목을 이수한 경험이 있습니까?	예( )	아니오( )
• [경영전략/평가/성과관리] 관련 학교교육 과목을 이수한 경험이 있습니까?	예( )	아니오( )
• [인사/조직관리] 관련 학교교육 과목을 이수한 경험이 있습니까?	예( )	아니오( )
• [광고/홍보/매스컴] 관련 학교교육 과목을 이수한 경험이 있습니까?	예( )	아니오( )

* '예'라고 응답한 항목에 해당하는 내용을 아래에 기입해 주십시오.

교육과목명	주요내용	기관명	교육기간

3. 직무능력관련 자격 사항(NCS내 환경분석내 자격현황 참고)

* 자격은 직무와 관련된 자격을 의미합니다. 코드를 확인하여 해당 자격증을 정확히 기입해 주십시오.

A. 국가기술자격	B. 개별법에 의한 전문자격
C. 국가공인민간자격	D. 기타자격

* 위의 자격목록에 제시된 자격증 중에서 보유하고 있는 자격증을 아래에 모두 기입해 주십시오.

코드	발급기관	취득일자	코드	발급기관	취득일자

* 그 외, [직무 혹은 직무관련 지식]에 관련된 자격증은 아래에 기입해 주십시오.

코드	발급기관	취득일자	코드	발급기관	취득일자

4. 경력 사항

* 경력은 금전적 보수를 받고 일정기간 동안 일했던 이력을 의미합니다. 아래 질문에 해당되는 내용을 기입해 주십시오.

학교교육	
• 기업조직에 소속되어 [경영기획 (능력단위①)] 관련업무를 수행한 경험이 있습니까?	예( ) 아니오( )
• 기업조직에 소속되어 [경영평가 (능력단위①)] 관련업무를 수행한 경험이 있습니까?	예( ) 아니오( )
• 기업조직에 소속되어 [홍보 (능력단위①)] 관련업무를 수행한 경험이 있습니까?	예( ) 아니오( )

'예'라고 응답한 항목에 해당하는 내용을 아래에 기입해 주십시오.

근무기간	기관명	직위/역할	담당업무

그 외, 경력 사항을 아래에 기입해 주십시오.

근무기간	기관명	직위/역할	담당업무

자세한 경력 사항은 경력기술서에 작성해 주시기 바랍니다.

5. 직무 관련 기타 활동

* 직무관련 기타활동은 직업 외적인(금전적 보수를 받지 않고 수행한) 활동을 의미하며, 산학, 팀 프로젝트, 연구회, 동아리/동호회, 온라인 커뮤니티, 재능기부 활동 등이 포함될 수 있습니다. 아래질문에 해당되는 내용을 기입해 주십시오.

학교교육		
• [경영기획 (능력단위①)] 관련활동을 수행한 경험이 있습니까?	예(　)	아니오(　)
• [경영평가 (능력단위①)] 관련활동을 수행한 경험이 있습니까?	예(　)	아니오(　)
• [홍보 (능력단위①)] 관련활동을 수행한 경험이 있습니까?	예(　)	아니오(　)

'예'라고 응답한 항목에 해당하는 내용을 아래에 기입해 주십시오.

활동기간	소속조직	주요역할	주요활동업무

위 사항은 사실과 다름이 없음을 확인합니다.
지원날짜 : 년 월 일
지 원 자 : (인)

2. 자기소개서 작성하기

1) 자기소개서란?

자기소개서는 이력서만으로는 확인할 수 없는 구직자에 대한 정보를 확보하기 위한 방법이다. 구직자 자신을 이해시킬 수 있는 중요한 자료이기에 이력서보다 비중이 클 수 있으며, 구직자의 능력과 기업의 직무와 관련된 구체적인 경험들을 소개할 수 있고, 문장력, 기획력, 논리적인 사고력, 창의력 등을 평가할 수 있다.

기업의 인사담당자는 자기소개서를 통해 다음 사항을 알아보고자 한다(정하선, 양정안, 곽민경, 정유나, 2014) 첫째, 지원자의 지원동기와 장래성을 본다. 둘째, 지원자의 성장배경을 통해 인생관, 가치관, 인성 등을 파악한다. 셋째, 생각을 글로 표현하는 능력을 본다. 넷째, 구직자의 자질과 열정을 파악한다.

일반적인 자기소개서는 성장과정, 성격소개, 학창시절 및 경력사항, 지원동기 및 입사 후 포부 등으로 구성된다(김혁주, 김은애, 이숙자, 이상호, 이보람, 2015; 오성환, 김용배, 최영선, 2010; 정하선, 양정안, 곽민경, 정유나, 2014). 다음의 표 11-8은 자기소개서의 항목별 내용 구성을 나타낸 것이다.

[표 11-8] 자기소개서의 내용 구성

항목	내용
성장과정	어릴 때부터의 성장과정을 연대기적으로 서술하며 자신의 개성과 장점이 드러날 수 있는 독특한 체험이나 에피소드를 중심으로 구성한다. 인생의 좌우명, 가훈, 부모님의 교훈, 가치관 등에서 선택하여 작성하고 적절한 경험이나 사례와 함께 느낀 점을 간략하게 기술한다.
성격 및 장단점	성격의 장단점이나 특기사항을 구체적인 에피소드를 통해 기술한다. 장점의 나열보다는 극복하기 위해 노력하고 있는 단점을 기술하는 것도 좋다.
학창시절 및 경력사항	지원 분야의 직무와 연결하여 전공분야의 대학생활, 자격증 취득사항, 대외적 활동, 아르바이트 경험 등을 기술한다.
지원동기 및 입사 후 포부	지원 회사의 업종, 경영이념, 비전 등과 연결시키고 지원분야의 직무에 맞게 적극적인 사고, 열정, 도전의지, 문제해결능력 등이 드러나도록 지원동기를 기술한다. 입사후 어떤 목표를 가지고 직무를 수행해 나갈지를 구체적으로 나타내고 자기계발을 위한 계획들을 기술한다.

자기소개서는 구성항목별로 특정 사건을 구체적으로 묘사하고 그로 인한 긍정적인 결과를 제시하여 채용하고자 하는 분야의 직무와 어떠한 관련이 있는지를 간결하고 일관성 있게 작성하는 것이 좋다.

Tip. 불합격이 보이는 자기소개서(광주지방고용노동청, 2015)

첫째, 앞뒤가 맞지 않는 자기소개서
둘째, 오·탈자 등 맞춤법이 엉망이거나 진부한 표현의 자기소개서
셋째, 추상적인 자기소개서
넷째, 종교문제 혹은 편향적인 사고가 보이는 자기소개서
다섯째, 겸손이 지나친 자기비하의 자기소개서

2) NCS 기반 자기소개서 작성하기

NCS 기반 자기소개서는 자기 일대기를 기술하는 기존의 자기소개서와는 다르며, 지원자의 지원동기(조직/직무) 및 조직적합성(핵심가치/인재상), 직업기초능력을 평가하기 위한 질문 문항으로 구성되며 문항에 따라 기술한다. 다음은 한국원자력연료와 한국산업인력공단의 NCS 기반 자기소개서의 예시들이다.

[표 11-9] 한국원자력연료의 NCS 기반 자기소개서의 예시

1. 한국원자력연료에 지원한 동기와 입사 후의 목표를 구체적으로 기술해 주십시오.

- 언제부터 한국원자력연료에 관심을 가지게 되었으며, 그 계기는 무엇인지 구체적으로 기술해 주십시오.
- 한국원자력연료에 입사하기 위해 준비한 것이 있다면 기술해 주십시오.

2. 학업, 업무, 특정 과업들의 수행과정에서 어떤 목표를 설정하고 이를 달성하기 위해 어떻게 노력했는지 최근의 사례를 중심으로 기술해 주십시오.

- 우선, 당시의 상황을 육하원칙에 따라 간략히 기술해 주십시오.
- 당시 지원자는 그 목표를 어떻게 설정하게 되었는지, 달성하기 위해 노력한 점은 무엇이었는지, 결과적으로 목표를 어느 정도로 달성했는지 구체적으로 기술해 주십시오.
- 목표 달성 과정 중에 어려움이 있었다면 이를 극복하기 위해 어떤 노력을 했는지 기술해 주십시오.
- 기존과 다른 새로운 방식을 시도했다면 시도한 방식은 무엇이었는지, 고려했던 점은 무엇이었는지 기술해 주십시오.

3. 지원 분야와 관련된 자신의 전문성을 향상시키기 위해 어떻게 노력했는지 최근의 사례를 중심으로 기술해 주십시오.

- 우선, 지원 분야에 대한 자신의 전문성, 즉 본인의 전공분야, 전문분야, 장기 등에 대해 간략히 기술해 주십시오.
- 현재의 전문성을 보유하기 위해 구체적으로 어떤 노력을 기울였으며, 그 결과는 어떠했는지 구체적으로 기술해 주십시오.

4. 학교생활이나 사회생활을 하면서 본인의 필요에 의해서가 아니라 다른 사람들의 불편이나 불만을 해소해주기 위해 노력했던 최근의 사례에 대해 기술해 주십시오.

- 우선, 당시의 상황을 육하원칙에 따라 간략히 기술해 주십시오.
- 당시 어떤 점이 왜 불편하고 불만일 것이라고 생각했는지, 이를 해소하기 위해 어떤 노력을 기울였는지, 그 결과는 어떠했으며 그로 인해 느낀 점은 무엇인지 구체적으로 기술해 주십시오.

[표 11-10] 한국산업인력공단의 NCS 기반 자기소개서 예시

[자기계발능력]
최근 5년 동안에 귀하가 성취한 일 중에서 가장 자랑할 만한 것은 무엇입니까? 그것을 성취하기 위해 귀하는 어떤 일을 했습니까?
현재 자신의 위치에 오기 위해 수행해온 노력과 지원한 직무분야에서 성공을 위한 노력 및 계획을 기술해 주십시오.
[문제해결능력]
예상치 못했던 문제로 인해 계획대로 일이 진행되지 않았을 때, 책임감을 가지고 적극적으로 끝까지 업무를 수행해내어 성공적으로 마무리했던 경험이 있으면 서술해 주십시오.
만약 당신의 업무가 회계 담당자일 때, 계산착오로 비용처리에 문제가 발생하였다면 어떻게 문제를 해결할 것인지 그 방법과 이유를 설명하십시오.
[대인관계능력]
약속과 원칙을 지켜 신뢰를 형성/유지했던 경험에 대해 기술해 주세요.

[조직이해능력]

우리 공단에 입사 지원한 동기 및 입사 후 실천하고자 하는 목표를 다른 사람과 차별화된 본인의 역량과 결부시켜 작성해 주십시오.

지금까지 학교생활 및 여러 조직에서 생활해 오면서 조직의 중요성 및 경험을 설명하여 주시고, 또한 우리 공단 조직의 역할이 무엇인지 설명하십시오.

[의사소통능력]

"K라는 직원이 업무관련으로 고객과 대화를 나누고 있다. 그런데 고객은 이해가 되지 않는다고 반문을 했다." 대화 중 무엇이 문제이고 어떻게 하면 해결할 수 있는지 설명하십시오.

[직업윤리]

직장인으로서의 직업윤리가 왜 중요한지 본인의 가치관을 중심으로 설명하십시오.

3. 면접 준비하기

1) 면접이란?

면접은 서류전형을 통과한 후 지원자와 채용자가 최종적으로 만나 지원자의 인품, 언행, 지식의 정도, 잠재능력, 창의력, 업무추진능력, 사고력 등을 알아보는 구술시험이다. 면접을 통해 기업은 다음과 같은 사항을 파악하고자 한다(오성환, 김용배, 최영선, 2010)

첫째, 종합적으로 인물을 평가할 수 있다. 면접위원이 지원자와 직접 대면함으로써 지원자의 용모나 표정, 태도를 종합적으로 관찰할 수 있다.

둘째, 성격이나 성품을 알 수 있다. 지원자의 대답 내용이나 표정이나 몸짓 등의 태도를 통해 성격이나 성품에 대해 파악할 수 있다.

셋째, 취직동기와 취업에 대한 의욕을 확인할 수 있다. 여러 가지 질문에 대한 지원자의 반응에 대해 서면으로 알 수 없는 지원자의 동기와 열의를 알 수 있다.

넷째, 전문지식과 교양의 정도를 파악할 수 있다. 예기치 못한 질문과 그에 대해 답을 해나가는 지원자의 반응에서 전문지식과 교양의 정도를 정확하게 판단할 수 있다.

다섯째, 언어 사용능력이나 사고력을 관찰할 수 있다.

여섯째, 가치관, 인생관, 사상 등을 파악할 수 있다.

일곱째, 협조성이나 지도력 등의 사회적 성격을 판단할 수 있다.

성공적인 면접은 단기적인 준비로 이루어지지 않는다. 취업의 최종 관문인 면접은 취업준비의 전체 과정을 지나온 것과 같은 준비기간을 가진다. 성공적인 면접을 위해서는 다음과 같은 사항을 장기적으로 준비해야 한다(남경현, 이득연, 2011). 첫째, 자기분석을 통해 자신에 대한 이해를 철저히 한다. 둘째, 직무탐색을 통해 현장실습, 전공공부, 자격증 취득, 봉사 및 사회활동, 아르바이트 등의 직무경력을 쌓는다. 셋째, 독서와 신문 읽기를 통해 인문학적 소양을 쌓는다. 넷째, 면접관과 비슷한 연령과 성향을 가진 사람들인 교수님, 취업담당자, 기업체 담당자 등을 멘토로 삼아 관계를 맺는다.

2) 면접을 위한 이미지 메이킹

면접에서의 첫인상은 성공적인 취업에 영향을 미친다. 머리에서 신발까지 지원자의 전체적인 모습과 태도가 면접관에게 신뢰를 줄 수 있어야 한다. 성공적인 면접을 위해 갖춰야 할 이미지를 알아보자.

(1) 얼굴

타고난 외모는 어쩔 수 없지만 자신감 있는 밝은 표정은 연습을 통해 만들어야 한다. 표정은 첫인상을 결정짓는 중요한 요소 중 하나이므로 미소를 담은 밝은 표정을 유지해야 한다.

메이크업은 너무 과하지 않고 적당하게 하여야 하며 얼굴의 장점은 부각시키고 단점은 보완하여 밝고 지적인 이미지를 줄 수 있도록 한다. 남자 지원자의 경우에는 면도를 깔끔하게 하고 지저분한 피부와 잡티가 있다면 약간의 메이크업으로 보완하는 것도 나쁘진 않다.

(2) 목소리

목소리는 면접자의 이미지를 결정짓는 중요한 요소가 되며, 의미 전달효과에도 큰 영향을 미치므로 다음과 같은 점에 주의한다(정하선, 양정안, 곽민경, 정유나, 2014). 첫째, 자신의 의견을 자신 있게 말한다. 둘째, 다소 소리가 큰 듯한 느낌으로 '솔'톤으로 말한다. 셋째, 정확한 발음, 밝은 목소리, 평소보다 약간 느리다고 느낄 정도의 속도로 말한다. 넷째, 질문에 긍정적인 답변을 한다. 다섯째, 대답은 결론부터 간단명료하게 말한다. 여섯째, 수식어는 사용하지 않도록 한다. 일곱째, 모르는 질문에는 생각하는 시간을 약간 두고 모른다고 답하고 거짓말을 하거나 아는 척하지 않는다.

(3) 헤어스타일

가장 중요한 것은 청결하게 보이는 것이며 컬러는 짙은 검은색보다는 자연스런 갈색이나 밤색이 온화한 인상을 준다. 헤어스타일은 깔끔하고 단정한 스타일이면 좋다. 남자의 경우는 앞머리를 뒤로 넘겨 이마와 양귀를 드러내는 것이 좋다. 여자의 경우는 단발이나 짧은 헤어스타일이 전문적인 이미지를 주어 적당하다. 긴 헤어스타일이라면 푸는 것보다는 단정하게 묶어 정리한다.

(4) 복장

가장 좋은 복장은 짙은 색 계열의 정장스타일이다. 남자의 경우 양복은 감청색이나 회색계통의 상하 한 벌의 정장으로 한다. 셔츠는 흰색이나 푸른 색 계통도 무난하나 양복보다 밝은 색상을 선택해야 한다. 구두와 양말은 검정색 구두와 양복과 같은 색의 양말을 신는다.

여자의 경우는 바지정장이나 치마정장도 좋다. 긴 귀걸이와 화려한 목걸이 등의 액세서리는 가능한 하지 않는 것이 좋다. 핸드백, 구두, 스타킹은 같은 색 계열로 갖춰 입는다. 구두는 심플한 디자인에 너무 높은 하이힐은 피한다.

(5) 자세

면접장으로 들어올 때는 허리를 펴고 자신감 있게 입장한다. 앉는 자세는 어깨와 허리를 곧게 펴고 의자와 등이 맞닿지 않도록 하고 앞으로 약간 기울어 전진형 자세를 취하여 앉는다. 남자는 다리를 어깨 너비만큼 벌려 앉고 가볍게 쥔 주먹을 무릎과 허벅지 가운데 정도에 올려놓는다. 여자는 무릎과 다리를 나란히 붙여 약간 비스듬하게 하고 오른손을 위로 하여 왼손을 포갠 뒤 무릎과 허벅지 가운데에 올려놓는다. 턱은 약간 아래로 당기고 시선은 면접관의 인중을 바라보다가 답변을 시작하면 3~5초간 면접관의 눈에 시선을 주고 그 후에는 턱이나 인중에 시선을 둔다.

Tip. 면접에서 비호감형으로 만드는 이미지(변용범, 최상희, 2010)

남성	여성
-흐릿한 눈빛, 멍한 눈빛 -사나운 눈매 -무표정(웃음기 없는 얼굴, 변화 없는 표정 등) -미간을 찌푸린 얼굴 -어색한 시선처리(눈을 잘 마주치지 못하는 경우) -지저분한 피부(거친 피부, 흉터 등)	-진한 화장 -무표정(웃음기 없는 얼굴) -단정하지 못한 머리 모양 -흐릿한 눈빛, 멍한 눈빛 -사나운 눈매 -너무 수수한 얼굴(화장기가 전혀 없는 얼굴) -과도한 성형수술 -지저분한 피부 -나이가 들어 보이는 얼굴
- 끝말 흐리기, 시선 피하기, 말더듬기, 한숨쉬기, 다리 떨기 등 - '음…', '아…'와 같은 불필요한 추임새 - '~했어요'와 같은 격식을 차리지 않은 말투 - '~인 것 같다'라는 불명확한 표현 등	

3) 면접절차에 따라 대비하기

면접은 면접장이 아니라 회사의 현관문을 들어서면서 시작된다. 다음은 면접절차에 따라 성공적인 면접을 위한 행동요령에 대해 안내한다.

(1) 대기실

어떤 회사에서는 대기실에서 기다리고 있는 응시자의 자연스런 모습을 평가하기도 한다. 이는 대기실에서부터 면접이 시작되는 것을 의미한다. 면접을 대기할 때는 30분 또는 한 시간 전에 도착하여 여유를 가지고 기다리고, 다른 면접자들에게 가벼운 목례나 인사를 한다. 만약 대기실을 잠시 떠나야 할 경우에는 진행요원에게 양해를 구하는 것이 필요하다.

Tip. 대기실에서 면접 준비(남경현, 이득연, 2011)

긍정적인 평가를 받는 면접대기 자세	부정적인 평가를 받는 면접대기 자세
- 회사 홍보물을 열람한다. - 조용히 순서를 기다린다. - 책 또는 신문을 본다.	- 졸거나 잔다. - 음식물을 먹거나 껌을 씹는다. - 전화를 하거나 문자메시지를 보낸다. - 다리를 꼬거나 삐딱한 자세로 대기한다.

(2) 호명과 입실

이름이 호명되면 똑똑히 대답하고 조용히 일어서서 안내에 따라 면접실로 이동한다. 면접실 문을 노크한 후 응답이 있으면 문을 열고 들어간다.

면접실에 들어가면 문을 조용히 닫고 면접관을 향하여 가볍게 30도 정도 허리를 굽혀 인사를 한다. 면접관의 지시에 따라 자리에 가서 정식으로 인사를 하고 이름을 분명히 말한 다음 의자에 앉는다.

(3) 질의응답

침착하고 밝은 표정으로 면접관을 바라보며 정확한 발음으로 대답한다. 질의응답 시 다음과 같은 사항을 주의한다(김용환, 2006).

첫째, 면접관의 질문이 있을 때는 상대방의 눈을 주시하면서 응답하고, 시선을 다른 방향으로 돌리거나 긴장해 발장난이나 손장난을 하지 않는다. 면접관이 여러 명이면 모든 면접관에게 골고루 시선을 준다.

둘째, 응답 시에는 너무 말을 꾸미지 말고 솔직하게 자신 있는 태도로 말하여 신뢰감을 주도록 한다.

셋째, 질문이 떨어지자마자 바쁘게 대답하지 말고 너무 빠른 말투는 쓰지 않는다.

넷째, 잘못 대답하였다고 해서 혀를 내밀거나, 머리를 긁적거리는 일이 없도록 한다.

다섯째, 질문에 대해 대답할 말이 생각나지 않는다고 천장을 쳐다보거나 고개를 푹

숙이고 바닥을 바라보아서는 안 된다.

여섯째, 질문내용을 잘 모를 때는 적당히 얼버무려 대답하지 말고 다시 물어서 대답하도록 한다.

일곱째, 자신있다고 너무 큰 소리로, 너무 빨리, 너무 많이 말하지 않고 차분한 음성으로 질문에 대한 요지만을 갖추려 대답한다.

여덟째, 잘 모르는 질문에는 머뭇거리거나 더듬거리지 말고 5~10초 정도 생각해 보고 생각이 나지 않으면 "모르겠습니다", "잊었습니다" 등 솔직하고 명료하게 대답한다.

아홉째, 입을 오물오물하거나 답변시 아래를 보지 않는다.

(4) 퇴장

질문이 끝나고 면접관이 "이제 나가셔도 됩니다"라고 하면 자리에서 일어나 인사를 하고, 자신이 앉았던 자리를 정돈한 후 문 앞에서 들어왔을 때와 마찬가지로 30도 정도 허리를 굽혀 인사를 하고 문을 조용히 닫고 나온다.

4) NCS 기반 면접 준비하기[4)]

NCS 기반 면접은 일상적이고 단편적인 대화를 통해서 인상, 외모 등 다른 외부 요소의 영향에 따라 주관적인 판단에 의존하는 기존의 전통적 면접방식과 달리 구조화 면접에 초점을 두고 있다. 전통적 면접은 일관성이 결여되고 직무 관련 타당성이 부족한 반면에 구조화 면접은 일관성, 구조화, 표준화, 신뢰성을 확보하고자 한다. 직무 관련 역량에 초점을 둔 구체적인 질문목록을 작성하고 각 지원자에게 동일한 질문을 적용하여 면접 진행 및 평가절차에 일관성을 확보하고자 한다. 또한 평가의 타당도를 높이기 위해 평가 매트릭스를 구성하고 척도에 따라 항목별로 채점하고 개인 간 비교를 통해 표

4) 본 절의 내용은 한국산업인력공단이 제작한 능력중심채용(http://www.ncs.go.kr/onspec/)의 사이트와 노동부에서 제작한 워크넷(http://www.work.go.kr/)의 취업도우미 사이트에서 발췌한 내용을 재구성하였다.

준화를 확보하고자 한다. 면접 진행에 대한 매뉴얼에 따라 면접위원을 교육시켜 면접위원들 간의 신뢰성을 확보하고자 한다.

NCS 기반 면접은 직업기초능력 면접과 직무수행능력 면접으로 구성된다.

(1) 면접도구의 종류와 특성

NCS 기반 면접의 종류는 경험면접, 상황면접, 발표면접, 토론면접이 있다. 경험면접의 목적은 선발하고자 하는 직무능력이 필요한 과거의 경험에 대해 질문하여 직업기초능력과 인성 및 태도적 요소를 평가한다. 상황면접의 목적은 특정 상황을 제시하고, 지원자의 행동을 관찰하고 평가함으로써 실제 상황의 행동을 예상하고자 하며 직업기초능력과 인성 및 태도적 요소를 평가한다. 발표면접은 특정 주제와 관련된 지원자의 발표와 질의 및 응답을 통해 지원자의 역량을 알아보는 것으로 직업기초능력과 인지적 능력을 평가하고자 한다. 토론면접은 제시한 토의과제에 대한 의견수렴 과정에서 지원자의 역량은 물론 상호작용 능력을 알아보고자 하며 직업기초능력과 인지적 능력을 평가한다.

(2) 면접문항의 구성

NCS 기반 면접문항은 상황(S, situation), 과제(T, task), 행동(A, action), 결과(R, result)로 구성된다. 상황은 직무와 관련하여 직업기초능력과 직무수행능력이 발휘되어야 하는 중요하고 난이도가 있고 자주 발생하는 구체적인 상황을 제시하고, 상황에 대한 대처 및 처리능력을 알아보고자 한다. 과제는 그 상황에서 수행되어야 하고 수행할 것이라 기대되는 과제 혹은 과업을 말한다. 행동은 그 과제를 수행하기 위한 절차와 방식을 선택해야 하는 이유나 근거를 의미한다. 결과는 그 행동으로 얻으려는 결과와 그런 상황이 다시 발생할 때의 대처방안을 말한다.

다음의 표 11-11은 2015년 한국산업인력공단의 NCS 기반 채용에서 채용 분야인 행정직무에 대한 면접 공개 자료이다.

[표 11-11] 2015년 한국산업인력공단 NCS 기반 면접 - 행정 분야

직무관련도	능력단위	능력단위요소	면접문항			평가요소		비고
			상황면접	경험면접	추가질문(구조화면접 질문)	직무수행능력	직업기초능력	
4	사업환경분석(경영기획)	외부환경분석하기	우리공단과 경쟁관계에 있다고 생각되는 조직이 있다면 ?		왜 경쟁관계라고 생각하며 지원자가 생각한 경쟁관계의 정의는?	전문지식업무역량	조직이해능력	
5	문서관리(사무행정)	문서수발신하기	회사 내에는 다양한 종류의 공문서들이 있다. 이를 체계적으로 분류하지 않으면 분실 등 관리에 어려움이 발생할 수 있음에 따라 공문서를 보다 효율적으로 보관하면서, 쉽게 찾을 수 있는 방법이 있다면 무엇이 있는지?	취업준비를 위한 정보를 쉽게 검색하거나, 취득한 정보를 쉽게 찾기 위해 정보를 관리한 경험이 있는가?	본인이 경험한 효과적인 정보관리 방법을 설명해 주신다면?	전문지식업무역량	문제해결능력	
5	행사지원관리(총무)	행사운영하기	창립기념행사의 일환으로 1000그루의 나무심기 행사를 50명의 직원이 참여하기로 계획하였다. 하지만 식목행사 실시 당일 20명의 직원밖에 참석하지 않은 상황인데 어떻게 할 것인가?	학창시절 동아리 활동 등을 하면서 비슷한 경험을 사례로 답변 가능함		업무역량수행태도	문제해결능력	
5	행사지원관리(총무)	행사사후관리하기	본인이 담당하는 행사는 정상적으로 종료되었는데, 종료 후 정리 과정에서 임대를 한 장소의 기물이 파손된 사실을 확인하였다. 행사장 임대 계약에는 기물 파손에 대한 항		〈추가 예산을 받아 기물 파손 비용을 계산하겠다고 답변하는 경우〉 추가적으로 예산이 배정되지 않는 상황일 때는 어떻게 처리할 것인가?	수행태도	직업윤리 문제해결능력	

직무 관련도	능력 단위	능력 단위 요소	면접문항			평가요소		비고
			상황면접	경험면접	추가질문 (구조화면접 질문)	직무 수행 능력	직업 기초 능력	
			목은 없지만 행사장관리사무소 측에서 기물 파손 시, 관리 소홀로 관리사무소 측이 수리를 해야 하는 상황이다. 어떻게 처리하겠는가?					

(3) 직업기초능력 면접

직업기초능력 기반 면접평가는 공통적으로 갖추어야 할 10개 영역의 기초능력에 대한 면접질문으로 구성된다. 제한된 시간 속에서 지원자들의 능력을 객관적, 합리적으로 평가하기 위하여 다양한 면접평가 방법을 구조화하여 활용하며, 각 기관의 특성, 현황, 핵심역량 등을 접목하여 질문이 만들어진다.

(4) 직무수행능력 면접

실제 직무수행과 관련한 지식 · 기술 · 태도를 객관적으로 평가할 수 있는 문항들로 구성되며 기업의 특수성을 반영함과 동시에 NCS 기반의 직무수행능력의 반영으로 평가의 객관성 및 신뢰성을 확보한다.

참고문헌

고영복(2000). 사회학사전. 서울: 사회문화연구소.

고용노동부(2015). NCS기반 능력중심채용 추진방향과 현황. 한국직업자격학회 하계 학술대회.

고용노동부, 한국산업인력공단(2015). 취업준비생을 위한 NCS 기반 능력중심채용 가이드북. 서울: 고용노동부.

광주지방고용노동청(2015). 광주전라 청년 20만+창조 일자리 박람회 기념 청년 취업 가이드 북.

교육과학사(1988). 교육학대사전. 서울: 교육과학사.

권석만(1999). 인간관계 심리학. 서울: 학지사.

글로벌 인재포럼(2013). 2013 포럼 세미나 자료집. 글로벌 인재포럼.

기획재정부(2010). 시사경제용어사전. 대한민국정부.

김기훈(1999). 한국인의 직업윤리에 관한 연구. 서울: 한국직업능력개발원.

김난도(2012). 천번을 흔들려야 어른이된다. 파주: ㈜문학동네.

김봉환 외 3인 공저(2003). 현대진로상담. 서울: 학지사.

김옥희 외 2인 공저(2005). 진로상담의 이해. 서울: 동문사.

김용환(2006). (상대를 사로잡는) 면접의 기술. 서울: 버들미디어.

김은영 외(2016). 인성과 리더십. 서울: 양성원.

김이영, 배헌석, 이우언(2016). 인간이해를 위한 심리학. 서울: 양성원.

김이영, 이우언, 배기효, 김병찬, 정선화, 정왕용(2016). 정신건강론. 서울: 양성원.

김정우(2015). 스펙보다 직무역량채용, 어떻게 준비해야 하나? The HR. 49, 서울: 잡코리아 좋은 일 연구소.

김주철 외(2013). 진로상담사 교육매뉴얼. 한국진로상담협회.

김주철(2014). ICARES MI 검사와 해석. 서울: 도서출판 미지.

김주철(2014). 직업과 자기계발 대학생매뉴얼 교재. 서울: 세움.

김진숙 외 4인 공저(2003). 인간관계 이론과 실제. 서울: 창지사.

김충기 외(2011). 진로상담과 진로교육. 서울: 동문사.

김충기(2004). 진로교육과 진로지도. 파주: 한국학술정보(주).

김충기, 김희수 역(2003). 진로상담의 기술. 서울: 시그마프레스.

김혁주, 김은애, 이숙자, 이상호, 이보람(2015). 취업과 직업개발. 경기도: 공동체.

남경현, 이득연(2011). 취업면접시크릿. 서울: 엘리트코리아.

노안영(2005). 상담심리학의 이론과 실제. 서울: 학지사.
다중지능연구소(2010). 다중지능검사매뉴얼. 다중지능연구소.
류영숙(2010). 직장예절교육의 필요성 및 요구도에 관한 연구 - 대학생과 직장인의 인식비교를 중심으로 -. 성균관대학교 생활과학대학원 석사학위논문.
류지영(2004). 다중지능이론의 영재교육에의 적용. 교육과정연구, 22(1), 147-169.
문소윤(2005). "직장예절이 종사원의 서비스 품질 지각에 미치는 영향에 관한 연구(부산지역 패밀리 레스토랑을 중심으로). 동의대학교 일반대학원 석사학위논문.
문용린(2004). 지력혁명. 서울: 비즈니스북스.
문용린(2011). 행복한 성장의 조건. 서울: (주)웅진씽크빅.
박동렬 외(2012). 성공적인 직업생활. 서울: 한국직업능력개발원.
박상규, 김이영, 손명자(2001). 조망지향적 사회기술훈련. 정신재활.
박원철, 김홍태, 김태엽(2011), 취업의 서바이벌. 서울: 미다스북스.
박윤희(2011). 진로탐색과 직업선택. 서울: 시그마프레스.
박태현(2015). 회사와 상사를 팬으로 만드는 A플레이어, 누가 회사에서 인정받는가. 성남: 책비.
배수진(2000). 최신 스트레스 관리. 서울: 학문사.
변용범, 최상희(2010). 취업 매뉴얼. 서울: 넥서스BIZ.
보건복지부(2010). 요양보호사 공통 표준교재. 서울: 도서출판 들샘.
사토히토시(2013). 피터드러커, 그가 남긴 말들. 고은진 역(2013). 서울: ㈜알에이치코리아.
서동은(2013). 다양한 삶의 가치, 사람은 무엇으로 행복한가?. 우리교육, 160-169.
서울대학교 대학생활문화원(2006). 학생연구, 35집. 서울대 대학생활문화원.
심현섭 외(2010). 의사소통장애의 이해(2판). 서울: 학지사.
안창규, 안현의 공역(2004). 홀랜드 직업선택이론. 서울: 한국가이던스.
양정혜(2014). 평범한 구직자를 위한 취업준비 A to Z. 서울: 한경사.
오성환, 김용배, 최영선(2010). 취업성공과 진로디자인. 서울: 도서출판 두남.
오유식, 박기선(2014). 취업전략과 핵심코칭. 서울: 도서출판 어울림.
우영효(2015). 쉽게 풀어 쓴 인성교육과 직업윤리. 서울: 동문사
우종옥 역(2010). 21세기 교육의 두 개의 축 - 창의력교육과 인성교육. 파주: 교육과학사.
이무근(1999). 직업교육학 원론. 서울: 교육과학사.
이상철(2013). 인성과 직업윤리. 대구: 중문.
이영희 외 5인 공저(2010). 자기주도형 인성과 경력개발. 서울: 한국전문대학교육협의회.
이영희, 이복희, 이현길, 조정융, 김인기, 김종표(2010). 자기주도형 인성과 경력개발. 서울: 한국전문대학교육협의회.
이용규(2009). 대학생을 위한 진로지도. 파주: 신광문화사.
이장희, 정병식(2013). 직업세계의 이해. 서울: 大旺社.
이재창(1994). 진로교육 발전방안 탐색에 관한 연구. 진로교육연구.

이재창(1997). 한국 청소년 진로상담의 개선방안. 청소년 대화의 광장.
이철수 외(2009). 사회복지학사전. 네이버사전.
이현림 외(2003). 현대진로상담. 서울: 학지사.
장삼현(2010). 취업지도와 직업윤리. 서울: 학문사.
전진수, 김완석(2000). 직업상담을 위한 심리검사. 서울: 학지사.
정석용 이규은(2010). 자기계발과 직업. 서울: 동문사.
정연순, 김선호, 이요행(2014). 대학생을 위한 취업 교육 - 진로계획 수립과 노동 시장의 이해. 한국고용정보원.
정철상(2012). 청춘의 진로나침반. 서울: 매일경제신문사.
정철영 외(1998). 직업기초능력에 관한 국민공통 기본교육과정 분석. 서울: 한국직업능력개발원.
정하선, 양정안, 곽민경, 정유나(2014). 성공적인 취업과 진로지도. 경기도: 공동체.
중앙고용정보관리소(1996). 한국직업사전. 서울: 중앙고용정보 관리소.
최상복(2004). 산업안전대사전. 도서출판 골드.
최해광(2014). 글로벌리더와 자기개발. 부천: 보명Books.
최훈(2013). 현대사회와 직업윤리. 강원대학교출판부.
통계청(2011). 장래인구추계 2010-2060.
통계청(2015a). 2014년기준 기업활동조사 보도자료.
통계청(2015b). 2015년 외국인고용조사 보도자료(최종).
통계청(2015c). 경제활동인구조사.
한국가이던스 편(2010). 한국가이던스 심리검사 가이드. 서울: 한국가이던스.
한국고용정보원(2010). 대학교 직업진로지도 실태조사 보고서. 서울: 한국고용정보원.
한국고용정보원(2012). 2012 한국직업사전(통합본 4판).
한국고용정보원(2014a). 미래를 함께할 새로운 직업.
한국고용정보원(2014b). 중장기 인력수급 전망 2013-2023.
한국고용정보원(2015). (청년층 구직역량 강화를 위한) 대학교 취업지원 로드맵. 서울: 한국고용정보원.
한국고용정보원(2015). 2015 한국직업전망.
한국산업인력관리공단(2014). 직업기초능력프로그램. 서울: 한국산업인력관리공단.
한국은행(2015). 주요국 노동시장의 미스매치 현황과 시사점.
한국직업능력개발원(1999).한국인의 직업윤리. 서울: 한국직업능력개발원.
한국표준협회(2015). NCS 직업기초능력평가 직업윤리. 서울: 박문각.
홍대식(2011). 성공적 인간관계. 서울: 박영사.
황매향(2008). 진로탐색과 생애설계. 서울: 학지사.
황세정 역(2015). 만화로 읽는 아들러 심리학 2. 서울: 까치글방.

Gardner, H.(1997). Multiple intelligence as a partner in school. *Educational Leadership, 55*(1), 20-21.

Gelatt, H. B.(1962). Decision making: A conceptual frame of reference for counseling. *Journal of Counseling Psychology*, 9, 240-245.

Harren, V A. (1976). *Assessment of career decision making*. Iowa City, IA: American College Testing Program.

Holland, J. L.(1992). *Making vocational choice : A theory of vocational personalities and work environment.* Englewood Cliffs, NJ: Prentice Hall.

Manz, C. C. (1986). Self-leadership: Toward an expanded theory of self-influence processes in organizations. *Academy of Management Review*, 11, 585-600.

Manz, C. C., & Sims, H. P., Jr. (1991). Superleadership: Beyond the myth of heroic leadership. *Organizational Dynamics*, 19, 18-35.

Parsons, F.(1909). *Choosing a vocation*. Boston: Houghton Mifflin Company.

Tiedman, D. V. & O'Hara, R. P.(1963). *Career Development: Choice and Adjustment, Prinston*, NT: College Entrance Examination Boad.

Tolbert, E. L.(1980). *Counseling for career development*. Boston: Houghton Mifflin

Zunker, V. G.(1999). *Career counseling: Applied concepts of life planning*. Pacific Grove, CA: Brooks/Cole.

• 웹사이트

NCS 통합포털사이트, www.ncs.go.kr

고용부 일자리 안내 사이트, www.work.go.kr/

교육부, 교육통계서비스, http://kess.kedi.re.kr/index.

능력중심채용 사이트, www.ncs.go.kr/onspec/

한경닷컴 사전, http://dic.hankyung.com.

한국 MBTI 연구소, www.mbti.co.kr/

한국무역통계, http://stat.kita.net/stat/kts/ktsMain.screen.

• 신문기사

경향신문, 2015.12.08. 최저생계비도 못 버는 절대빈곤 인구 늘었다.

뉴스웨이브, 2012.01.10. 한국 행복지수 32위, OECD 34개국 중 '최하위'.

아시아통신, 2015.11.30. 직장인 10명중 6명 입사 후 다시 스펙 쌓아.

월스트리트저널 한국, 2015.04.25.. 내 직업, 로봇에 빼앗기지 않을 만큼 창의적일까?.

헤럴드경제, 2013.04.15. 경영인-100대 기업이 원하는 인재상은 '수퍼(S.U.P.E.R)맨'.

찾아보기

저자 소개

권성민
수성대학교 유아교육과 교수

김대곤
수성대학교 호텔조리과 교수

김은영
수성대학교 유아교육과 교수

김이영
수성대학교 유아교육과 교수

김주철
수성대학교 외래교수

신민정
수성대학교 사회복지과 교수

직업과 자기계발

1판 1쇄 발행 — 2016년 3월 7일
1판 2쇄 발행 — 2018년 2월 15일

저 자 - 권성민 김대곤 김은영 김이영 김주철 신민정
발 행 인 - 강 철 원
발 행 처 - 양 성 원
주 소 - 경기도 파주시 검산로 173번길 29-20
전 화 - 031-946-3861(代)
팩 스 - 031-946-3864
이 메 일 - tnwpub@naver.com
홈페이지 - tnwpub.co.kr
출판등록 - 2015년 8월 31일 제 2015-000211 호

ISBN 979-11-87118-39-8

정가 17,000원